지금 한국에서
하나님나라를 배우다

지은이	구교형
초판발행	2024년 1월 20일
펴낸이	배용하
책임편집	배용하
등록	제364-2008-000013호
펴낸 곳	도서출판 대장간
	www.daejanggan.org
등록한 곳	충청남도 논산시 가야곡면 매죽헌로1176번길 8-54
편집부	전화 (041) 742-1424
영업부	전화 (041) 742-1424 · 전송 0303-0959-1424
분류	기독교	세계관	하나님나라
ISBN	978-89-7071-648-0 03230

값 18,000원

지금 한국에서
하나님나라를 배우다

구 교 형

차례

제3부 • 한국 사회 쟁점과 하나님 나라

제4부 • 한국 사회 쟁점과 하나님 나라

하나님 나라 교과서

한 사람이 세상에 태어나 살아간다는 것은 인생의 의미를 찾고 역사^{시간}와 세계^{공간}를 이해해 나가는 과정일 것이다. 그중에 그리스도인은 그 모든 의미와 이해가 하나님으로부터 비롯된다는 것을 믿는 사람이다.

이 책은 40년 넘게 신앙인으로, 30년 넘게 운동가로 살아온 나 자신의 고민, 의문, 기대를 담았다. 내가 처음 교회에 나가기 시작한 1980년대만 해도 신앙^{하나님}과 인생^{세상}은 거의 별개였다. 예수 믿는 사람은 곧 썩어 없어질 세상일에 관심을 가지면 안 되는 거였다. 그러나 그렇게 묻어두기에 세상에 대한 나의 관심은 너무 컸고 더구나 군부독재의 서슬 시퍼런 시대의 아픔을 모른 척하기엔 너무 힘들었다.

그러다가 1987년 2월 만난 겨자씨 형제단^{당시 박철수 대표}을 통해 하나님 나라, 기독교^{성경적} 세계관을 처음 듣고서 물 만난 고기처럼 빨아들였다. 1993년 총신대 신대원을 졸업하고 모 교회 전도사를 하면서 한창 활발하던 경제정의실천시민연합^{당시 서경석 사무총장} 산하 기독청년학생협의회 간사를 시작으로 사회선교운동을 하게 되었다.

일관된 관심은 하나님 나라가 개인을 넘어 어떻게 온 세상과 역사에, 또 먼 훗날 언젠가 뿐 아니라 지금, 우리 삶에서 경험되고 참여할 수 있을까였다. 목회도, 운동도 내게는 그것을 확인하는 현장이었다. 그리고 이제는 그 경험과 고백을 다음 세대에게 전해줄 시기가 되었다. 그러나 그동안 하나님 나라와 기독교성경적 세계관을 가르치는 교재들이 아쉬움이 많았다.

첫째, 교회와 세상, 신앙과 삶의 분리다. 그리스도인은 하나님 나라의 성도이며 동시에 한국의 국민시민이다. 그러나 그동안 우리에게는 좋은 신자로만 살거나 좋은 시민으로만 살도록 돕는 교훈들이 대부분이었다. 좋은 신앙이면 세상사회에서의 삶은 놓아버려야 하나? 반대로 좋은 시민국민으로 살려면 믿음은 교회 안에서나 찾으면 되는가? 그러나 우리는 좋은 성도이며 좋은 시민으로 살도록 창조되었다. 그게 하나님의 뜻이다.

둘째, 너무 이론적이라는 점이다. 현실을 다룬다고 해도 성경과 교회의 원론적인 관점에 머물러 실제적인 적용이 부족하다. 마치 '성경의 관점을 가르쳐 줬으니 알아서 적용하라'는 식이다.

셋째, 그러나 현실의 적용을 담았다고 해도 아쉬움은 마찬가지다. 우리의 상황이 아니기 때문이다. 존 스토트『현대사회 문제와 기독교적 답변』, 『동성애 논쟁』, 『균형 잡힌 기독교』, 로날드 사이더『가난한 시대를 사는 부유한 그리스도인』, 『이것이 진정한 기독교다」, 『복음주의 정치 스캔들』, 『복음 전도와 사회운동』, 짐 월리스 『하나님의 정치』, 『회심』, 『그리스도인이 세상을 바꾸는 7가지 방법』, 『가치란 무엇인가』, 미로슬라브 볼프 『배제와 포용』, 『배풂과 용서』, 『행동하는 기독교』는 탁월하지만, 그들은 한국인이 아니기에 여전히 남의 다리를 긁는 것 같은 아쉬움이 남는다.

이런 오랜 아쉬움 끝에 쓴 책이기에 그 문제의식을 충실히 담으려고 노력했다.

첫째, 이 책은 기독교성경적 세계관을 담은 책이다. 그러나 창조·타락·구속·회복의 흐름을 설명하는 것을 넘어 우리의 모든 삶의 영역에서 어떻게 경험되는지에 더 관심을 두었다. 시간역사과 공간세계, 개인과 공동체, 그리고 현실 세계는 물론 초현실 세계조차 포괄하는 총체적 하나님 나라의 관심을 담았다. 무소부재하신 하나님은 그저 신앙고백이 아니다.

둘째, 그러려면 성경을 다시 봐야 한다. 단지 성경 각 권의 내용이나 흐름을 이해하는 것에 머물면 안 된다. '하나님 말씀'이며 '사람의 책'인 성경의 특별한 성격을 이해하지 못하면 성경을 읽을수록 혼란에 빠지거나 크게 왜곡할 가능성도 많다. 성경은 반드시 보는 눈이 필요하다.

셋째, 이제 우리가 있는 한국의 상황에 적용해야 한다. 미국의 상황이나 500년 전 한반도 이야기는 부담이 없지만, 우리가 살아가는 현실에 큰 도움이 안 된다. 이 책은 특별히 한국 현대사 70년을 규정하는 한반도 평화, 정치, 경제의 과제를 다룬다. 또한 최근 10여 년 동안 한국 사회와 교회의 중요 쟁점이 된 결혼, 출산, 낙태의 문제를 여성의 자리와 연결해 살폈다. 또한 동성애와 차별금지법의 문제를 총괄적으로 다루어 보았다.

넷째, 이 책은 교과서다. 교과서는 그 분야의 기초부터 주요쟁점까지 알아야 할 것은 총괄적으로 다 다룬다. 그래서 성경적 관점뿐 아니라 사회, 문화적 배경까지 담았다. 물론 각 영역과 분야에 더 깊은 이해를 위해서는 전문가의 도움이 필요하다. 그러나 교과서는 더 깊은 세계에 대한 갈망을 일으키는 도전이다. 이 책으로 그 도전을 주고 싶었다.

그래서 이 책의 성격을 감히 〈한국에서 읽는 하나님 나라 교과서〉로 규정해 본다. 이 책을 쓰는 눈높이는 20대 중반인 내 딸과 아들이 읽어 주기를 바라며 썼다. 물론 그들에게는 좀 어려울 수도 있다 어느 날 워킹 홀리데이 가 있는 딸이 보이스톡으로 물었다. "아빠는 목사인데도 내가 신앙적 의심을 가져도 꾸짖지 않고 지지해 주는데 딸이라서 분위기 맞춰주는 거야, 아니면 진짜 동의해 주는 거야?" 이런 말을 듣는 아빠는 대통령 훈장 받은 것보다 뿌듯하다. 세상에 대한 문제의식이 많은 딸은 설교를 들어도 의문만 커지고 또래들과의 생각도 너무 달라 자기를 숨기게 된다고 한다. 나는 이렇게 대답했다. "네 고민은 아빠가 젊은 시절 했던 생각과 의심들 거의 그대로야. 그래서 잘 이해돼. 그리고 그건 너만 아니라 믿는 사람들이 마땅히 가질 수 있는 고민이야. 오히려 대충 자신이 잘살고, 잘 믿는다고 생각하면 발전이 없지. 성경에 대단한 믿음의 위인이라고 알던 사람들도 다 그렇게 묻고 찾았던 사람들이야. 그래서 나는 너를 지지해." 그러나 교회적 현실과 사회적 현안을 갖고 씨름해 온 기성세대에게도 여전히 유용한 도전이 될 것이다.

모든 적용은 오류의 위험이 따른다. 이 책 역시 나의 편견과 한계를 벗어나지 못할 것이다. 그러나 그것은 곧 인간의 한계이기도 하다. 모든 사람의 입장과 시각은 다 '일리가 있다.' 보수나 진보의 성향도, 나이와 세대, 성별 사이의 시각도 얼마든지 가능하다. 다양한 시선과 이해를 잘 조화하고 통합할 수 있다면 하나님 나라의 삶은 더욱 풍성할 수 있다는 게 내 신념이다. 나는 그러한 차이를 최대한 담으려고 노력했다.

　그러나 하나님의 권위로 왜곡된 세계관을 유포하려는 시도는 매우 경계해야 한다. 이 책 서문을 쓰고 있는 현재 대한민국은 홍범도 장군 흉상의 육사 퇴출 문제로 큰 논란이 벌어지고 있다. 뉴라이트 세계관이다. 그들은 가뜩이나 분단돼 80년 가까운 냉전을 벌이고 있는 한국을 다시 둘로 나누려 하고 있다. '독립운동도 사회주의 계열은 대한민국이 아니다. 해방 후에도 개혁진보 운동은 대한민국이 아니다.'라는 제2차 한국전쟁을 벌이려 한다. 그러나 이는 기독교 안에도 있다. 문화명령, 칼뱅주의, 아브라함 카이퍼, 복음주의 등의 익숙한 표현의 뉴라이트적 기독교 세계관 운동도 매우 활발하게 확산되고 있다. 이 책은 뉴라이트적 기독교 세계관 운동을 매우 우려하며 그 대척점에 놓으려는 뜻도 담고 있다.

　세상에서 일어나는 모든 일은 하나님의 말씀으로 해석되어야 한다. 또한 하나님의 말씀은 세상으로 스며 들어가 현실을 변혁시켜야 한다. 예수 그리스도를 통해 이 사실을 깨달은 사람이 그리스도인이다. 그리스도인은 하나님 나라 백성인 동시에 땅의 시민(국민)이다. 그러므로 우리는 마땅히 말씀의 언어와 사회의 언어, 곧 이중언어를 쓸 줄 알아야 한다. 그렇다고 우리의 진짜 조국이 하나님 나라 임을 잊으면 안 된다. 이 책이 세상에 파송된 하나님 나라 백성이 이중언어를 배워가는데 유용한 교과서이면 좋겠다.

제1부

성경적 세계관과 하나님 나라

성령이 역사하시면 한 말씀만 듣고도 구원을 경험한다. 어떤 사람은 '하나님은 사랑이시라'요일 4:16 한마디만 듣고도 그 사랑에 감동해 하나님을 받아들인다. 또 다른 사람은 "모든 사람이 죄를 범하였으매 하나님의 영광에 이르지 못하더니"롬 3:23라는 한 절만 듣고도 진심으로 회개하며 주님을 영접한다. 복음과 신앙의 도리를 속속들이 이해하고 성경에 통달해야 구원받는 게 절대 아니다.

그러나 일단 구원의 자녀로 그리스도인의 여정을 시작하면 얘기가 달라진다. 이제부터는 주를 믿고 따르며 산다는 게 무엇인지, 하나님께서 원하시는 세상이 무엇이며, 어떻게 이루어 가시는지 반드시 알아가야 한다. 그러나 성경은 너무 방대하고, 다양해서 그저 본문만 열심히 읽는다고 바로 이해하기는 참 어렵다. 그러다 보니 때로 점치듯이 자기가 원하는 부분만 골라내어 아전인수로 사용하기도 한다. 그러므로 먼저 성경이 말하는 큰 흐름, 전체 맥락을 꼭 알아야만 한다.

지금까지 한국교회는 복음과 구원을 선포하는 일에 집중하여 큰 성과를 얻었다. 개신교 전래 100여 년 만에 놀라운 양적 성장을 거두었다. 반면, 믿은 지 수십 년 지나 직분자가 되어도 종교적 열정 외에 믿음과 성장이 일어나지 않는 일도 적지 않았다. 그런데도 '구원받은 후 자라는 것은 각자 할 일'이라는 식으로 얼버무렸다. 그러나 어쩌다 한번이 아닌 일관된 혼란, 확신적 일탈이 일어난다면 그가 정말 믿고 회심하여 구원받았는지를 의심해야 한다. 그 부끄러운 결과를 우리는 줄기차게 보고 있다.

우리는 '입양된 거지' 이야기를 잘 안다. 한 부자가 떠돌며 구걸하여 힘겹게 살아가는 젊은 거지를 불쌍히 여겨 데려다가 자기 상속자 아들로 입적시켰다. 그는 부자의 날벼락 같은 은혜로 하루아침에 새 인생의 기회가 주어졌다. 그러나 신분은 변했어도 새 삶은 없었다. 날만 새면 나가서 며칠씩 옛 친구들과 어울려 진탕 먹고 마시고 싸우며 옛 생활을 청산하고 새 인생을 살 생각이 없다. 물론 입으로야 늘 아버지 사랑에 감사한다고 고백한다. 하지만 상속자로서의 자기 유산분배에만 관심이 있는 것 같다. 과연, 그는 아버지의 자식이 된 게 맞을까? 이쯤 되면 그 고백이 거짓이었다고 의심할 근거가 충분하다. 이야기는 흥미롭지만, 우리의 신앙 고백한 이후의 삶에 적용한다면 참 두려운 이야기다. 그러므로 이제 우리는 복음과 성경의 전체 맥락 아래서 우리를 다시 성찰해야 한다. 우리는 정말 믿음의 도리를 알고 있는가? 우리는 정말 믿고 있는가?

1장. 성경적 세계관 하나님의 세상 경영 뼈대

1.1. 하나님과 선한 창조 창조

세상을 향한 하나님의 첫 말씀은 역시 '하나님의 창조'다. 창조는 구원 구속 보다 순서로나 논리로나 앞선다. 태어나지 않았다면 구원받을 일도 없다. 창조를 소홀히 한다면 구원도 제대로 이해할 수 없다. 그건 성경의 첫 책이 창세기이며, 창세기의 첫 시작이 창조 이야기로부터 시작하는 것만 봐도 알 수 있다. 그런데 창조보다도 먼저 알아야 할 게 있다. 바로 창조주 하나님이다.

하나님은 누구신가?

신앙인에게 하나님의 존재 하나님 있음는 '전제'다. 전제라는 말을 듣는 순간, 뭔가 반감을 느낄 수 있다. '아무런 전제 없이 생각해야지, 왜 전제를 두냐?' 오해다. 세상 누구도 전제 없이 생각하거나 살아갈 수는 없다. 내가 누군가를 부모, 형제라도 부르는 것도 직접 목격했거나 검사, 증명을 통해 확인한 후에 받아들인 게 아니다. 멋모르고 살다 보니 어느새 부모, 형제가 아니라면 일어날 수 없는 관계를 경험하고 믿어 의심치 않는다. 과학 역시 전제 없이는 설명도, 검증도 없다. 하나님의 존재도 마찬가지다. '하나님이 있다'는 전제가 아니면 '하나님이 없다'는 다른 전제를 받아들인 것이다. 전제 없이는 생각도 할 수 없다. 그러나 결국 하나님이 없다면 '하나님이 있다'는 전제가 틀린 것으로 확인될 테니 너무 염려하지 않아도 된다. 요 10:38, 14:11, 12, 21

그러면 '하나님 있음'이 우리에게 무슨 의미인지 어떻게 알 수 있는가? 배워야들어야 한다. 세상에 갓 태어난 모든 아기가 부모, 형제, 이웃들로부터 끊임없이 배워서 알게 되고 사람 구실을 하듯이 우리도 먼저 배워서 하나님을 안다. 하나님은 창작이나 제작으로 우리가 만들어내는 것이 아니므로 우선 배워야 들어야 한다. 성경은 하나님이 먼저 우리에게 보내오신 말씀이다. 그러므로 우리는 성경에서 먼저 하나님의 소리말씀를 배워야들어야 한다. 그래서 성경의 첫소리는 태초부터 계신 '하나님'으로부터 시작한다.창 1:1 자, 이제 '하나님 있음'으로부터 계속 이야기해 보자.

그러나 하나님이라고 부르기만 하면 다 우리가 믿는 하나님이 아니다. 일단, '하나님'은 보통명사. 지역과 문화, 시대에 따라 초월적 존재의 명칭은 아주 다양하다. 하나님, 하느님, 하늘님, 신일본 '가미', 상제중국, 알라신, 이슬람교 등 얼마든지 다르게 부를 수 있다. 따라서 우리는 다른 종교, 사상, 우리가 만들어낸 유사 하나님신과 성경의 하나님이 어떻게 다른지 물어야 한다. 세상이 믿는 하나님신은 크게 두 가지 특징으로 구별된다.

우선, 내우리, 자연 속에 있는 신이다. 내 안에 신의 속성이 원래 있다. 그러므로 우리는 참선, 고행, 선행을 통해 신과 내가 다르지 않음을 깨달을 때 모든 속박에서 벗어나 참된 자유와 해방을 얻고 신적 경지에 들어갈 수 있다. 불교, 힌두교, 자이나교 등 동양 쪽 신관은 거의 그렇다. 그래서 불교는 부처님을 믿는 게 아니라, 깨달음을 얻어 내가 부처가 되는 것이다.

다른 하나는 무엇일까? 그와 정반대다. '어딜 감히 하나님을 넘봐?' 하나님은 초월적이고 절대 유일한 분이고 인간은 오직 복종과 충성, 경배할 뿐이다. 이슬람교가 믿는 알라 하나님이 대표적이다. 우리도 절대자를 믿는다는 면에서 대상만 다를 뿐 이슬람교와 같은 신관을 갖고 있다고 생각하기 쉽다.

그러나 그렇지 않다. 우리도 무슬림처럼 자존하시고, 절대 유일의 영광과 능력을 가진 하나님을 믿는다. 그러나 여기서 멈추면 정말 알라신과 같아진다. 우리 하나님은 모든 영광과 능력의 절대 지존자이시다. 그러나 그분은 선하심과 충만함과 기쁨을 피조물과 함께 나누는 사랑과 소통의 하나님이다. 그것은 성부, 성자, 성령 삼위로서의 하나님 자신의 본성에서 가장 잘 확인된다. 삼위일체로서 우리 하나님은 세상에서 멀리 떨어져 혼자 다 누리며 스스로 즐기는 유아독존식, 자족적 절대신이 아니다. 그분은 초월의 그 자리에 머물지 않고 사랑하고 소통하고 함께 일하기 원하여 세상을 창조하신 분이다. 사회적 신성, 관계적 소통의 영성을 가지신 참 하나님이다.

> 하나님이 이르시되 우리의 형상을 따라 우리의 모양대로 우리가 사람을 만들고 그들로 바다의 물고기와 하늘의 새와 가축과 온 땅과 땅에 기는 모든 것을 다스리게 하자 하시고. 창 1:26

그런데 소통하고 사랑하는 하나님의 유일무이한 독특함을 가장 잘 보여주는 분이 바로 성육신하신 하나님, 예수 그리스도다. 우리 하나님은 세상을 창조하고도 하늘의 높은 자리에 그냥 앉아서 피조물들을 관찰하다가 잘못하면 벌주고 잘하면 상주고, 죽으면 심판하는 분이 아니다. 만드신 피조물을 끝까지 책임지는 하나님이다. 망가진 세상, 병든 인생을 구원하여 끝내 다시 회복하려고 성자께서 사람 되어 세상에 오셨고, 성육신이야말로 하나님 사랑의 깊이를 말이 아닌 실제로 보여주신 사건이다. "의인을 위하여 죽는 자가 쉽지 않고 선인을 위하여 용감히 죽는 자가 혹 있거니와 우리가 아직 죄인 되었을 때에 그리스도께서 우리를 위하여 죽으심으로 하나님께서 우리에 대한 자기의 사랑을 확증하셨느니라. 요 5:7~8 마 1:23, 요 3:16~17, 14:8~10

그러나 하나님이면 하나님이고 사람이면 사람이지, 하나님이 어떻게 사람이 될 수 있을까? 논리적으로 말이 안 되며, 신성모독이다. 그래서 성육신의 예수님을 도무지 받아들일 수 없어 우상숭배라며 흥분하는 것이 이슬람이다. "…만물보다 높으신 알라께서 이 세상에 들어오신다고 어찌 상상이나 할 수 있겠습니까? 이 세상은 더럽고 죄악된 곳이어서 모든 영광과 찬양을 받으시기 합당한 분께서 거하실 곳이 못됩니다. 그런데 어떻게 위대하고 장엄하신 창조주께서 소녀의 몸을 빌려 이 세상에 태어나셨다고 감히 말할 수 있겠습니까? … 역겨운 일이 아닐 수 없습니다! … 하지만 만일 하나님이 자신의 영광보다 자신의 자녀를 더 중요하게 여기신다면?" 알라를 찾다가 예수를 만나다, 나빌 쿠레쉬, 박명준 옮김, 새물결플러스, 2016년, 35쪽

그러므로 기억하자. 세상이 믿는 허다한 하나님, 신이 많지만, 성경의 하나님은 전능하고 거룩하신 절대자이지만 깊은 관계 가운데 존재하시고, 사랑 안에서만 이해할 수 있는 소통의 하나님이다. 우리가 그리스도를 통해 하나님을 만난 후 하나님 찬양과 예배에만 머물 수 없고 반드시 세상에서 바른 시민, 좋은 이웃으로 살아야 할 이유가 분명하다.

물론 그리스, 로마신화의 신들도 인간과 희로애락을 같이 나눈다. 그러나 그들은 사람보다 더 음모와 협잡, 싸움과 배신, 부도덕을 일삼는 존재다. 그들에게 구원과 성화를 기대하기란 사람이 하나님 되는 것만큼 불가능한 일이다. 오직 높고 높은 곳에 홀로 앉아 사람들의 경배받기만 좋아하는 천상천하 유아독존의 하나님이나 자신의 변덕스러운 마음대로 마구 권력을 행사하는 폭군 같은 하나님 상은 걷어버리자. 그런 하나님은 성경의 우리 삼위일체 하나님이 아니다.

하나님이 참 좋은 세상을 창조하셨다(창세기 1장)

명사는 사물이나 사태를 단번에 파악하기에 적절하다. 밥그릇, 사람, 정치… 그러나 그 사물이나 사태의 실상이 어떠하며, 내가 어떻게 이해해야 하는지를 판단하는데 턱없이 부족하다. 창세기에서 발견하는 하나님의 창조가 백과사전적 정의가 아닌 장황해 보이기까지 하는 수많은 동사, 형용사, 부사와 접속사, 또 감탄사까지 가득한 걸 보면 하나님은 당신의 창조의 놀라운 독특함을 어떻게든 보여주고 싶으셨다.

그렇다. 누구나 그가 하는 일에는 그의 성품인품, 품격이 드러나게 마련이다. 하나님의 창조에도 그분의 성품이 그대로 묻어난다. 그러므로 무미건조하게 그냥 '창조'라고 말할 수 없다. 우리는 창세기의 창조 이야기에서 하나님의 놀라운 성품과 독특성을 발견할 수 있다.

• 지은 게 모두 참 좋구나!(very good!)

첫 창조 이야기에는 반복되는 패턴이 많이 나온다. 반복된다는 것은 그만큼 중요하다는 뜻이다. 가장 눈에 띄는 게 '**이 하나님이 보시기에 좋았더라.'는 표현이다. 하나님이 지으신 것들을 보시고 거듭 '좋다'창 1:4, 10, 12, 18, 21, 25 하시더니, 여섯째 날 사람 창조까지 마친 후에는 '지으신 모든 것을 보시고 매우 좋다'고 하셨다.31절

그러므로 하나님이 지으신 모든 피조물이 '좋다' 하신 것은 실패작이 없다는 말이다. 피조물의 완성도를 높이기 위해 끊임없이 시험하고, 연구하는 과정에서 만들어진 시제품도 없다. 모든 피조물은 다 그 자체로 아름답고, 있어야 할 충분한 이유가 있는 걸작품이다. 이것을 믿어야 한다. 그런 면에서 '모든 게 다 부질없다. 망해 버려라'는 염세주의나 누구의 존재 자체를 부정하는

'혐오주의'는 설 자리가 없다. 하나님이 지으신 존재를 사람이 부정할 수 없다. 모든 존재에 대한 억압, 살해, 차별, 혐오가 정당화될 수 없다.

하나님은 피조물들이 살아갈 수 있는 시간과 공간의 기본적 골격 위에 우주 천체와 지구를 얹으시고2~10, 14~19절, 지구생명체의 99.5~99.9%를 차지하는 어마어마한 식물군을 만드셨다.11~13절 또 하늘과 땅, 바다에 인류와 훨씬 더 가깝고 활동적인 다양한 동물들을 지어 번성하게 하셨다.20~25절 그리고 그들에게 먼저 '생육, 번성, 충만'22절 할 복권리를 주셨다. 사람만 살아갈 '인권'이 있는 게 아니라 하나님이 만드신 모든 생명체도 각자 마음껏 번성하며 살아갈 고유한 '생명권'이 있다는 사실을 확인한다. 그러므로 다른 모든 피조물과 생명체들은 인간을 위해 만들어진 단순한 배경이나 도구가 아니다. 우리가 하나님을 참으로 믿는다면 지구와 생태계 전체를 가꾸고 섬기고 존중해야 하는 것은 당연한 일이다.

• 관계가 나쁜데, 삶이 좋을 수가 없다

여기서 중요한 것을 하나 더 생각해 보자. 우리가 무언가 '좋다'멋지다 '나쁘다'추하다라고 할 때, 대개 지금 눈앞에 보이는 모습을 보고 판단한다. TV의 광고 상품들, 지나는 길에서 본 멋진 집과 오솔길, 여신과 조각남을 보면서 우리는 감탄한다. 그러나 사실 그게 나와 아무런 관계가 없다면 허탈만 더하고, 어쩌면 화가 날 수도 있다. 한여름 무더위에 먼 길을 걷는데 마침 상점의 시원한 음료수가 눈에 띈다. 그러나 돈이 없다. 그러면 더 화가 나고 목이 탈 것이다. 이처럼 '좋다좋지 않다, 아름답다추하다'고 할 수 있는 열쇠는 서로 맺은 관계일 것이다.

하나님의 창조와 더불어 선언된 '좋다'히브리 원어 '토브' 역시 기능적 '좋다'우수하다와 도덕적 '선하다'까지 포함하는 넓은 의미다. 그러므로 본래 피조물들은 하나님과는 물론 또 다른 만물과도 서로 조화롭고 도움이 되고 기쁨이 되는 좋은 관계였다. 그런데 오늘 우리는 하나님의 선한 창조의 중심인 관계를 한없이 무시하고 있다. 우리는 멋진 아파트를 짓고, 거기에 화려한 인테리어 장식으로 꾸미고 최첨단 전자기기와 편리하고 품위 있는 가구들을 배치하여 꾸민다. 보기에는 '참 좋다.' 그런데 그 멋진 집안에서 가족들은 각자 방에 틀어박혀 서로 얼굴도 보지 않고, 초고속 광속망이 깔린 인터넷을 이용해 유튜브에 저주의 댓글을 쏟아낸다면, 절대 '좋지 않다.'

우리는 더 좋은 생활 조건만 만들어내면 행복할 것이라 믿는다. 그래서 죽도록 돈을 벌고 멋진 집을 사고 더 젊고 건강한 육체를 가꾼다. 그러나 배려와 겸손과 용서와 이해, 사랑이라는 더 중요한 관계를 방치하여 더 불행하게 살아가지 않는가? 그것은 세상을 지어 복 주신 본래의 모습이 아니다. "채소를 먹으며 서로 사랑하는 것이 살진 소를 먹으며 서로 미워하는 것보다 나으니라." 잠 15:17

하나님을 닮아 섬기도록 부름받은 특별한 일꾼, 사람

다시 말하지만, 생명과 죽음, 성공과 실패, 행복과 불행의 열쇠는 관계에 있다. 관계는 바로 하나님으로부터 시작된 사랑에서 비롯된다. 그렇기에 모든 관계의 열쇠는 하나님과의 관계다. "가산이 적어도 여호와를 경외하는 것이 크게 부하고 번뇌하는 것보다 나으니라." 잠 15:16 다른 존재들과의 관계도 여기서 출발한다. 당연하다. 자기 부모와의 관계가 최악인데 밥상이 진수성찬이어도 밥이 목구멍에 넘어갈까? 집을 나와 컵라면을 사 먹는 게 나을 것이다. 결국, 온 세상 모든 세계가 계속 아름답고 좋게 발전하고, 더 행복하려면 먼저 하나님과 화평샬롬해야 한다. 사람을 지으신 하나님의 마음에서 우리는 그것을 분명히 확인할 수 있다.

하나님은 스스로 무엇인가 부족하거나 약해서 도움과 참여를 요구하지 않는다. 그러나 사랑의 본성은 항상 타자와 함께 나누고 즐기고 싶어 한다. 사랑과 연대의 삼위 하나님의 본성은 당신의 모든 영광을 함께 나누며 기뻐하기 위해 세상을 만드셨다. 그리고 지으신 세상이 잘 유지, 발전되도록 가꾸고, 돌보도록 독특한 파트너를 만드셨다. 바로 우리 사람이다.

> 하나님이 이르시되 우리의 형상을 따라 우리의 모양대로 우리가 사람을 만들고 그들로 바다의 물고기와 하늘의 새와 가축과 온 땅과 땅에 기는 모든 것을 다스리게 하자 하시고 하나님이 자기 형상 곧 하나님의 형상대로 사람을 창조하시되 남자와 여자를 창조하시고 하나님이 그들에게 복을 주시며 하나님이 그들에게 이르시되 생육하고 번성하여 땅에 충만하라, 땅을 정복하라, 바다의 물고기와 하늘의 새와 땅에 움직이는 모든 생물을 다스리라 하시니라.창 1:26~28

문화명령이라고 한다. 그런데 오해하면 안 된다. 사람에게 돌보는 위임을 주셨다는 것이 자기들 맘대로 지배하고 정복하고 착취해도 좋다는 말씀이 아니다. 실제로 근대 이후 산업혁명으로 세계를 지배한 서구 기독교사회는 문화명령을 근거로 식민지를 확장하고 동식물들을 남획하고, 정당화하였다. 그러나 진실은 다르다.

- **세상의 주인은 바뀐 적이 없다.**

"여호와께서 다스리시니"시 93:1, 97:1, 99:1 세상의 주인은 창세 이후 영원토록 하나님이다. 우리의 모든 인생과 사명은 오직 하나님의 말씀 안에서만 선한 것이다. 그 밖을 벗어날 때 당장은 우리 소견에는 좋아 보이지만 결국은 자신도, 세상도 망하게 된다.

그러므로 사람이 세상을 다스릴 때 가장 중요한 핵심은 '하나님 뜻대로'이다. 그러나 사람이 하나님의 뜻을 어떻게 알 수 있을까? 그래서 하나님은 사람에게 당신을 닮고 알 수 있는 형상'하나님의 특별한 속성, 유전자, DNA'을 주셨다. 하나님의 형상을 받았다는 것은 사람이 하나님을 따라닮아 사는 게 가장 잘되고 행복하다는 말이다. 그런데 어느 순간 사람은 더는 하나님을 의식하지 않는다. 하나님보다 거짓과 멸망, 죽음의 왕인 사탄을 흉내 내는 다스림을 따라가고 있다.

"예수께서 제자들을 불러다가 이르시되 이방인의 소위 집권자들이 저희를 임의로 주관하고 그 대인들이 저희에게 권세를 부리는 줄을 너희가 알거니와 너희 중에는 그렇지 아니하니, 너희 중에 누구든지 크고자 하는 자는 너희를 섬기는 자가 되고, 너희 중에 누구든지 으뜸이 되고자 하는 자는 모든 사람의 종이 되어야 하리라."막 10:42~44 "통치자들아 너희가 정의를 말해야 하거늘 어찌 잠잠하냐? 인자들아 너희가 올바르게 판결해야 하거늘 어찌 잠잠하냐? 아직도 너희가 중심에 악을 행하며 땅에서 너희 손으로 폭력을 달아 주는도다."시 58:1~2

하나님의 그 마음을 더 잘 이해하려면 또 다른 창조 이야기를 살펴봐야 한다. '하나님이 그 사람을 이끌어⋯경작하며 지키게 하셨다.'창 2:15 논과 밭을 갈고 가꾸는 농부의 모습 그대로다. 농부에게 땀 흘리며 논과 밭을 정성껏 가꾸는 것과 그 열매인 풍성한 곡식을 거두는 것은 하나다. 이는 하나님의 성품을 하나님의 형상에 담아 물려받은 결과다. "땅을 돌보사 물을 대어 심히 윤택하게 하시며 하나님의 강에 물이 가득하게 하시고 이같이 땅을 예비하신 후에 그들에게 곡식을 주시나이다. 주께서 밭고랑에 물을 넉넉히 대사 그 이랑을 평평하게 하시며 또 단비로 부드럽게 하시고 그 싹에 복을 주시나이다." 시 65:9~10 이처럼 세심한 돌봄과 애정 어린 수고가 세상을 경작하여 지키라고 주신 하나님의 마음이다. 그 수고의 대가로 우리가 풍성한 소출을 먹고 즐기는 것은 당연하다.

하나님의 창조는 완전하고 선하다. 그러나 하나님의 뜻을 따라 우리가 수고와 노력을 더할 때 세상은 더 성장하고 풍성해진다.1 갓난 아기는 그 자체로 아름답고 최고의 찬사를 받을 만하다. 그러나 어떻게 기르느냐에 따라 사람으로 난 모든 가능성을 더 아름답게 꽃피울 수도 있고, 짐승만도 못한 놈으로 자랄 수도 있다. 그래서 사람답게 잘 돌보고 가르치는 부모의 수고가 필요하다. 온 세상도 그와 같다. 참 부모이신 아버지 하나님을 닮아 우리가 섬겨야 할 자리가 넘치고도 넘쳤다.

남자와 여자, 남편과 아내, 부부와 가정

계속 살피듯이, 좋은 세상의 중심에 아름다운 관계가 있다. 하나님과의 좋은 관계를 바탕으로 세상을 잘 돌보고 섬기는 만물과의 관계가 있다.1:26 하나님은 혼자 사는 것이 좋지 않고 서로 돕는 배필2:18로 살게 하시려고 사람을 남자와 여자로 창조하셨다'1:27 이것은 단지 부부를 넘어 사람과 사람 사이에 맺어야 할 모든 사랑의 기초가 된다.

• 서로 돕는 배필로 남자와 여자를 지으셨다.

남자와 여자, 남편과 아내처럼 한없이 가깝고도 먼 사이가 없다. 현실적 우리 사이를 보기 전에 하나님의 첫 창조에서 우리가 어떤 존재로 태어났는지 확인하는 것은 매우 중요하다. 1장에서 남자와 여자로 창조된 사람이 처음으로 언급된다. 그런데 27절의 한글 성경과는 다르게 히브리어 원문은 '창조하다'바라의 동사가 세 번 반복되어 있다. 그래서 원문에 가깝게 번역하면, 이렇게 된다.

하나님이 '자기 형상'대로 창조하셨다: 한글 번역에 생략
하나님이 '사람'을 창조하셨다
하나님이 '남자와 여자'를 창조하셨다

이를 더 단순화하면 〈하나님의 형상=사람=남자와 여자한 몸: 공동체성〉이 된다. 사람은 남자 따로 여자 따로가 아니라 남자와 여자 한 몸으로서 하나님의 형상을 닮은 사람이다. 이는 성부, 성자, 성령 삼위의 공동체적 하나님이 한 분이신 것과 똑같다〈하나님=성부·성자·성령한분: 공동체성〉. 이렇게 볼 때 '하나님의 형상대로 사람을 창조하셨다'는 말씀이 정확히 이해된다. 역시 사람은 하나님의 형상을 닮았다.

그것은 '돕는 배필'2:18이라는 단어에서도 확인된다. 한글 성경만 보면 마치 여자가 남자를 위해 창조된 것 같은 느낌을 주나 원문상으로는 '꼭 어울리는 짝'함께 있어 한 몸인 '단짝'이라고 할 수 있다. '단짝'은 서로 양편을 다 가리키는 말이다. 성경 다른 여러 곳에서 하나님이 이스라엘을 '돕는 분'에제르이라고 말한다. 도울 힘이 있으니 돕는 것이며, 도움이 필요하니 도움을 받는 것이다. 우열이나 비교는 없다. 그만큼 든든하다는 뜻이다. 아담에게 돕는 배필인

하와는 그런 존재이다.'2

이제 아담은 자기 앞에선 여자 하와가 자신과 전혀 다른 존재가 아니라 아담 자신과 한 몸임을 알고 노래를 부른다. "이는 뼈 중의 뼈요, 살 중의 살이라."2:23 이 사랑의 노래 어디에 서열이나 우열을 볼 수 있는가? 성경에서 남성을 여성보다 앞세우는 것은 가정을 대표하는 부모처럼 우선적 대표성과 책임성이다. 곧, 창조 안에서 부여한 역할이다. '누가 더 높으냐'는 계급, 서열이나 '누가 더 잘났냐'는 인격적 우열이 아니다. 그러나 우리는 자기 보고 싶은 대로 보려는 죄성이 항상 발동한다. 한때 성경을 근거로 흑인을 차별했던 것처럼 여성 차별은 하나님 앞에 큰 죄다.

모든 '~이즘'주의이 그렇듯이 페미니즘도 과한 면이 있을 것이다. 그러나 과한 면을 말하기 전에 여전히 누적된 차별과 사회적 불이익에 더 큰 관심을 기울여야 한다. '그건 옛날얘기지 지금 여성차별이 어디 있느냐?'는 반문도 있을 것이다. 그렇다면 스스로에게 물어보자. '만약 다시 태어난다면, 남자와 여자 중 누구로 태어나고 싶은가?' 압도적으로 남자를 택할 것이다. 여전한 가부장주의의 폐해를 무시하면서 페미니즘에만 경계심을 갖는 게 과연 합당한지 한국교회는 더 깊이 반성해야 한다. 더 자세한 내용은 8장에서 더 다루므로 여기서는 줄이겠다.

첫 사람은 벗었으나 조금도 부끄러워하지 않았다.

사실 '벗었다' '부끄러워하다'는 단어 자체가 여기서2장는 어울리지 않는다. 갓난 아기가 자신의 모습을 부끄러워할까? 창조된 그대로의 아담과 하와도 '입었다' '벗었다'는 표현조차 의미가 없다. 그냥 하나님이 창조한 그대로의 자신을 좋아하고, 서로를 보며 사랑에 빠질 뿐이다. 아담과 하와는 입거나 벗은 게 아니라 하나님이 '지으신 그대로'였다. 그러므로 인류가 '입었다, 벗었다' '부끄럽다, 당당하다'라고 느끼는 것부터가 하나님이 지으신 상태를 있는 그대로 받아들이지 않는, 이미 변화된 상태임을 확인시켜 준다. "누가 너의 벗었음을 네게 알렸느냐 내가 네게 먹지 말라 명한 그 나무 열매를 네가 먹었느냐."3:11

결혼한 사람은 알듯이 부부는 성인임에도 서로의 벗은 모습을 보고도 별로 부끄러워하지 않는다. 또 그래야 한다. 하나님 안에서 진정한 사랑의 결합이 이루어지면 부부는 자신의 존재를 열어주고 상대방을 있는 대로 받아주기 때문이다. 서로 돕는 배필이 되어 평생을 동반자로 살아가는 것이다. 그러나 어느새 부부 사이도 이해관계와 입장이 복잡해지니 서로 숨기고 가리고 비밀이 많아진다. 하나님 안에서 부부의 회복이 갈수록 너무 중요해진다.

창조 이야기를 마무리하자.

하나님이 좋은 하나님이라면 그분이 지은 세상도 그분의 성품을 닮아 좋을 것이다. 실제 그렇게 되었다.1:3, 6~7, 9, 11, 14~15, 20, 24 하나님의 뜻대로 창조된 세상은 좋았고, 모든 만물 사이의 관계도 서로 좋았다. 하나님의 뜻이 지켜질 때 사람도, 모든 만물도 참된 만족과 안식을 누렸다.2:1~3 그러므로 우리는 지금 우리의 힘겹고 우울하고 병든 세상을 보면서 원래부터 '망할 세상'이었으리라 예단하면 안 된다. 선한 하나님의 성품을 따라 본래 좋았던 세상은 웬일로 망가진 것이다. 이제 그 이유를 찾아야 한다.

1.2. 하나님을 떠나니 모든 게 무너졌다.타락

창조된 참 좋은 세상의 핵심은 하나님과의 관계다. 그래서 하나님 편에서 그 일을 돕는 일꾼인 사람의 역할은 참 중요하다. "여호와 하나님이 그 사람을 이끌어 에덴동산에 두어 그것을 경작하며 지키게 하시고"2:15 그 일은 기계나 노예, 꼭두각시 같이 억지로 할 일이 아니었다. 그들에게는 이미 충분한 자유와 만족, 풍요가 있었다. 하나님 뜻을 받들어 세상을 섬길수록 긍지와 보람이 커지는 것은 당연하다. 사랑하는 아버지의 가업을 맡은 자식은 기쁘게 일하게 된다.

하나님 안에서 자유로운 일꾼

다시 한 가지만은 분명해야 한다. 사람은 결코 세상의 주인이 아니며, 스스로 주인 노릇 할 능력도 없다. 이는 이미 역사로 충분히 확인된 일이다. 그러므로 하나님의 주되심이 분명해야 자신도 잘되고, 온 세상이 행복하고 풍요롭다. 자유롭지만 '하나님 안에서'라는 최소한의 제한선이 주어졌다. 그것은 억압이나 족쇄가 아니라 마땅한 관계였다. "여호와 하나님이 그 사람에게 명하여 이르시되 동산 각종 나무의 열매는 네가 임의로 먹되, 선악을 알게 하는 나무의 열매는 먹지 말라 네가 먹는 날에는 반드시 죽으리라 하시니라."2:16~17

선악을 알게 하는 나무 열매를 먹지 말라는 금지 명령은 가혹한 탄압이나 감당하기 어려운 부담이 아니다. 필요한 양식을 얻거나 자유를 누리는데 아무런 어려움이 없었다. 나무 열매로 선악을 알게 되는 것은 그 자체가 나쁘거나 독이 들어 해로운 것도 아니다. 그러나 하나님의 아름다운 세상에서 그 명령은 필요했다. 세상 만물 중에서 오직 사람만이 하나님 흉내를 내며 스스로 하나님인 줄 착각할 수 있기 때문이다. 이 금지 명령은 하나님을 하나님으로 인정하는 최소한의 관계 법령이다. 사람은 그 명령을 잘 지킴으로써 자신이 세상의 주인이 아니라 하나님의 피조물, 청지기 임을 계속 인식하는 것이다.

사람은 보고, 느끼고, 판단할 뿐 아니라 지휘하고 주도하고 다스리는 정치적 능력을 가진 존재다. 자신의 정체성을 잊으면 사람은 어느새 세상의 주인이신 하나님의 자리를 탐한다. 그런데 뱀은 하와에게 하나님의 말씀 대신 자신의 판단을 믿고 새 인생을 창조하라고 말한다. "그걸 먹어도 너희는 결코 죽지 않는다. 오히려 너희가 하나님처럼 옳고 그름을 스스로 판단하고 결정하는 주권자가 될 것이다."3:4~5 결국 그 선을 넘고 말았다. '하나님처럼 되고픈' 아담과 하와의 욕망은 그분의 선한 다스림을 근본적으로 싫어하는 우리 인류의 거울이다. 이것이 우리가 윤리, 합리성, 효율성 이전에 하나님 말씀과 순종을 배워야 할 이유다.

그런데 여기서도 차별과 서열을 만들려는 '희한한' 마음은 이렇게 따진다. "봐라. 아담남자 아닌 하와여자가 시험에 빠져 다 망치지 않았느냐? 여자가 최초의 범죄자이고 아담은 괜히 함께 당했다." 실제로 기독교 역사특히 중세에는 이 말씀을 근거로 여성의 열등성과 범죄성을 가르치기도 했다. 그러나 그렇지 않다. 뱀과 여자 사이의 대화는 '너희에게'3:1 '우리가'3:2 '너희가'3:4 '너희 눈이'3:5로 자연스럽게 이어지며, 결정적으로 '여자가 그 열매를 따 먹고 자기와 함께 있는 남편에게도 주매'라는 문맥을 보면 아담과 하와는 그 자리에 함께 있었다. 뱀은 하와에게 말을 건넸지만, 사실은 두 사람 모두에게 한 말이나 다름없다.

무엇보다 하나님 앞에서 아담은 사람의 대표성을 갖는다. 선악을 알게 하는 나무를 먹지 말라는 명령을 대표로 받았고2:16~17, 선악을 알게 하는 나무를 따 먹었을 때도, 하나님은 아담에게 먼저 그 상황을 물으신다. "여호와 하나님이 아담을 부르시며 그에게 이르시되 '네가 어디 있느냐?'"창 3:9 그러므로 영광의 대표성은 주장하면서도 책임의 대표성에서 도피하려는3:12 가장남편, 아버지은 스스로 가장을 부인하는 것이다.

하나님을 떠나면

그러나 일단 하나님을 떠나면 그 불행은 하나님과의 단절에만 머물지 않는다. 사람에게 하나님이 없다면 더는 두려울 게 없다. 이웃과 온 세상 전체도 제멋대로 하려고 한다.시 14:1~4, 42:10 하나님을 중심으로 일어나던 선순환의 세계가 순식간에 악순환으로 변했다.

• 먼저, 하나님과 관계가 완전히 달라진다. 사람은 죄를 마음에 품으면 하나님이 부담스러워지고, 두려워 숨고 싶어진다.4:7 우리가 잘 안다. "그들이 그날 바람이 불 때 동산에 거니시는 여호와 하나님의 소리를 듣고 아담과 그의 아내가 여호와 하나님의 낯을 피하여 동산 나무 사이에 숨은지라. 여호와 하나님이 아담을 부르시며 그에게 이르시되 네가 어디 있느냐 이르되 내가 동산에서 하나님의 소리를 듣고 내가 벗었으므로 두려워하여 숨었나이다."3:8~10

• 그러나 하나님의 낯만 피하면 되는 게 아니다. 하나님을 떠난 사람은 자기 내면에서도 큰 균열이 일어나게 된다. 죄로 눈에 거짓이 끼어들자 인간은 자기도 있는 모습 그대로 받아들이지 못한다. 누군가 의식하며 뭔가 숨기고, 자꾸 가리려고 한다. "이에 그들의 눈이 밝아져 자기들이 벗은 줄을 알고 무화과나무 잎을 엮어 치마로 삼았더라."3:7 있는 그대로 서로 부끄러워하거나 숨길 게 없었던 그들의 첫 모습을 기억해 보라2:25 서로 숨길 것 없는 자연스러움이 숨기고 가리고 싶은 수치가 되었다. 그때 이후 인류는 하나님이 지으신 그대로의 자신과 서로를 받아들이지 못한다. 멋대로 만든 인위적 기준에

맞추기 위해 팔등신을 만들고, 온갖 학력과 자격증을 쌓아 올려 포장하고, 지위와 벼슬들로 '치마'를 만들어 자기를 가려야 했다. 그러나 그럴수록 자신감은 더욱 떨어지고, 자기학대만 커져간다. 죄의 현실성이다.

• 그러나 거기서도 멈추지 않는다. 한때는 서로를 보며 '너는 나의 가장 소중한 몸 자체다.'²·²³라고 감격했었지만, 죄에 마음을 내어주자 '그 여자 때문에 내 신세가 이 지경이 되었습니다. 그리고 이게 다 하나님 당신 탓입니다.'³·¹²라며 책임 떠넘기기에 바쁘다. '당신 없이는 못 산다'며 좋아서 결혼해 놓고도, 수틀리면 '너 만나서 내 인생 망쳤다'며 서로를 버리는 지금 우리 모습이다. 태초 이후 지금까지 계속되는 온갖 전쟁과 분쟁, 테러와 살인, 차별과 독재 등은 모두 하나님 중심적 선순환의 좋은 관계성을 떠난 사람들이 자기중심적 악순환으로 만든 열매이다.

• 그런데 하나님의 선한 다스림에서 벗어난 죄의 악순환은 인간관계에 머물지 않고, 자연 만물과 온 세상에 두루 미친다. 덩달아 황폐해진 땅은 이전처럼 수고한 만큼의 풍성한 성과를 보장해 주지 않는다. 농부가 뜨거운 여름 낮을 견디며 수고하여 풍성한 추수를 바라보아도 한순간의 태풍이 곡식들을 다 쓸어간다. 그러다 보니 땀 흘려 수고하여 자아를 실현하는 즐거움은 사라져버리고, 일은 죽지 못해 억지로 일해야만 하는 고된 노역이 되어 버렸다.창 3:17~19

선한 청지기 사명을 버린 인간의 탐욕과 자기 중심성은 생태계 전체를 심각하게 뒤틀어 놓았다. 조류독감AI은 생명 아닌 한낱 상품 취급을 받는 닭과 오리의 높은 생산성을 위해 좁은 공간에 몰아넣고 공장 사료를 먹이면서 파급된 인간 탐욕의 재앙이다. 구제역 역시 돼지, 소와 같은 가축들을 공장식 축사에 넣어놓고 급속도로 양산해 내는 축산업 관행으로 일어나는 탐욕의

인재人災다. 인간이 잘못했는데, 소, 돼지, 닭, 오리들이 때마다 수만~수백만 마리씩 떼죽음을 당한다. 안 됐지만 그래도 그 정도는 남의 얘기, 다른 동물들 얘긴 줄 알았다.

그런데 황사와는 비교할 수 없는 미세먼지로 우리는 2019년 내내 마스크쓰고 살았다. 2020년 드디어 코로나 사태로 전 지구적 재앙을 겪으며 2년을 지냈다. 이제 어떤 일이 일어날까? 갈수록 인간에게, 그리고 나에게, 특히 다음 세대에게 직접, 더 크게 닥칠 것이 예고된다. 이처럼 아담 이후 죄의 악순환은 미치지 않는 곳이 없다.

창조의 첫 세상이 아름다울 수 있었던 것은 선한 하나님을 중심으로 모든 관계가 서로 막힘이 없이 원만했기 때문이다. 그러나 사람이 스스로 세상 주인이 되겠다는 망상을 품고 하나님을 떠나자 자기 자신은 물론 동료 인간, 자연 만물에 이르기까지 관계가 끊어졌다. 사람이 지은 죄 때문에 온 세상이 함께 고통당한다는 게 부당하게 느껴질 수 있다. 그러나 창 1, 2장에서 살펴봤듯이 하나님의 세계에서 인간은 하나님의 대리 왕이다. 평민의 죽음과 왕의 죽음이 나라에 미치는 영향은 당연히 다르다. 결국, 자신도 죽도록 고생만 하다가 몸으로도, 영으로도 사망에 이르게 된다.3:19 '빛이요, 생명'이신 하나님을 떠나면 '어둠과 사망'만 남는다. 그래서 죄인의 운명은 하나님의 풍성함과 생명에서 떠난 것이기에 몸으로도 죽고, 영원한 저주에서도 벗어날 길이 없다.

이게 바로 성경이 말하는 죄와 그로 인해 모든 곳마다 오염되고 파괴된다는 증거다. 이처럼 태초의 이야기는 동화나 신화가 아니다. 우리와 아무 상관없는 오랜 옛날, 다른 문화권 사람들의 이야기가 아니다. 나와 우리 주변, 세계에서 날마다 다시 재현되는 현실임을 보여주는 살아 있는 증언이다. 우리는 아담과 하와의 직계자손이다.

죄에 대한 세 가지 오해

여기서 한 가지 확인하고 넘어갈 게 있다. 죄는 정말 있는 것일까? 우리는 '죄'라는 단어에 체질적인 거부감을 갖는다. 불편함을 싫어하는 현대인의 특성상 죄는 더더욱 피해야 할 주제다. 그러나 죄는 피하거나 숨기면 사라지는 안개가 아니다. 세상에서 보통 말하는 죄는 다음 셋 가운데 하나다.

첫째, '죄는 없다. 다만 제대로 배우지 않고 지혜가 없어 실수하는 것뿐이다.'
무지몽매, 곧 제대로 알지 못하고 깨닫지 못해서 어리석은 실수를 하는 것이지 원래 죄가 있는 게 아니라는 것이다. 그러므로 필요한 건 고등교육과 문명적 훈련이다. 일리가 있다. 특히 근대 서구는 이런 세계관 위에서 교육, 계몽, 과학기술의 발전으로 어두움을 밝혔다. 그런데 그 화려한 서구 교육과 계몽, 발전의 수면 아래 문명제국의 식민지 역사가 숨어 있었다. 숨은 이면이 여지없이 드러난 것은 유럽국가들이 주도한 제1, 2차 세계대전이었다. 야만인, 미개인, 원시인이 아닌 문명인들, 선진 국가들이 1천만 명이 넘는 참살극을 주도했다. 죄는 없는 것이 아니라 품위와 점잖은 외모 속에 감춰져 있던 것이다.

둘째, '죄는 없다. 다만 약한 자아에 지나친 책임감으로 강박 증상이 생긴 것일 뿐이다.'
프로이트로 대표되는 근대 정신병리학자들의 주장이다. 죄가 아니라 약한 자아, 편집증의 강박이다. 죄가 없어도 죄처럼 느끼는 죄책감이 있을 뿐이다.

그러므로 치료하고, 약한 자아를 북돋아 건강한 자아를 가지면 해결된다. 역시 일리가 있다. 모든 걸 선과 악의 이분법으로 만들어 죄로 몰아붙이는 건 좋지 않다. 기독교는 조심해야 한다.

그래서 요즘 긍정심리학이 큰 인기를 끈다. '괜찮다' '나는 좋다' '네가 옳다' '잘 된다' 어떤 존재든 존중받아 마땅한 자기 자리, 자기 존엄성이 있다는 말이다. 삶의 무게에 깊이 짓눌려 있을 때 우리에게 큰 도움이 된다. 그러나 그것도 심리적 기만이 되기 쉽다. 괜찮다고 응원하고, 격려한다고 진짜 괜찮지 않다는 걸 우리 자신이 잘 안다. 용기를 주고 자존감을 높이는 건 좋으나 절망과 한계, 깊은 죄책감과 실존적 두려움을 없애지는 못한다.

셋째, '죄는 있다. 그러나 특정인의 문제다.'

기독교인이 아니라도 많은 이들이 죄를 인정하고, 분노한다. 그러나 그것은 보편현상이 아니라, 불건전한 어떤 사람들의 문제로 본다. 죄를 범죄와 동일시하는 것이다. 실제로 우리는 히틀러 같은 학살자, 조두순 같은 흉악범이나 사이코패스를 보면서 우리와는 다른 종류라고 생각한다. 그렇게 생각하는 게 세상 살아가는 데 일단 편하다.

그러나 '특별한' 그들은 '평범한' 우리와 근본적으로 다를까? 성선설을 믿든 성악설을 믿든, 사람은 근본적으로 비슷하다. 거기서 거기다. 히틀러는 학살자의 본성을 타고났다고 믿는가? 어떤 사람은 그런 상황에 노출되고 다른 사람은 그렇지 않을 뿐이지, 조건과 상황만 주어진다면 우리도 얼마든지 비슷한 모습을 표출할 수 있는 동일 종자다. 설령 억제하여 표출되지는 않을지라도 같은 충동을 속에 갖고 있다. 행동은 그것의 표출이며 수면 아래의 죄성은 보편적이다.

남 얘기할 게 없다. 나는 내 속에 독재자, 살인자, 사기꾼, 강간범도 다 들어있다는 걸 알고 있다. 그러므로 아무도 없는 혼자만의 내 모습이 진짜 나다. 그러나 잠재된 악을 마음대로 발산하는 사람과 그것을 어떻게든 통제하려는 사람이 같다고 말하는 것은 절대 아니다. "죄가 너를 원하나 너는 죄를 다스릴지니라."4:7 그러나 우리는 지금 근본적 인간 존재에 대해 이야기하는 것이다.

유대인 한나 아렌트는 전쟁 후 나치 독일 유대인 학살의 잔인한 집행자였던 아이히만의 재판을 참관하며 깜짝 놀란다. 참관 전, '나치, 유대인 학살, 가스실' 같은 단어와 연결된 사람이라면 거칠고 흉악하고 인간미라고는 찾아볼 수 없는 '특별한' 모습일 줄 알았다. 그런데 직접 보니 '너무 일상적이고, 평범해서' 놀랐다고 한다. 그 충격적 관찰과 분석으로 쓴 책이 '예루살렘의 아이히만'이다.

이처럼 죄와 범죄는 엄연히 다르다. 우리는 범죄를 저지르지는 않았을지 모르지만, 모든 범죄인과 조금도 다르지 않은 충만한 죄인이다. "기록한바 의인은 없나니 하나도 없으며 깨닫는 자도 없고 하나님을 찾는 자도 없고 다 치우쳐 한가지로 무익하게 되고 선을 행하는 자는 없나니 하나도 없도다. 저희 목구멍은 열린 무덤이요 그 혀로는 속임을 베풀며 그 입술에는 독사의 독이 있고 그 입에는 저주와 악독이 가득하고 그 발은 피 흘리는데 빠른지라 파멸과 고생이 그 길에 있어 평강의 길을 알지 못하였고 저희 눈앞에 하나님을 두려워함이 없느니라 함과 같으니라."로마서 3:11~18

죄의 정체(로마서 1장)

성경이 말하는 죄는 개념이나 원리가 아니다. 우리 자신과 세상에 실재하며 엄청난 영향을 끼치는 힘능력, 파워이다. 그리고 다음과 같은 특징을 가지고 있다.

불경건(godlessness, ungodliness)

기본적으로 죄의 근본은 '하나님을 하나님으로 인정하지 않는 것'21절이다. 우리가 흔히 불신不信이라고 부르는 것이다. 하나님을 거부하고, 싫어하고, 부정하고, 심지어 미워하는 것이다. 그들은 하나님을 자기 인생의 간섭자, 참견자, 독재자로 여기므로 하나님을 떠나면부인하면 진정한 자유가 생길 것이라 기대한다. 스스로는 지혜롭다 생각하지만, 사실은 매우 어리석은 판단이다.22절 그저 자기 인생의 주인이 하나님에서 다른 것으로 바뀌었을 뿐이다.23절 어떤 사람은 돈, 다른 사람은 권력, 명예, 말초적 즐거움 등 대상만 다를 뿐 그것에 매달릴수록 자유가 아니라 진짜 노예로 산다.

사실 이들도 '하나님 있음' 같은 것을 어렴풋이 느끼고 있다. 볼수록 놀라운 우주의 신비라든가, 인체의 오묘함, 때로는 극단적 고통과 절망에서 신비스럽게 벗어나면서 초월적 존재를 느끼기도 한다.19~20절 그러나 잠시뿐이고, '지금껏 하나님이 내게 해준 게 뭐냐?'며 애써 부인하고 만다. 부모를 부모로 인정하지 않는 것보다 더 큰 불효는 없다. 마찬가지로 모든 죄의 뿌리는 하나님 부인이다.

불의함(wickedness, unrighteousness)

그러나 여기서 끝나지 않는다. 일단 마음에서 하나님을 몰아내면 사람은 더는 무서운 게 없다. 그래서 갈수록 죄를 두려워하지 않게 된다.28~31절 하나님을 하나님으로 인정하지 않으면 결국 사람생명을 사람으로 대하지 않는다.

부모를 부모로 인정하지 않는데, 형제나 이웃을 존중할 리가 없다. 자기가 곧 길이요, 진리요, 생명이며, 법이요, 정의요, 행복이기 때문이다. 내가 인생과 세계의 주인이 된다. 내가 좋으면 선이고, 내가 싫으면 악이다. 그러므로 사실 상 모든 구체적인 죄들은 하나님을 부인하는 것으로부터 시작된다.^{시 14:1~3} 우리는 그것을 날마다 주변에서, 뉴스로, 아니 내 안에서도 사실로 확인하고 있다. "여호와께서 사람의 죄악이 세상에 가득함과 그의 마음으로 생각하는 모든 계획이 항상 악할 뿐임을 보시고"^{창 6:5}

그러나 이 말이 하나님 안 믿으면 다 나쁜 사람이 되고, 하나님 믿으면 착해진다는 뜻은 아니다. 수많은 범죄나, 비인간적인 행습은 하나님을 믿는다는 사람에게도 예외 없이 일어난다. 하나님을 믿는다고 불신의 오랜 습성이 하루아침에 다 사라지지 않는다. 그러나 정말 믿는다면 갈수록 차이가 드러난다. 하나님을 정말 믿으면 갈수록 죄짓기 힘들어진다. 하나님 믿기 전의 나라면, 또 다른 사람이라면 별스럽지 않을 일들조차 내 마음에 부대끼고 슬퍼져서 자꾸 회개하게 된다. 물론 또 죄지을 수 있다. 그러나 반복적, 습관적, 인격적으로 죄를 즐기는 경향에서 점차 벗어나게 된다. 노력도 필요하지만, 갈수록 죄가 싫어지고 의가 좋아지게 된다. 그 속에 하나님이 계시기 때문이다. 그러므로 마음속 깊은 곳에서 아픔, 슬픔, 괴로움도 없이 죄를 즐긴다면 우리 고백과 구원을 의심해야 한다.

죄인으로서 가장 무서운 증상이 있다. 죄와 너무 친해져서 아무런 슬픔도, 아픔도 없고, 오히려 죄를 무용담처럼 자랑하고 다른 사람들에게도 함께 하자고 힘써 권하는 것이다.^{32절} 완전히 죄의 포로가 되어 죄가 원하는 대로 아무 저항 없이 즐겨 따라가는 것이다. 이처럼 어떻게 해도 돌이킬 마음이 없는 사람들은 어찌 될까? 하나님도 그냥 내버려 두신다.^{24, 26, 28절} 자유가 아니라 심판이다. 부모가 버려둔 자식은 소망이 없다. 그러므로 누가 보든 안 보든, 죄를 두려워해야 한다.

'원죄'(original sin)란 무엇인가?

원죄는 구체적이고 개별적 죄를 짓기 이전부터 우리는 죄인의 씨앗으로 태어난다는 말이다. 이해하기 힘든 해괴한 말 같다. 천진난만한 아기들이 무슨 죄 성향이 있다는 말인가? 그러나 그게 오히려 순진한 생각이다. 사람은 가만히 놔둬도 죄로 기우는 성향이 있다. 선함과 의로움은 애써 배우고 노력해야 하지만, 죄는 배우지 않아도 자연스럽게 떠오르고 실행된다. 아이들도 하지 말라면 기를 쓰고 더 하려고 한다. "이는 사람의 마음이 계획하는 바가 어려서부터 악함이라."창 8:21 죄는 우리 존재 속에 깊이 뿌리내려 실행하기 전에라도 우리는 이미 죄인으로 태어나 죄인으로 살아간다.롬 5:12~14 아담 이후 어떤 방식으로 이어져 왔냐는 논란은 다음 문제다. "에티오피아 사람들이 자기 피부색을 바꿀 수 있느냐? 표범이 자기 몸의 반점을 바꿀 수 있느냐? 그렇다면 악한 짓에 익숙한 너희도 선을 행할 수 있을 것이다."렘 13:23/우리말 성경

이와 연관해 한 가지만 더 생각해 보자. '착하게 살았는데도 단지 예수 믿지 않았다고 지옥에 가야 하나?' 나도 많이 따져 물었던 질문이다. 이렇게 물을 때 우리는 '예수를 믿지는 않았지만 착하게 살았던' 누군가이순신 장군, 세종대왕, 간디를 떠올린다. 우리는 겉모습만으로 누구를 착하다 악하다, 옳다 그르다 단정할 수 없다. '그 사람'은 하나님만 아신다. 무엇보다 모두 충실했다 해도 하나님을 하나님으로 인정하지 않는 것불신앙은 가벼운 일이 아니다. 그래서 그들이 지옥에 있다는 말인가? 그건 우리가 함부로 판단할 일이 아니라 하나님 소관이다. 하나님의 것은 하나님께 맡기자. 우리에게 중요한 것은 '누가

지옥 갔냐, 천국 갔냐'는 주제넘은 판단이 아니라, 그 누구라도 하나님의 구원이 필요하다는 사실이다. 그리고 하나님과 이웃을 사랑하는데 온 힘을 쏟으며 사는 것이다.

그러면 우리가 이 죄의 악순환에서 벗어날 길은 과연 있을까? 구원의 길은 있는가? 그저 자기 힘으로 죄를 안 지으려고 노력하는 게 답은 아니다. 의롭게 살려는 마음만큼 죄를 지으려는 욕망도 비례해서 커진다. 설령 누군가를 해하거나 범죄를 저지르지 않았을지라도, 내 속에 깊이 솟구쳐 오르는 죄를 향한 큰 욕구조차 없앨 수는 없다. 그렇다면 우리는 문제는 알아도 답을 모르는 것과 같다. 목표는 알아도 길이 없다. "오호라 나는 곤고한 사람이로다. 이 사망의 몸에서 누가 나를 건져내랴."롬 7:24

1.3. 예수가 만든 온 세상 구원의 길구속

모든 것을 아름답게 창조하신 하나님창조 그러나 하나님을 따라 세상을 잘 섬겨야 할 일꾼인 사람이 반역하여 온 세상이 다 무너졌다.죄와 타락 이게 '팩트'다. 사태는 이미 심각하다.

다시 살리시는 하나님

당신이 하나님이라면 이제 어떻게 할까? 이미 구석구석, 다 망가졌다면전적 부패, 전적 타락 그냥 싹 없애고, 더 좋은 세상을 다시 만드는 게 낫지 않을까? 건물이라면 그게 나을 수도 있겠다. 그러나 만약 자식이라면? '자식이 자식답지 못하면, 호적에서 파버리고 다른 자식 또 낳으면 된다'고 할 수 있을까? 더구나 그 말은 거룩하고 전능한 하나님이 사탄과 악에게 지고 당신의 피조물을 포기했다는 뜻이다. 그것은 하나님의 성품상 있을 수 없는 일이다. 그래서 하나님은 이미 아담의 타락 때부터 모든 만물을 다시 건져, 살리기로 결정하셨다. "내 하나님가 너뺌: 사탄로 여자와 원수가 되게 하고 네 후손도 여자의 후손메 시야, 그리스도과 원수가 되게 하리니 여자의 후손은 네 머리를 상하게 할 것이요 너는 그의 발꿈치를 상하게 할 것이니라 하시고"창 3:15

우리는 좋은 일은 지금 당장 일어나기를 원한다. 그러나 살다 보면 꼭 필요하고, 중대한 일일수록 적절한 시간과 과정이 필요하다는 걸 알게 된다. 특히 자식 낳아 기르다 보면 이를 더 잘 알게 된다. 아이가 뻔히 무슨 짓을 벌일 줄 알면서도 때로는 당장 바로잡지 않고 더 기다리는 경우가 있다. 당장 문제해결은 더딜 수도 있지만 결국 그게 더 효과적이고, 훨씬 인격적이기 때문이다. 사랑할수록 존중해서 기회를 주어 스스로 하게 하고 싶은 것이다. 또 그럴 때 효과도 만점이다. 하나님도 사탄을 위해서가 아니라 우리를 위해서 그렇게 하신다. 물론 하염없이 기다리기만 하시지는 않는다.

그러면 그것은 어떻게 진행될까? 망가지는 것과 회복하는 것도 순서는 똑같다. 뭐니뭐니해도 사람의 회복이 먼저다. 그 사람이 바로 나다. 내가 먼저 하나님을 떠난 죄와 사망의 악순환을 청산하고 예수 그리스도를 믿음으로써 살아나야 한다. 내가 살아야 이웃을 위해, 세상을 향해 일꾼으로 살 수 있다. 거듭남, 화목하게 됨, 구원과 영생 얻음, 영접함 등 다양하게 부르지만 결국 예수 그리스도의 은혜로 우리가 다시 살아나는 것이다.

그러나 하나님이 나를 다시 살리신 데는 더 큰 목적이 있다. 예수로 다시 살기 전에는 오직 나 하나밖에 모르던 내가 그 삶을 청산하고 다시 살리신 그리스도의 살리는 사명을 맡아 행하도록 하신 것이다.고후 5:15 그것은 나만 아니라 이웃과 모든 피조물도 하나님과 다시 화목하게 하는 일이다.5:18~19 예수를 믿어 구원받아 다시 살게 되었다는 것은 그저 죄인 신분이 달라졌다는 것에서 그치는 게 아니다. 이제 우리 안에 그리스도의 살리는 생명력이 함께 있으므로 해서 다른 모든 이에게 두루두루 복을 끼치는 신분으로까지 변했다는 말이다. 내가 받은 생명력이 다른 사람에게도 전달되는 것이다. "땅의 모든 족속이 너로 말미암아 복을 얻을 것이라."창 12:3 "사람들이 그로 말미암아 복을 받으리니 모든 민족이 다 그를 복되다 하리로다."시 72:17 그리스도인의 신분은 이처럼 감격스럽고 자랑스러운 소명으로 나아간다.

그것은 우선, 이웃에게도 예수의 복음을 전하여 다시 살게 하는, 곧 복음 전도의 사명이다. 이게 가장 중심이며, 이를 대신할 게 없다. 그러나 더 나간다. 지금껏 동료 사람과 원수를 맺어 서로 죽고 죽여 왔던 개인적, 사회적 단절 관계정치적 억압, 경제적 불평등, 전쟁과 분쟁, 차별과 배제 등를 하나님 안에서 다시 화목하게 하는 사회정의, 변혁의 사역도 하나님이 주신 일이다.엡 2:14~18

그러나 하나님의 복음과 새롭게 하시는 회복 사역은 여기서도 끝나지 않는다. 하나님은 당신이 만드신 온 세상, 모든 피조물을 포기하신 적이 없다. 우리가 알듯이 모든 생물이나 물과 대기, 산과 바다도 자기 죄가 아니요, 자기 원함도 아니지만, 약육강식의 무서운 생존경쟁과 온갖 생태계 파괴의 슬픈 고통을 함께 당하고 있다. 이것은 하나님의 본심이 아니다. 그들도 '도대체 이런 처참한 고난이 언제 끝나나?' 한탄하며 하나님이 주실 은총의 날을 고대하고 있다.롬 8:19~22 그러므로 큰 위기에 빠진 기후와 온갖 생태계를 섬기고 보존하는 노력들은 마땅히 하나님의 일이다. 이게 바로 총체적인 복음 사역이다.

내 죄를 대신 지신 구원이라니?(대속적 구원)

기독교 복음은 예수님의 죽음이 바로 내우리, 인류 죄를 대신한 죽음이며 우리는 그것을 믿음으로 구원받았다는 대속의 구원을 중심에 둔다. 이것도 이해하기도 쉽지 않고, 때로 마음에 들지 않을 수도 있다. 우리는 상이든 벌이든, 행한 대로 그 사람에게 집행되어야 의롭다고 믿는다. '내 잘못이면 내가 책임져야지! 무려 2천 년 전 살았던 예수가 죽은 것이 어떻게 내 죄를 대신한 구원의 사건일 수 있나?' 가능성도 없어 보이지만, 정당하지도 않아 보인다.

그러나 그건 아직도 자신이 누구이며, 사람이 누구인지 몰라서 하는 소리다. 예수께서 내우리 죄를 대신 지셨다는 말은 인생이 자기 자신으로는 도무지 안 된다는 말이다. 예수님이 십자가를 지셨다는 말은 우리 인생이 스스로는 길을 몰라 이미 파산했다는 말과 같다. 얼마 전, 친한 후배가 엄청난 빚을 도무지 갚을 수 없어 파산을 신청했는데 그게 받아들여졌다고 굉장히 좋아했다. 얼마나 웃기는 얘기인가? 내가 파산했다.망했다는 게 확인되었는데, 그게 뭐가 좋은가? 그 말은 감당할 수 없는 엄청난 빚을 갚지 않아도 된다는 말이기 때문이다.사실은 갚을 수 있을 정도만큼만 계속 갚는 것이다 그래야 재기할다시 살 수 있다.

다른 예를 들어보자. 초등학교 2학년 아이가 문구점에서 장난감을 훔치려다 주인에게 들켰다. 그런데 주인은 아이에게가 아니라 부모에게 연락해 변상을 요구한다. 이상한가? 아이는 능력이 없고, 부모는 아이의 친권자이므로, 당연하다. 그러나 여기도 전제가 있다. 그 아이가 부모의 자식이어야 한다. 동네 아저씨가 대신 갚아주는 게 아니다. 우리의 죄 갚음도 하나님이 우리 아버지이셔야 한다. 우리 죄를 대신 지신 주님의 은혜가 꼭 그렇다. 하나님 앞에서 지은 우리 죄는 우리가 스스로 갚을 수 있는 범위가 아니다. 스스로는 파산이다. 예수님은 죄에 덮여 파산한 내 인생의 모든 빚과 원수 맺음을 대신 갚아 주셨다. 내가 그분의 공로를 의지해 파산을 받아들이면 효력이 나타난다.

그리고 하나님은 우리의 진짜 친권자시다.

그러나 또 물을 수 있다. 내가 져야 할 책임을 누군가 대신 맡아주면, 그가 매사에 무책임한 인생을 살게 될 것 아니냐? 파산신청이 '도덕적 해이'를 불러온다는 말처럼 말이다. 그러나 예수님의 십자가 복음은 그렇지 않다. 죄인인 자기 힘만 믿고 살아온 인생이 파산되었고, 그 파산을 주님께서 대신 맡으신 은혜로 내가 다시 살아났다. 그러나 그 은혜를 받은 사람의 인생은 거기서 끝나지 않는다. 그에게는 하나님 나라의 복되고 벅찬 새 인생을 살도록 새 사명이 주어지고 그것을 잘 감당하도록 성령께서 힘써 도우신다. 엄청난 빚을 대신 청산해 주고는 '이제부터 알아서 잘 살라.'며 떠나시는 게 아니다. 지금부터 새롭게 살 기회와 능력도 주시는 것이다. 빚 탕감 절차도 '파산신청' 후 '구제'와 '회생'새로운 인생으로 이어지는 것과 같다. 그러니까 주님이 대신 죽어 우리를 살리셨다는 복음은 세상의 논리로도 얼마든지 설명할 수 있는 엄연한 사실이다. 수영 세계 챔피언이나 5살짜리 어린아이나 태평양 바다를 헤엄쳐서 건널 수 없는 것은 마찬가지다. 그러니 배 타고 건너라는 게 불합리하고, 자존심 상하는 일인가? 대속의 은혜는 온 세상을 살리는 유일한, 그리고 현실적인 복음이다.

1.4. 내가 만물을 새롭게 하리라회복

이제 최종 목적지에 도달했다. 그것은 세계 종말, 역사의 종착역인 동시에 하나님 나라의 완성이다. 어떤 사람들은 '예수님도 좋고 믿음도 좋지만, 천국이니 지옥이니 그런 소리는 하지 않으면 좋겠다'고 한다. 그렇지 않다. 사랑과 정의의 결말이 없는 끝없는 과정은 무의미함이다. 목적지 없는 영원한 여행은 고통이다. 그러면 성경이 말하는 세상 종말은 과연 무엇일까?

정의의 실현, 곧 공의로운 심판이다.

아담의 타락 이후 하나님을 떠난 사람들은 처음부터 반역의 도성에 폭력과 억압의 문명을 쌓아 올렸다.창 4:16~24 "라멕이 자기 아내들에게 말했습니다. '아다여, 씰라여, 내 말을 들으라. 라멕의 아내들이여, 내 말에 귀를 기울이라. 내게 상처를 입힌 남자를 내가 죽였다. 나를 상하게 한 젊은이를 내가 죽였다.'"24절/우리말 성경 인류 탄생 이후 지금까지 국가, 민족, 인종, 이념, 종교 등을 내세워 얼마나 죽이고, 고문하고, 빼앗고, 억압하는 일들이 많았나? 남녀노소를 막론하고 집단 전체를 없애려던 학살제노사이드은 또 얼마나 많았나?

성경에도 하나님의 정의에 호소하며 눈물 뿌린 기도들로 넘쳐난다. "여호와여 어찌하여 멀리 서시며 어찌하여 환난 때에 숨으시나이까? ···악인은 그의 교만한 얼굴로 말하기를 '여호와께서 이를 감찰하지 아니하신다' 하며 그의 모든 사상에 '하나님이 없다' 하나이다."시 10:1, 4 "여호와여 내가 부르짖어도 주께서 듣지 아니하시니 어느 때까지리이까 내가 강포로 말미암아 외쳐도 주께서 구원하지 아니하시나이다. ···이러므로 율법이 해이하고 정의가 전혀 시행되지 못하오니 이는 악인이 의인을 에워쌌으므로 정의가 굽게 행하여짐이니이다."합 1:2, 4

이는 우리 사회에서도 충분히 공감되는 정서다. 사람으로서 용납할 수 없는 일이 벌어지면 우리는 정의의 심판을 기대한다. 모든 사람은 죄에 대한 정당한 심판의 역할을 인정한다. 이는 한국 현대사의 아픈 교훈으로도 확인된다. 1945년 처절한 일제 강점이 일본 패망으로 끝나 새로운 나라가 세워졌다. 새 조국 건설의 중요한 과제 중 하나가 악랄한 부일협력자 처벌과 식민지 유산 청산이었다. 이를 위해 1948년 '반민족행위특별조사위원회'반민특위가 세워져 조사 끝에 7,000여명을 기소했다. 그러나 이승만 정부는 이를 강제로 해산시켜 버렸다. 이후 친일파들은 전문경력을 내세워 정치, 경제, 문화, 군대 등 각계 요직을 차지했고, 반면 수많은 독립운동가와 가족들은 해방된 조국에서도 멸시와 천대를 당했다. 심지어 일제 때 고문했던 경관이 해방 후 다시 경찰이 되어 독립운동가 출신을 빨갱이라며 또 고문했다. 정의가 끝내 시행되지 않는다면 새 나라가 아니다.

그러므로 공의의 집행인 심판은 정당하며, 꼭 필요하다. 그러나 공의로운 법 집행은 아무나 하는 게 아니다. 세상에서도 범죄에 대한 사적 보복을 막고 국가가 공적 집행을 대리한다. 그러므로 세상에 대한 최종 심판과 집행은 창조주시며, 참된 왕이신 하나님이 직접 하신다. 그것은 인류 이래 지금껏 맺히고 맺힌 호소와 절규의 정당한 법 집행이다.계 5:8, 8:3~4 "다섯째 인을 떼실 때에 내가 보니 하나님의 말씀과 그들이 가진 증거로 말미암아 죽임을 당한 영혼들이 제단 아래에 있어 큰 소리로 불러 이르되 '거룩하고 참되신 대주재여 땅에 거하는 자들을 심판하여 우리 피를 갚아주지 아니하시기를 어느 때까지 하시려 하나이까' 하니 각각 그들에게 흰 두루마기를 주시며 이르시되 '아직 잠시동안 쉬되 그들의 동무 종들과 형제들도 자기처럼 죽임을 당하여 그 수가 차기까지 하라' 하시더라."계 6:9~11

물론 우리는 당장 공의 집행을 원한다. 반면 하나님은 당신의 더 깊은 판단 아래 자주 기다리고 지체하시는 것처럼 보인다. 죄인의 회개를 아직 기다리신다. 그러나 심판은 분명히 집행되고 말 것이다. 용서하는 사랑의 하나님은 심판하는 공의의 하나님과 다르지 않다. 그러므로 기독교회가 천국, 지옥, 하나님의 심판을 말하는 것은 전혀 유치하지도, 잘못된 것도 아니다. 죄와 죽음의 권세, 사탄과 악한 영들이 심판을 받아 영원히 격리됨으로써 다시는 죽이고 빼앗고 파괴하는 일이 없을 것이다. "또 그들을 미혹하는 마귀가 불과 유황 못에 던져지니 거기는 그 짐승과 거짓 선지자도 있어 세세토록 밤낮 괴로움을 받으리라. ···사망과 음부도 불못에 던져지니 이것은 둘째 사망 곧 불못이라."계 20:10, 14

완전한 회복이다.

그러나 하나님 심판의 최종 목적은 보복이 아니라 참된 재건을 위한 회복적 정의다. 무엇을 위한, 어떤 회복일까? 죄로 인해 빚어진 모든 존재의 파탄과 그 관계망의 회복이다. 모든 것의 완전한 회복이다.

• 당연히 하나님과 다시 관계를 회복하여 그분의 모든 풍성함을 누리게 되는 사람을 기대한다. 더는 단절되지 않는 하나님과 깊은 교감이 회복된다. "내가 들으니 보좌에서 큰 음성이 나서 이르되 보라 하나님의 장막이 사람들과 함께 있으매 하나님이 그들과 함께 계시리니 그들은 하나님의 백성이 되고 하나님은 친히 그들과 함께 계셔서"계 21:3 "다시 밤이 없겠고 등불과 햇빛이 쓸 데 없으니 이는 주 하나님이 그들에게 비치심이라 그들이 세세토록 왕 노릇 하리로다."22:5

모든 생명과 풍성함의 근원인 하나님이 아예 우리 자리에 오셔서 영원토록 함께 계시기로 하신 것이다. 당연히 하나님과 단절됨으로 생겨난 모든 죄와 죽음의 악한 고리들이 다 끊어진다. 창 3:16~19↦"모든 눈물을 그 눈에서 닦아 주시니 다시는 사망이 없고 애통하는 것이나 곡하는 것이나 아픈 것이 다시 있지 아니하리니 처음 것들이 다 지나갔음이러라."계 21:4사 65:17~20

• 서로 원수처럼 지내왔던 같은 사람과의 관계는 어떻게 될까? 사람 사이

원수 관계의 최고봉은 아마 나라와 나라 사이에 맺은 원수일 것이다. 이사야 선지자B.C. 740~700년경 활동 당시 이스라엘을 사이에 둔 강대국 애굽남과 앗수르북는 지역 패권을 두고 동맹과 적대를 반복했다. 80년 가까이 남북으로 나눠 전쟁과 적대행위를 멈추지 않고 원수 맺은 남북관계와 비슷하다. 그런데 하나님께서 모든 역사를 완성하실 종말의 '그날에'는 그 적대국들이 높이 쌓은 장벽을 걷어 내고 즐거이 왕래할 뿐 아니라 둘도 없는 단짝이 되어 세계평화의 상징이 될 것이라고 예고한다. "그 날에 애굽에서 앗수르로 통하는 대로가 있어 앗수르 사람은 애굽으로 가겠고 애굽 사람은 앗수르로 갈 것이며 애굽 사람이 앗수르 사람과 함께 경배하리라. 그날에 이스라엘이 애굽 및 앗수르와 더불어 셋이 세계 중에 복이 되리니"사 19:23~24 참 허무맹랑하다. 그러나 이게 종말에 일어날 기적의 상징이 될 것이다.

저런 원수들조차 단짝이 될 수 있다면 세상에 친구 되지 못할 사이가 없을 것이다. 인종, 민족, 이념, 성별, 종교 등으로 사분오열 원수 맺었던 모든 관계가 청산되고, 개인 사이의 원수 맺음도 사라질 그 날을 분명히 주실 것이다. 그러나 그 기적은 벌써부터 우리에게 사실이어야 한다. 우리도 지금 하나님의 청지기로서 화해와 해방, 평화의 그 일을 해야 한다.

• 그러나 하나님의 전면적인 회복하심은 아직도 남았다. 인간의 타락과 압제로 덩달아 고생했던 만물의 지위와 관계의 회복이다. "그때에 이리가 어린 양과 함께 살며 표범이 어린 염소와 함께 누우며 송아지와 어린 사자와 살진 짐승이 함께 있어 어린 아기에게 끌리며 암소와 곰이 함께 먹으며 그것들의 새끼가 함께 엎드리며 사자가 소처럼 풀을 먹을 것이며 젖 먹는 아이가 독사의 구멍에서 장난하며 젖 뗀 어린 아이가 독사의 굴에 손을 넣을 것이라. 내

거룩한 산 모든 곳에서 해 됨도 없고 상함도 없을 것이니 이는 물이 바다를 덮음같이 여호와를 아는 지식이 세상에 충만할 것임이니라."사 11:6~9

물론 상징적인 표현이다. 그러나 에덴동산에서 아담이 모든 동식물을 돌보고 가꾸며 이름을 준 장면을 보면 사실적인 회복의 실상을 시적으로 표현한 것이다. "여호와 하나님이 흙으로 각종 들짐승과 공중의 각종 새를 지으시고 아담이 무엇이라고 부르나 보시려고 그것들을 그에게로 이끌어 가시니 아담이 각 생물을 부르는 것이 곧 그 이름이 되었더라."창 2:19 이를 더욱 분명히 보여주는 말씀이 구원교리의 정석 로마서, 그중에서도 노른자인 8장에 분명히 명시하고 있다. '이제 그리스도 예수 안에 있는 자에게는 결코 정죄함이 없나니 … 이는 생명의 성령의 법이 죄와 사망의 법에서 너우리를 해방하였'1~2절기 때문이다. 우리는 그리스도 안에서 다시 살아났다. 우리가 살아났다는 말은 매 순간 성령의 인도하심을 의지하며 주의 고난과 장차 상속자의 영광을 함께 바라보며 사는 것이다.14~17절

그런데 우리가 지금, 여기서 주를 위해 아무리 큰 고난을 받는다고 해도, 도무지 비교할 수도 없을 정도로 장차 받을 영광이 크다.18절 하나님 나라의 회복된 영광은 모든 피조물의 획기적인 회복을 포함하고 있다. 온 피조물들도 허망하게 무너진 창조 질서의 온갖 상처들을 신음하며 함께 당하고는 있지만, 장차 있을 회복을 목 놓아 고대하고 있다.19~22절 사람만이 아닌 온 세상 만물이 다시 회복될 것이다. 그게 완성된 하나님 나라다.

'곰돌이 푸'라는 디즈니 만화가 있다. 사람로빈과 곰푸, 호랑이티거, 돼지피글렛, 당나귀이요르는 둘도 없는 친구들이다. 말도 안 된다. 사람과 곰, 호랑이, 당나귀가 함께 놀다니? 그냥 동화 같지만, 이사야 11장처럼 종말적 예고편 같기도 하다. 종말에는 사람 영혼만 낙원을 떠다니는 게 아니라 몸과 온 인격이,

또한 자연과 만물까지 새롭게 갱신될 것이다. 지금껏 '예수 천당, 불신 지옥' 정도의 종말론만 알고 있는 이해로는 믿어지지 않는다. 그러나 이게 틀림없이 성경이 보여주는 말씀이며 약속이다. 그래서 하나님 나라의 복음은 모든 만물에 미치는 엄청난 것이다. 그게 예수 그리스도가 십자가 지고 죽으셨을 때 이미 시작된 것이다. "하늘에 있는 것이나 땅에 있는 것이 다 그리스도 안에서 통일되게 하려 하심이라."엡 1:10 "그의 십자가의 피로 화평을 이루사 만물 곧 땅에 있는 것들이나 하늘에 있는 것들이 그로 말미암아 자기와 화목하게 되기를 기뻐하심이라."골 1:20

소망을 보며, 오늘 최선을 다한다.

그러나 더 놀라운 게 있다. 우리 하나님이 종말에 주시는 은혜는 단지 창조 당시창세기 아담이 망쳐놓은 것을 회복하는 정도가 아니다. 단지 본전만 다시 찾는 게 아니다. 비교할 수 없이 더 크고, 풍성한 갱신이다. "그러나 하느님께서 내리시는 은총의 경우와 아담이 지은 죄의 경우와는 전연 비교가 되지 않습니다. …그러니 하느님의 은총의 힘이 얼마나 더 큽니까! 하느님께서 거저 주시는 은총과 아담의 죄는 그 효과에 있어서 서로 비교가 되지 않습니다. … 그러니 하느님의 은총의 힘이 얼마나 더 큽니까!"롬 5:15~17/공동번역

또 그가 수정같이 맑은 생명수의 강을 내게 보이니 하나님과 및 어린 양의 보좌로부터 나와서 길 가운데로 흐르더라. 강 좌우에 생명나무가 있어 열두 가지 열매를 맺되 달마다 그 열매를 맺고 그 나무 잎사귀들은 만국을 치료하기 위하여 있더라. 다시 저주가 없으며 하나님과 그 어린 양의 보좌가 그 가운데에 있으리니 그의 종들이 그를 섬기며 …다시 밤이 없겠고 등불과 햇빛이 쓸 데 없

으니 이는 주 하나님이 그들에게 비치심이라 그들이 세세토록 왕 노릇 하리로
다.계 22:1~3, 5

그러므로 성경이 약속하는 구원은 개선에 실패한 하나님이 폐허가 된 지구
를 다 버리고 몇 사람의 영혼만 달랑 건져가는 혹성탈출이 아니다. 버리는 종
말이 아니라 새롭고 더 풍성하게 하는 성공적인 회복이요, 부흥이다. 부모가
자식을 사람 되게 하려고 마음을 졸이는 것이지, 아예 내버릴 것이라면 누가
애달파 할까? 그러므로 하나님의 약속은 선하고 아름다운 세상을 더욱 온전
케 하는 새 하늘과 새 땅의 창조다.계 21:1, 5 단순히 잃어버린 에덴동산으로 되
돌아가는 게 아니라, 하나님의 선한 다스림이 최대로 발현된 찬양과 기쁨, 생
명의 동산이다.계 22:1~5 에덴이 씨를 뿌리는 것이라면, 새 하늘과 새 땅은 꽃
이 만발하는 것이다.계 21:18~21 이처럼 하나님의 구원은 총체적이고 우주적,
종말론적이다.

그러나 그날이 분명히 올 것이라는 믿음이 전부가 아니다. 그날이 오기까
지 우리는 어떻게 살아야 할까? 마침내 부모님이 돌아오시면 엉망이 된 집안
을 한 번에 다 정리하고 회복하실 것이다. 그러나 그걸 아는 자녀들은 어차피
부모님이 오시면 다 새롭게 하실 테니 엉망인 채 방치하도록 놔두지 않을 것
이다. 부모님이 돌아오실 시간이 가까울수록 자기들이 할 수 있는 최선을 다
하여 잘 치우고 정리하려 할 것이다. 물론 완전하거나 완벽하지 않아도 된다.
마침내 때가 되어 부모님이 돌아오시면 그 자녀들은 선물과 함께 큰 칭찬과
풍성한 식사를 대접받을 것이다. "그 주인이 이르되 잘하였도다 착하고 충성
된 종아 네가 적은 일에 충성하였으매 내가 많은 것을 네게 맡기리니 네 주인
의 즐거움에 참여할지어다 하고"마 25:21 이게 종말을 준비하는 성도와 교회

의 삶이요, 할 일이다.

우리가 복음을 믿는다는 것은 교회를 잘 출석하는 것만도, 도덕적이 된다는 것만도 아니다. 새로운 세상을 반드시 만들어내실 하나님의 계획에 참여하는 참 백성이 되는 것이다. 언젠가 성취될 이 소망은 그저 미래를 위해 있는 게 아니라, 현재를 위해 있다. 우리에게 미래에 대한 염려를 버리고 주신 현재를 열심히 잘 살라는 격려의 약속이다.계 1:1, 3 이것을 믿는 자들은 분명히 이렇게 노래할 것이다. "'내가 진실로 속히 오리라' 하시거늘 '아멘 주 예수여 오시옵소서.'"계 22:20

2장. 크도다! 복음의 너비와 길이와 높이와 깊이

우리의 무서운 습관 중 하나는 하나만 붙들고 진리진실의 전부라고 우기는 것이다. 전체를 알지만 먼저 하나에 집중하는 것은 특징이요 역할이지만, 그걸 무시하고 전부라고 우기는 것은 왜곡이요 고집이다. 기독교 세계에서도 심각하다. 성경의 진리는 풍성하고 조화롭다. 복음의 총체성과 풍성함을 누리자.

2.1. '십자가 복음' vs '하나님 나라 복음'

'한국교회는 「기독교」와 「예수교」가 싸운다'는 우스갯소리가 있다. 그러나 이보다 심각한 것은 예수 그리스도의 '십자가 복음'과 '하나님 나라 복음'이 서로 다른 것처럼 대립하는 것이다.

십자가 복음

죄는 생명과 모든 풍성함의 근원인 하나님과 관계를 끊어버리기에 사람은 필연적으로 죽음과 저주를 피할 수 없다. 뿌리째 뽑힌 꽃처럼 당장은 싱싱해 보여도 곧 시들고 머지않아 죽게 되고, 버림받은 자의 운명은 멸망이다. 예수 그리스도는 그의 십자가 피로 다시 하나님의 풍성한 생명에 접붙여 죽은 우리를 살리신다. 그래서 구원의 소식은 곧 예수 그리스도의 십자가 복음이다. "내가 복음을 부끄러워하지 아니하노니 이 복음은 모든 믿는 자에게 구원을 주시는 하나님의 능력이 됨이라 먼저는 유대인에게요 그리고 헬라인에게로

다. 복음에는 하나님의 의가 나타나서 믿음으로 믿음에 이르게 하나니 기록된 바 오직 의인은 믿음으로 말미암아 살리라 함과 같으니라."롬 1:16~17 루터는 이 말씀으로 종교개혁의 횃불을 들었고 '이신칭의'예수 그리스도를 믿음으로 하나님의 의를 얻었다는 우리 믿음의 표현이 되었다. 이 부분은 앞서 1·3구속에서 충분히 다뤘다.

그러나 십자가 복음은 그 자체로 충분하지만 우리는 자주 오해한다. 구원을 실제로 경험한 사람에게는 그때부터 하나님과의 관계가 전부가 되고 구원받은 내 경험이 가장 중요해진다. 특히 우리가 힘든 시련과 역경 속에서 하나님의 구원을 경험하면, 이 땅의 삶은 무가치하게 여겨지고 영원한 복락만 바라보기 쉽다. 그리고 이 땅의 삶은 다 무가치하고 죽어서 가는 천국의 안식만 복음의 전부라고 느끼기 쉽다. 우리 마음은 이해되지만, 복음은 왜곡된다.

십자가 복음이 마치 우리 죽음 이후를 보장하는 승차권처럼 여겨진다. 구원은 내가 하나님을 알게 된 경험이 전부이고, 복음은 오직 나를 구원하신 하나님의 사랑이 전부라고 믿게 된다. '나의 구원, 나의 복음, 나의 하나님, 나의 주님'을 부르며 기독교 신앙이 마치 나만을 위해 존재하는 것처럼 착각한다.구원의 사유화 그게 지나치면 하나님이 지으신 온 세상 만물도 다 나인간를 위해 창조되었다고 믿기도 한다.구원의 인간중심주의 "하나님은 너를 사랑해 얼마나 너를 사랑하시는지 너를 위해 저 별을 만들고 세상을 만들고 아들을 보냈네." 이는 신앙 고백적 표현이다. 그러나 '믿음 좋은' 사람들일수록 정말 그렇게 믿는 것 같다. "그 본문창 1:26~28은 하나님이 우리를 위해 그 모든 것을 만드셨다고 결코 말하지 않는다. 오히려 하나님은 당신 자신을 위해 그것을 만드셨다. … 우주가 우리를 중심으로 돌아가도록 만들어진 것이 아니라 하나님을 중심으로 돌도록 만들어졌다…."존 월튼, 앞의 책, 187쪽 그러므로 우리가 그리스도의 은혜를 믿어 다시 사는 것은 구원 여정의 시작이며, 또 다른 이들과 온 세상 구속의 마중물이다. "…아브라함에게 이르시기를 땅 위의 모든 족속이 너의 씨로 말미암아 복을 받으리라 하셨으니 하나님이 그 종을 세워 복 주시려고 너희에게 먼저 보내사 너희로 하여금 돌이켜 각각 그 악함을 버리게 하셨느니라."행 3:25~26 예수 그리스도의 십자가는 나를 위한 구원의 사건임이 틀림없지만, 그 복음의 광채는 결단코 내게 머물지 않는다.

하나님 나라 복음

하나님의 복음은 개인 구원의 복음과 비교할 수 없이 크고, 넓고, 깊다. 그리스도께서 세상에 오시고, 죽음과 부활을 통해 이루신 일은 단지 내 마음속 왕되심이나 개인적 구원에서 그치는 게 아니다. 우리는 자주 거기로 끝나지만, 복음은 항상 거기서 시작한다. 창조 때 주셨던 생명과 희열과 사랑과 조화창 1~2장를 회복하고 더 충만케 하여 하나님 나라를 완성하시려고 주님이 오셨다. 십자가의 목표는 하나님 나라다.

"이르시되 때가 찼고 하나님의 나라가 가까이 왔으니 회개하고 복음을 믿으라 하시더라."막 1:15 "그러나 내가 만일 하나님의 손을 힘입어 귀신을 쫓아낸다면 하나님의 나라가 이미 너희에게 임하였느니라"눅 11:20 예수님께서 우리에게 '아버지의 나라가 오게 하시며 아버지의 뜻이 하늘에서와 같이 땅에서도 이루어지게 하소서.'마 6:10/공동번역 이처럼 하나님 나라천국는 내 마음의 안식이나 평안으로 그치거나 '예수 천당, 불신 지옥'에서 연상되듯이 죽은 후에나 갈 수 있는 영생의 안식처가 아니다.

하나님 나라 복음을 믿는 것은 우리가 받은 구원의 풍성함과 그 나라의 정

의와 품격을 우리가 살아가는 지금, 여기서 드러내며 살도록 부름받은 것이
다. 물론 지금, 여기서 맛보는 하나님 나라 경험은 제한적이고, 한시적이고,
주께서 다시 오실 때 완전히 꽃 피울 것이지만 말이다. "또 내가 새 하늘과 새
땅을 보니 처음 하늘과 처음 땅이 없어졌고 바다도 다시 있지 않더라. … 모든
눈물을 그 눈에서 닦아 주시니 다시는 사망이 없고 애통하는 것이나 곡하는
것이나 아픈 것이 다시 있지 아니하리니 처음 것들이 다 지나갔음이러라. 보
좌에 앉으신 이가 이르시되 보라 내가 만물을 새롭게 하노라 하시고"계 21:1, 4,
5

한때 예수님과 바울, 복음서와 서신서가 강조점과 표현이 달라 서로 다른
방향을 가리키는 것처럼 오해되기도 했다. 그럴 리가 없다. 예수님은 부활 후
승천을 앞두고 제자들에게 당신의 사역을 총정리하는 40일 고별특강을 가지
셨다. 그때 사도행전은 주님의 사역 전체가 하나님 나라의 일이라고 요약했
다. "그가 고난 받으신 후에 또한 그들에게 확실한 많은 증거로 친히 살아 계
심을 나타내사 사십 일 동안 그들에게 보이시며 하나님 나라의 일을 말씀하
시니라."행 1:3 그래서 그날 이후 제자들도 자신들의 전도사역이 바로 주 예수
그리스도로 인한 구원과 하나님 나라의 일임을 믿고 있었다. "빌립이 하나님 나
라와 및 예수 그리스도의 이름에 관하여 전도함을 그들이 믿고 남녀가 다 세
례를 받으니."행 8:12

바울 역시 예수 그리스도로 인한 구원과 하나님 나라 전파가 자신의 동일
한 복음 사역임을 확신했다. "바울이 회당에 들어가 석 달 동안 담대히 하나
님 나라에 관하여 강론하며 권면하되"18:9 "보라 내가 여러분 중에 왕래하며
하나님의 나라를 전파하였으나…."20:25 "…바울이 아침부터 저녁까지 강론
하여 하나님의 나라를 증언하고 모세의 율법과 선지자의 말을 가지고 예수에

대하여 권하더라.…하나님의 나라를 전파하며 주 예수 그리스도에 관한 모든 것을 담대하게 거침없이 가르치더라."28:23, 31

십자가 복음 = 하나님 나라 복음

그러므로 다른 복음은 없다.갈 1:7 하나님을 온 세상의 창조주요 참된 왕이라 고백하면서 어떻게 내 마음만, 개인 경건만, 주일의 교회 생활에만 한정하는 복음이 어울릴까? 반면, 하나님의 인자와 공평, 정의를 이 땅에서 구현하겠다면서 어떻게 옛사람의 내가 죽고 그리스도와 함께 다시 살아남을 얼버무릴 수 있을까? 구약과 신약이, 예수와 바울이, 십자가와 하나님 나라가 서로 다른 것을 말하거나 하나가 다른 것을 대신하는 것이 결코 아니다. 하나님께서 창조 이후 모든 인류사의 발전과 이스라엘을 통해 보이셨듯이, 예수께서 당신의 생애 내내 선포하고 보이셨듯이, 성령께서 초대교회를 통해 증언하고 확인시켜 주었듯이 대속의 십자가와 하나님 나라는 함께 선포할 복음과 선교의 내용이며 목표다. 같은 복음의 다른 표현이다. 우리는 멋대로 그중 하나만 골라 믿을 수 없다.

2.2. 시간·공간, 하늘·땅, 개인·집단 그 어디나 하나님 나라

하나님 나라는 하나님이 왕으로 다스리는 모든 곳이다. 그런데 하나님이 다스리지 않는 곳이 있을까? 보이든 보이지 않든, 개인이든 사회적, 우주적이든, 모든 게 하나님 나라에 속한다. 과거든 현재든 미래든, 시간의 제한도 받지 않는다. 도대체 누가 감히 하나님의 영역을 제한할 수 있을까? "그가 우리를 흑암의 권세에서 건져내사 그의 사랑의 아들의 나라로 옮기셨으니 그 아들 안에서 우리가 속량 곧 죄 사함을 얻었도다. 그는 보이지 아니하는 하나님의 형상이시요 모든 피조물보다 먼저 나신 이시니 만물이 그에게서 창조되되 하늘과 땅에서 보이는 것들과 보이지 않는 것들과 혹은 왕권들이나 주권들이나 통치자들이나 권세들이나 만물이 다 그로 말미암고 그를 위하여 창조되었고."골 1:13~16

그저 뻔한 논리적 이론을 말하려는 게 아니다. 모든 곳, 모든 시간, 모든 상황에서 하나님은 살아계시며, 우리를 일꾼으로 부르신다. 이 사실이 우리를 어떻게 변화시킬까?

	땅(가시적, 현실적)	하늘(비가시적, 초현실적)
개 인	①사랑, 우정, 미움, 복음 전도: 빌리 그래이엄	②병고침, 귀신들림과 쫓아냄: 조용기
사회, 구조	③제도개혁, 공평·정의·인권운동, 사회선교: 사회선교단체	④사탄적 제도와 문화에 대한 영적 대적: 월터 윙크

※위 표의 '하늘' '땅'은 물리적 천지가 아니라 통상적, 상징적, 신앙적 표현이다.

① 개인 • 가시적, 현실적 세계에 하나님이 계신다.

우리의 가장 평범한 일상 세계다. 우리는 모두 태어나, 먹고, 자라며, 사랑하고 미워도 하다가 늙고, 병들어 죽는다. 그리스도인은 믿고, 회개하고, 봉사하며, 천국을 소망 안에 산다. 특별할 게 없는 평범한 일상은 하나님이 우리와 함께 일하시는 거룩한 자리다. 곧, 하나님 나라. 너무 일상적인 그 자리에서 하나님을 만날 때 우리는 크게 놀란다. 야곱은 야반도주 중 자던 곳에서 하나님을 보고 깜짝 놀라 "여호와께서 과연 여기 계시거늘 내가 알지 못하였도다."창 28:16 하였다. 모세는 양치러 간 산의 나무 사이에서 "이리로 가까이 오지 말라. 네가 선 곳은 거룩한 땅이니 네 발에서 신을 벗으라."출 3:5는 소리를 듣고 두려워 떤다.

가족이 그저 둘러앉아 저녁밥 먹는 자리가 하나님의 복을 누리는 곳이다. "네가 네 손이 수고한 대로 먹을 것이라 네가 복되고 형통하리로다. 네 집 안 방에 있는 네 아내는 결실한 포도나무 같으며 네 식탁에 둘러 앉은 자식들은 어린 감람나무 같으리로다. 여호와를 경외하는 자는 이같이 복을 얻으리로다."시 128:2~4

기복복을 빎신앙이라는 말이 있다. 무엇이 기복신앙일까? "아빠! 놀러 가게 돈 좀 주세요." "엄마! 배고파요, 밥 주세요." 어린 자녀는 사랑을 믿기에 '뻔뻔하게도' 부모에게 이것, 저것 해달라고 요구한다. 내가 부모로부터 모든 걸 얻지만, 그럴수록 부모를 더 좋아하고 철이 들며 부모에 대한 보답을 생각하게 된다면 그건 사랑이며 행복이다. 피조물인 사람이 하나님께 먹고 입고 살아갈 모든 필요를 구하는 것은 당연한 자녀의 표현이다. 그러나 어느새 부모가 다른 것을 얻기 위한 수단으로만 남는다면 이미 부모 자식 관계는 깨진 것이다. 틀림없는 기복신앙이다. 특히 성공한 신앙인들은 자기 성공이 하나님을 잘 믿은 결과로 주어진 정당한 보상처럼 착각하지 않도록 조심해야 한다. 하나님의 사유화, 은혜의 사유화다.

② 개인·비가시적, 초자연적 세계도 하나님이 주관하신다.

천사나 귀신, 기적은 정말 있을까? 이런 이야기를 듣자마자 미신신앙, 사이비 신앙이라고 외면하는 사람이 있다. 그런 고대적 원시 신앙에서 벗어나 상식적이고 도덕적인 교훈을 찾아야 한다고 타이르기도 한다. 현대인은 눈에 보이는 가시적 세계, 오감으로 만져지는 물리적 세계가 전부인 것처럼 여기고 산다. 물론 대개의 일상은 그것으로도 충분하다. 그러나 항상 그렇지는 않다. 갑작스러운 사고나 질병, 지인의 죽음, 한계상황을 만날 때 비로소 오감으로 포착되지 않는 초월적 세계를 떠올린다. 위기의 순간에 무신론자는 없다.

신앙인들도 마찬가지다. 평소 우리는 일상적인 세계로 충분한 듯 살지만, 깊은 한계상황을 만날 때 기적적 치유나 신앙의 비약을 기대한다. 사랑하는 가족이 생사의 기로에 서 있는데 하나님의 극적인 손길을 구하지 않는 사람은 합리적인 신앙인이 아니라 신앙이 뭔지 모르는 사람이다. 놀라운 은혜 속에서 실제 그런 일들이 일어나기도 한다. 특히 크고, 작은 질병과 장애를 치유받거나 귀신이 쫓겨 나가기도 한다. 더 일상적으로는 방언과 통변의 은사를 받기도 한다. 그러나 기적은 공식이나 법칙이 아니라 은혜다. 말 나온 김에 병고침과 귀신의 존재에 대해서 더 생각해 보자.

병 고침과 살아계신 하나님

성경 곳곳에서 병 고침은 많이 발견된다. 만약 복음서에서 주님의 병 고침과 귀신을 쫓아내신 것을 빼면 내용의 절반 가까이 사라질 것이다. 주님의 사역에서 이러한 일들이 얼마나 중요했는지는 쉽게 확인할 수 있다. "예수께서 모든 도시와 마을에 두루 다니사 그들의 회당에서 가르치시며 천국 복음을 전파하시며 모든 병과 모든 약한 것을 고치시니라."마 9:35 열두 제자를 불러 사역을 위임하셨을 때도 치유와 귀신을 쫓는 사역은 아주 중요했다. "예수께서 그의 열두 제자를 부르사 더러운 귀신을 쫓아내며 모든 병과 모든 약한 것을 고치는 권능을 주시니라."마 10:1 심지어 예수님은 그런 일들이 일어나는 것이 하나님 나라가 이미 활발하게 작동하고 있는 증거라고 말씀하셨다. "그러나 내가 만일 하나님의 손을 힘입어 귀신을 쫓아낸다면 하나님의 나라가

이미 너희에게 임하였느니라."눅 11:20

그러므로 하나님의 이름으로 행해지는 기적들은 그저 놀랍고 신기한 일이 아니다. 하나님 나라가 이미 활발하게 작동하고 있다는 증거며, 표적이다. "그 사람들이 예수께서 행하신 이 표적을 보고 말하되 이는 참으로 세상에 오실 그 선지자라 하더라."요 6:14 그러므로 예수를 믿는다는 것은 그분이 일으키신 놀라운 일을 믿는다는 말도 된다. 주님의 부활, 승천 후 새로 태어난 초대교회는 주님이 행하신 일들을 따라 했고, 그 결과 놀라운 부흥이 일어난다. "사도들의 손을 통하여 민간에 표적과 기사가 많이 일어나매 믿는 사람이 다 마음을 같이하여 솔로몬 행각에 모이고 …믿고 주께로 나아오는 자가 더 많으니 남녀의 큰 무리더라. …예루살렘 부근의 수많은 사람들도 모여 병든 사람과 더러운 귀신에게 괴로움 받는 사람을 데리고 와서 다 나음을 얻으니라." 행 5:12, 14, 16

그러나 근대 이후 합리적, 과학적 사고방식이 상식이 되고서, 현대인들은 신, 불신을 막론하고 기적에 대해 호의적이지 않다. 왜 그럴까?

첫째, 현대인들은 영적 존재나 초자연적 기적의 가능성을 처음부터 믿지 않는 경향 때문이다. '세상에 기적귀신이 어디 있느냐?'는 것이다. 과학으로 설명할 수 없는 것은 사실이 아니라고 생각한다. 아예 믿으려 하지 않으니 보지도 못하는 것이다.

둘째, 기적 자체를 부인하지는 않지만 그건 성경 시대옛날 이야기일 뿐이라고 생각한다. 당연히 지금은 굳이 기적이 필요 없으며 이미 사라졌다고 한다. 하나님은 과학, 의학 등 학문과 문명발전을 통해 인간한계 조건들을 자연스럽게 극복하게 하셨다. 매사에 신의 섭리를 찾는 낮은 문명발달 단계의 방식으로는 이제 개입하시지 않는다는 말이다. 일리가 있다. 분명히 하나님은 인간의 발전 정도와 상황 변화에 따라 다르게 일하신다.

그러나 그런 판단조차 먹고 살 만한 서구인, 배운 지성인, 중산층의 특수한 사고방식이다. 지금도 세계 곳곳 빈곤 오지의 의료체계도 없고, 이동도 자유롭지 않은 곳 사람들은 생사의 기로에서 오직 하나님의 개입만 바라본다. 그뿐 아니다. 도시 문명에 살아도 도무지 헤어나올 수 없는 깊은 수렁에 빠진 사람들의 간절한 기도에 하나님은 자주 기적으로 응답하신다. 하나님은 창조하신 우주와 세상이 잘 돌아가도록 일정한 법칙과 자연스러운 기능을 부여하셨다. 그래서 우리는 대부분 예측 가능한 상식과 원리에 따라 살아간다. 그러나 때로 하나님은 그 상식과 원리를 뛰어넘는 특별한 방식으로 직접 개입하신다. 그게 기적이다.

안타까운 일이지만 사람은 죽을 듯 아프고 처절하게 무너지기 전에는 인생을 깊이 깨닫지 못하고, 여간해서는 하나님의 은혜를 사모하지 않는다. 그러나 죽을 자리에서 다시 살아난 체험은 그를 다시, 아니 제대로 소생시킨다. 아무 감흥도 없던 시편 노래들이 가슴 절절히 살아난다. "고난 당한 것이 내게 유익이라. 이로 말미암아 내가 주의 율례들을 배우게 되었나이다."시 119:71 우리가 아무 신경 쓰지 않아도 수억 광년 밖 천체가 잘 돌고 있듯이, 지금도 세계 곳곳에서 하나님이 주시는 은혜로 온 삶이 되살아나는 기적은 일어나고 있다.

20여 년 전 내가 부목사로 있던 안양 석수동 변두리 동네 교회에는 노인과 병자, 가난한 분들이 참 많았다. 그때 아빠만 빼고 엄마와 아이들 넷이 출석하는 가정이 있었다. 그런데 엄마가 말기 유방암이었다. 그 집 아이들을 볼 때마다 불쌍해서 내 일처럼 한숨이 나왔다. 그런데 아빠남편는 정신 못 차리고 술 마시면 아내를 때렸다. 보다 못해 나는 가끔 남편을 만나 정신 좀 차리라고 잔소리를 했다.

언젠가 남편은 나랑 얘기 좀 하자더니 대뜸 이런다. "목사님! 나도 사람인데, 왜 **엄마가 불쌍하지 않겠어요? 일하고 집에 들어가면 집사람이 항암치료해서 머리 빡빡 깎고 누워있고 애들은 줄줄이 넷이나 있고...나도 미치겠고, 너무 속상하고 막막해서 술 마시다보면 어느새 애 엄마를 또 때리고 있고...안 그래야지 늘 다짐하는데..." 그리고 꺼이꺼이 운다.

그때부터 나는 잔소리보다 기도를 했다. 할 수 있는 게 그것 밖에 없었다. "하나님! 돈도 없고 의학적 가능성도 없는 저런 사람들에게 기도할 때 낫는 치유의 은사를 제게도 주십시오. 너무 불쌍합니다." 지금까지도 치유의 은사는 받지 못했지만, 누군가의 치유를 바라며 하나님께 힘써 기도하는 건 당연한 신자의 도리다.

물론 이러한 신앙은 큰 오해의 위험을 안고 있다. 우리는 대표적으로 조용기 목사를 통해 그 과정을 잘 이해할 수 있다. 조용기 목사는 초기부터 지금까지 항상 호, 불호가 나뉘는 인물이다. 조 목사의 사역은 하나님 나라 치유 사역을 대표적으로 보여준다. 아직 기독교 신앙도 모르던 청년 시절 그는 중병에 걸려 죽을 날만 기다리고 있었다. 그때 한 여학생의 전도로 기도하던 중 하나님의 기적적인 치유를 경험하고 새 삶이 열렸다. 그때부터 그는 자신과 같이 속수무책으로 버려진 가난한 병자들이 남처럼 여겨지지 않았다. 자기 일처럼 간절히 기도했다. 하나님은 그를 통해 많은 이들을 치유하셨다. 그 일들은 널리 퍼지고 더 많은 가난하고 병든 사람들이 찾아와 치유와 용기를 얻게 되었다.

교회는 점점 커지고 조 목사의 명성은 갈수록 높아갔다. 1973년 한참 개발 중이던 여의도에 대형 교회당을 세운 후 더욱 커져서 1993년 여의도순복음교회는 재적 교인 70만 명으로 세계 최대 교회로 기네스북에 등재된다. 그러나 '아차'하는 사이에 은혜의 자리는 시험의 현장이 된다. 하나님의 은혜를 믿고 나았다 해도 당장 병 나은 사람에게는 보이지 않는 하나님보다 보이는 목사를 더 사랑하고 의지하게 된다. 기도한 목사 역시 자신의 능력을 과신하게 된다. 더구나 하나님 나라의 역사를 눈에 보이는 건강, 성장, 평안에 두게 되면'삼박자 축복' 점점 더 보이는 것에 집착하게 된다.

가난하고 병들어 오직 하나님만 바라보던 이들로 출발한 교회는 어느덧 하나님의 기적으로 온갖 복을 더 받기 원하는 사람들로 넘쳐나게 된다. "예수께서 대답하여 이르시되 내가 진실로 진실로 너희에게 이르노니 너희가 나를 찾는 것은 표적을 본 까닭이 아니요 떡을 먹고 배부른 까닭이로다."요 6:26 조 목사는 그런 유혹을 때론 방조하고, 때론 조장하여 세계 최대의 종교기업처럼 되었고 상당 재산을 가족, 친척들에게 나눠주려고까지 했다. 내가 이해하는 조용기 목사와 여의도순복음교회 약사略史다.

이런 기적 신화는 인생 성공과 능력 있는 목회의 방법론처럼 여겨진다. 기적에 대한 갈망이 '무엇을 하면, 어디를 가면, 누구를 만나면' 성취한다는 공식으로 이어진다.요 4:20 빌립의 사마리아 성 전도 중에 성령으로 놀라운 기적이 많이 일어난다. 이때 마술사 시몬이 빌립에게 돈을 줄 테니 자신도 성령으로 신비한 기적을 행하게 해 달라고 부탁했다가 저주를 받는다.행 8:9~20 참 역설적이다. 보이지 않는 성령의 역사를 믿는 일이 오히려 눈에 보이는 현상에 지나치게 집착하게 만드니 말이다. 그러므로 우리는 이 모든 능력과 기적이 '오직 성령께서' '교회와 세상을 섬기도록' '당신의 뜻대로' '주시는 선물'고전 12:4~11임을 잊어서는 안 된다.

귀신과 주술에 대하여

기적 같은 초자연적 현상만 아니라 천사나 귀신 같은 초자연적 존재에 대해서도 논란이 많다. 성경에서는 천사보다 마귀나 귀신이 훨씬 자세히 언급된다. 그러나 우리는 귀신 들린 사람과 그들이 일으키는 현상을 통해 사단, 마귀, 귀신의 존재를 경험한다.

굿이나 주술은 초월적인 힘(귀신)을 빌려 어려움을 극복하려 하거나 저주함으로 물리치려는 행위다.(접신, 초혼) 모압왕 발락이 발람 선지자를 통해 이스라엘을 저주하려 한 것이 전형적인 주술의 예다.(민 22장) 이에 비해, 사주팔자, 관상, 점성술, 손금, 성명술, 타로 등은 우주의 운행원리나 흐름 등 사람에게 타고난 기운과 분위기를 활용하거나 바꿔 미래를 예측하고 소원을 이루려는 노력이다. 모세와 술법대결을 펼쳤던 애굽의 술사들(출 7:11, 12), 바벨론 왕실에 고용된 다양한 주술사들(단 2:2) 등은 당시 중근동에서는 익숙한 풍경이었다. 이스라엘 민족을 말살하려던 하만도 용한 날을 얻기 위해 점을 쳤다.(에 3:7) 아기 예수께 경배하러 동방에서부터 별을 보고 찾아온 박사들(마 2:1~2)은 점성술사일 것이다. 바울은 빌립보에서 점치는 귀신 들린 여종에게서 귀신을 쫓아주었고(행 16:16~18), 에베소에서는 주술사들을 대적하여 그들을 크게 굴복시켰다.(행 19:13~19) 이런 일은 우주선을 쏘아 올리는 지금도 얼마든지 일어날 수 있고, 또 일어나고 있다. 제대로 신들린 무당은 분명히 시퍼런 작두 위를 타고 춤추며, 신통한 점쟁이들은 과거와 미래를 제법 맞춘다. 괜히 점치고, 굿하는 게 아니다.

문제는 하나님이 주술을 허락하지 않는다는 데 있다. 하나님은 이스라엘 백성들이 가나안에 들어가 결코 해서는 안 될 풍속을 말씀하시는데, 주술의 목록들이 빠짐없이 포함돼 있다. "네 하나님 여호와께서 네게 주시는 땅에 들어가거든 너는 그 민족들의 가증한 행위를 본받지 말 것이니 그의 아들이나 딸을 불 가운데로 지나게 하는 자나 점쟁이나 길흉을 말하는 자나 요술하는 자나 무당이나 진언자나 신접자나 박수나 초혼자를 너희 가운데에 용납하지 말라."신 18:9~11 왜 그럴까?

주술과 무당(굿)은 귀신과의 거래다.

귀신은 보이지 않는 악한 영이다. 그들은 무당과 같은 전문적인 영매나 그들에게 마음과 틈을 준귀신 들린 사람에게 들어가 지배한다. 귀신도 하나님이나 천사처럼 시공을 초월한 영적 존재이므로 한 사람의 과거, 현재, 미래를 예측할 수 있다. 따라서 한 사람이 살아온 인생과 앞으로의 상황을 어느 정도 예고할 수 있다. 인생살이가 답답하고, 지푸라기의 도움조차 아쉬울 때 이는 큰 매력이 아닐 수 없다. 그래서 가장 현실적인 정치인도 손바닥에 '王'자를 새기고, 온갖 도사들을 불러들이는 것이다.

사람을 통해 얻으려는 귀신의 목적은 무엇인가?

첫째는 해코지와 죽음에 대한 두려움이다. '망자의 귀신이 붙었다.' '한 맺힌 망자의 한을 풀어야 한다.'는데 당해낼 장사가 없다. '궁합이 안 맞는다.' '터를 잘못 썼다.' '날짜를 잘못 잡았다.'는데 흘려들을 사람이 없다. 두려움은 더 큰 두려움을 낳고, 무슨 일 생길까 봐 굿도 하고, 젯상 앞에 빌지만 갈수록 두려움과 운명에 매어 산다. 예수 그리스도는 이런 죄와 죽음의 공포, 운명에 매어 사는 사슬을 끊으려 십자가를 지셨다. "자녀들은 혈과 육에 속하였으매 그도 또한 같은 모양으로 혈과 육을 함께 지니심은 죽음을 통하여 죽음의 세력을 잡은 자 곧 마귀를 멸하시며 또 죽기를 무서워하므로 한평생 매여

종노릇 하는 모든 자들을 놓아주려 하심이니"히 2:14~15

둘째는 거짓이다. 말뿐 아니라, 마음과 생각이 혼탁하고, 흐릿한 것까지 활용한다. "그는 처음부터 살인한 자요 진리가 그 속에 없으므로 진리에 서지 못하고 거짓을 말할 때마다 제 것으로 말하나니 이는 그가 거짓말쟁이요 거짓의 아비가 되었음이라."요 8:44 속이고, 혼란스럽게 하고, 헷갈리게 해서, 인생을 망치게 된다.

재미 삼아 보는 점, 타로 정도면 어떤가?

음양오행, 주역, 사주관상팔자, 점성술, 손금, 성명, 타로는 굿이나 주술과는 좀 달라 보인다. 특히 젊은이들에게 이것은 종교도, 미신도 아니고, 재미 삼아 하는 일종의 문화 또는 색다른 인생 상담처럼 보인다. 귀신같은 악한 영을 불러내는 것도 아니고 징조와 전조를 알아내어 대비하고, 마음도 관찰하니 종교를 떠나 널리 유행하고 있다.

그러나 속내를 따져보면 다르다. 이는 세상과 인간사를 지배하는 일종의 운명기운같은 게 있고, 그것들을 유리하게 바꾸려는 기술들이다. 그게 뭐가 나쁜가? 죄는 꼭 범죄나 도덕적인 부정에만 국한되지 않는다. 하나님은 사람이 세상에 존재한다고 믿어지는 어떤 운명, 공식, 원리 같은 것에 지배되어 사는 것을 원치 않는다. 그러나 사탄은 사람의 약하고 불안한 마음에 틈타서 우주와 인간사를 지배하고 있는 원리를 터득하고 그것을 활용하면 팔자가 바뀐다고 유혹한다. 하나님과의 동행과 의지함은 갈수록 메마르게 되고 하나님은 갈수록 멀고 보이지 않게 된다. 하나님은 불의의 사고나 난치병을 위해 들어놓은 보험처럼 되고, 내 인생의 실제 삶은 다른 존재에게 의존하게 된다. 그래서 점치고, 관상과 카드 운세 보는 것은 신앙과 상관없는 문화나 상담 활동처럼 보이지만 결국은 하나님과 멀어지게 되는 영적 현상이다. 영생은 하나님께 얻고, 자잘한 일상사는 다른 영과 상담한다는 게 얼마나 어울리지 않는가?왕상 18:21

선지자는 점쟁이가 아니고, 예수는 마술사가 아니다.

주술의 목적은 '내가 원하는 것'원하는 복, 피할 재앙을 얻는 것이다. 그러나 말씀의 목적은 하나님의 뜻과 세계를 깨달아 거기 참여하는 것이다. 그래서 주술은 말 그대로 '술'術: 주술, 점성술, 관상술, 성명술이나, 하나님의 말씀은 '경'經이다. 그래서 공자, 맹자 같은 성현들도 천체우주 원리를 달통하여 얼마든지 활용할 수 있었지만術, 그걸 마치 모르는 듯 말씀사상과 철학을 한 것이다.經 그러나 성현들이 사라지자 '말씀'은 사라지고 '주술'로 변한다. 주역이 처음에는 세상 돌아가는 이치를 분석한 지혜의 책이었다가 나중에 점치는 책처럼 변한 것과 같다.

무속과 주술은 각자 얻을 것을 얻으면 되는 術일 뿐이라, 도덕과 윤리가 없다. 유부녀와 유부남이 궁합을 보든, 대통령 되려면 터를 어디로 옮겨야 하는지 묻든, 그런 것은 중요하지 않다. 목적 자체가 악한 영에 매이고 휘둘리기 딱 좋다. 그러나 우리가 두려워할 것은 하나님의 이름을 빙자해서도 주술행위를 할 수 있다는 점이다.왕상 22:10~13, 행 19:13~16 성경을 읽으며기도 받아서 내가 주식부동산을 어디에 투자해야 할지, 어떤 직장에 들어가야 할지 결정한다.

예수님은 기적을 행하시고 앞날을 예고하셨지만, 상업적 거래처럼 요구 조건만 주고받지 않았다. 그분의 모든 말과 행위는 인격적 관계에 바탕을 두었다. 예수님은 눈을 맞추고 대화했고, 자책감과 절망, 불신앙에 빠진 마음을 믿음으로 불러일으켜 하나님을 바라보게 하였고, 그 결과가 치유와 새로운 삶이었다. "딸아, 안심하라. 네 믿음이 너를 구원하였느니라."마 9:22, "내가 능히 이 일을 할 줄 믿느냐?"마 9:28 반면, 주술은 어떤 일시적 결과를 얻어도 구원과 새로운 삶을 주지 못한다. 당장 얻을 것을 위해 귀신과 거래할 뿐이다.

숨겨진 뜻을 억지로 찾는 것 보다, 이미 드러난 뜻을 행하며 사는 게 중요하다.

그러나 그리스도 오시기 전의 주술과 영매는 나름 역할을 했다. 인간한계 상황과 운명에 짓눌려 살아가던 사람들의 두려움을 극복하고 한 맺힌 가슴에 숨통을 터주기도 했다. 무당의 해원굿이 그러하다. 그러나 이제 그리스도가 오심으로 죄와 사망의 권세를 이겨 해방하시고 저주의 운명을 벗겨 자유하게 하셨으니 더는 거기 매일 일이 아니다.행 17:24~31

주술은 죄냐 아니냐 이전에, 더는 다른 영에 의지하거나 운명에 매어 살 이유가 없다. 이제 숨겨진 비밀을 억지로 찾아내기보다 이미 충분히 밝혀진 뜻에 집중하여 복된 사람, 복된 가정과 공동체로 살길이 활짝 열렸다. "이 세상에는 주 우리의 하나님이 숨기시기 때문에 알 수 없는 일도 많다. 그것은 주님의 것이다. 그러나 하나님은 그의 뜻이 담긴 율법을 밝히 나타내 주셨으니, 이 것은 우리의 것이다. 우리와 우리의 자손은 길이길이 이 율법의 모든 말씀에 순종해야 한다."신 29:29/표준새번역 그것은 누가 나를 저주할지라도 하나님이 기뻐하시기에 오히려 복으로 바뀌어 작동되는 인생이다.민 23:7~12

③ **사회구조 · 가시적, 현실적 세계도 하나님의 세계다.**

세상은 한 개인이 착하거나 악한 마음으로 행동한다고 해서, 바로 좋아지거나 나빠지는 게 아니다. 심지어 개인적으로는 참 착한 사람도 그가 사는 사회와 문화가 악하면, 자기 뜻과 무관하게 매우 악한 역할을 수행하기도 한다.

저명한 정치학자 라인홀드 니버는 이를 '도덕적 인간과 비도덕적 사회'라고 불렀다. 그 반대도 가능하다. 개인적으로는 제 이익만 챙기며 살아가려 하지만, 그가 속한 사회와 제도, 문화가 그런 그를 가만 놔두지 않기에 '할 수 없이 올바로 사는' 것도 가능하다. 그래서 인류는 일찍부터 불의한 사회와 구조를 인애와 공평, 정직하게 바꾸려고 노력해 왔다. 정치나 혁명, 사회 변혁적 운동 등이 그러한 노력이었으며, 우리나라 100년 현대사에서도 3·1 만세운동, 4·19 혁명, 6·10 민주화운동 등이 대표적이다.

하나님의 선하고 공의로운 다스림을 믿는 사람들에게 그것은 더욱 당연하다. 그러므로 자기 시대와 사회를 하나님 나라의 성품에 맞는 자비롭고 공의롭게 바꿔나가려는 노력은 분명 하나님 나라의 일이다. 이스라엘 사회의 기본틀이 되는 출애굽기23:6~12, 레위기25장, 신명기15:1~11 법전에도 하나님의 그런 관심이 깊이 반영되어 있다. 그것이 더 분명히 반영된 것은 이스라엘 왕국이다. 이스라엘 왕은 다른 나라와 다르게 스스로 신도 되고, 법도 되는 절대자가 아니었다. 왕이 인애, 정의와 공의로 다스리지대상 18:14 못할 때 하나님은 선지자들을 줄기차게 보내서 질책하고, 경고하셨다.사 5:7~12, 암 1:3~2:8, 미 2~3장 예수님도 종교 기득권에 올라타 고된 인생살이의 짐 위에 더 큰 종교적 족쇄를 채우려던 지도자들을 혹독하게 꾸짖으셨다.마 23:1~33, 막 11:17

이 정신에 따라 역사상 불의한 권력과 정치, 사회구조를 바꾸려는 그리스도인의 저항은 계속 이어져 왔다. 감리교의 창시자 웨슬리는 빈민구제 및 다양한 사회사업을 이끌었다. 특히 그가 불붙인 노예제 폐지 운동은 윌버포스를 통해 1833년 마침내 영국 하원에서 결실을 맺었다. 각 개인이 예수 믿어 새로워진 대중적 양심들이 사회제도 변화에 헌신하는 전통은 미국 대부흥 운동에도 영향을 미쳤다. 제1차 대각성 운동1725~1750년이 주로 개인적 회개와 결단에 집중된 반면, 제2차 대각성 운동1795~1855년을 이끈 찰스 피니는 악한 사회제도의 회심을 강력하게 주장했는데, 노예제 폐지와 여권신장 운동에 앞장섰다.

한국현대사에서도 중요한 순간마다 그리스도인의 사회와 구조개혁의 노력은 빛을 발했다. 일제 강점 초기 한국교회는 민족운동 지도자들을 끊임없이 배출하고 사회변화를 이끄는 거점이 되었다. 1970~80년대 적지 않은 목회자, 평신도들이 독재 정부의 폭압적 통치에 맞서 민주화와 인권, 농민과 도시빈민, 노동자의 생존조건을 개선하기 위해 앞장섰다. 또 1990년대 이후에는 민족통일과 한반도 평화운동에 큰 영향을 주었고, 그 시기부터는 국제로잔운동에 영향받은 복음주의에서도 다양한 사회적 선교 운동에 참여해 왔다.

그러나 여기에서도 우리는 긴장을 놓지 말아야 한다. 선하고, 정의로운 일에 참여하는 것으로 죄의 본성과 부패함을 잊고 스스로 선하고, 정의롭다고 착각하기 쉽다. 또 자신이 부르짖는 주장과 이상을 절대화하여 하나님의 뜻과 동일시하는 일도 가능하다. 그렇게 되면 하나님 나라가 특정한 제도나 체제로 실현되는 것처럼 오해하게 된다. 또, 자신이 힘써 행해야 할 책임과 역할은 소홀히 하면서 모든 것을 사회와 구조의 탓으로 돌리려는 무책임한 사고도 조심해야 한다. 사람이 만드는 어떠한 제도나 사상도 절대적일 수는 없으며 항상 재검토하고 끊임없이 개혁해 나가야 한다.

④ 사회구조 • 비가시적, 초현실적 세계도 하나님이 다스린다.

앞서 현대인은 눈에 보이지 않는 초현실 세계나 영적 존재를 믿기 힘들어한다고 했다. 그러나 자신과 주변에서 뜻하지 않은 신비하고 놀라운 기적을 경험하면 생각이 바뀌기도 한다. 이보다 믿기 힘든 것은 개인이 아닌 사회구조나 시대 문화에도 초현실적이고 영적인 일들이 일어난다는 것이다. 우주와 문화, 비물리적 영역에도 보이지 않는 영적 관여가 일어난다니, 꼭 어려서 봤던 우주공상 과학만화 같은 유치한 느낌도 든다. 그래서 이 영역이 가장 믿기 낯설다. 그러나 그것은 매우 성경적이다.

태초 세계와 에덴동산에서 하나님의 왕좌를 노리며 세상을 뒤흔들던 사탄의 공작부터가 분명히 그렇다. 하나님은 당신의 선하고 정의로운 품성으로 세상을 만들고 하나님 닮은 사람에게 온 세상을 더 잘 가꾸고 섬기도록 크고, 보람된 역할을 맡기셨다. 그러나 사탄은 첫 사람에게 자기 닮은 반란자, 찬탈자의 마음을 심어 하나님을 대적하고 그 결과 온 세상마저 죄와 원수 맺음의 세계로 뒤바꾸려 했다. 사탄은 죽음을 두려워하는 사람의 약함을 담보로 잡아 멋대로 속이고, 이간질하고, 유혹하여 죄와 파멸에 빠지게 하는 자요 8:44, 히 2:14~15, 계 12:9~10이기 때문이다. 하나님의 인애와 정의의 다스림과 사탄의 미움과 불의의 난동은 그때부터 지금까지 개인만 아니라, 온 세계와 시대 문화, 구조 모든 것 사이에서 보이지 않으나 분명한 영적 전쟁을 일으키고 있다.

특히 사탄의 계략에 굴복한 세속권력이 사악한 사탄의 하수인 노릇을 할 때 불의와 사악함은 사회적 전통이 되고 시대의 구조가 되어 도무지 벗어나기 어려운 함정에 빠지게 된다. 세계사는 이러한 일들을 특정한 개인이나 민족, 인종의 일로 기록하지만, 성경은 그 배후에 사탄과 그 권세가 있음을 분명히 보여준다. 세계사와 성경은 전혀 별개가 아니다.눅 3:1~2 사탄은 우선 개인을 뒤흔들어 하나님을 대적하는 죄인으로 만들려고도 한다. 그러나 특히 사회지도층에게 거짓과 우상숭배, 미움과 적대의 사고방식을 심어 죽음의 사회, 적대의 시대로 만들려고 집요하고, 강력하게 활동한다.

온 세상과 인류의 역사를 영적인 눈으로 보여주는 성경은 곳곳에서 이를 드러낸다. 네피림과 그 후손들은 자기 마음대로 절제되지 않은 완력을 사용하는 문명의 대표자가 되었다.창 6:1~4 이는 눈앞의 불의한 권력이 바로 사탄, 마귀라는 말이 아니다. 그러나 권력이 자기 힘과 명성에 취해 무소불위의 정점에 이르면 그들은 그저 권력 행사에 머물지 않고 하늘만큼 높아져 하나님을 대신하려고 한다. "~주 여호와께서 이같이 말씀하시되 네 마음이 교만하여 말하기를 나는 신이라 내가 하나님의 자리 곧 바다 가운데에 앉아 있다 하도다 네 마음이 하나님의 마음 같은 체할지라도 너는 사람이요 신이 아니거늘"겔 28:2 그렇게 하늘 높은 줄 모르는 권력은 자신도 모르는 사이 하늘에서 하나님을 향해 벌이는 마귀군대의 반란 전쟁에 참여해 하수인 노릇을 하게 된다. "숫염소가 스스로 심히 강대하여 가더니~영화로운 땅을 향하여 심히 커지더니 그것이 하늘 군대에 미칠 만큼 커져서~그것들을 짓밟고 또 스스로 높아져서 군대의 주재를 대적하며~그것이 또 진리를 땅에 던지며 자의로 행하여 형통하였더라."단 8:8~12 그들이 벌이는 반란 전쟁의 특징은 하나님의 총체적 샬롬을 허물고, 증오와 적대, 파괴와 학살의 세상을 만드는 것이다.

다니엘은 조국 이스라엘이 망해 몸은 이국땅에 있었지만, 마음만은 항상 조국의 회복과 하나님 나라를 꿈꾸며 기도했다.단 9:1~3 어느 날 기도 중에 그는 열국의 흥망성쇠와 허다한 주권자들통치자, 관료 등의 계획과 활동들이 단지 그들만의 지혜가 아님을 보게 되었다. 세상의 온갖 권력과 그 활동은 하나님을 섬기는 천사 가브리엘, 미가엘 등 하늘 군대와 그에 대항하여 싸우는 천상계의 악한 군대 사이에 벌어지는 격렬한 영적 전투와 깊이 연관되어 있었다.단 10장 당시 이스라엘의 구원과 회복을 저지하기 위해 부지불식간에 하늘의 군대와 싸움을 벌이는 페르시아 왕과 그 군대10:13는 중근동을 지배하던 세속

권력이 틀림없다. 그러나 그 배후실체는 세속권력을 움직여 하나님을 대적하고 세상을 죽음의 문화로 뒤덮으려는 사탄의 군대를 말한다는 것은 보수신학계를 비롯한 보편적인 해석이다.

신약을 살펴보자. 권력과 통치자들은 원칙적으로 공동체와 사회질서를 보존하고 공공선을 증진 시키도록 세워주신 합법적 위임권세다.롬 13:1~7 그 말을 반대로 말하면 그들은 자신의 지위와 권력을 이용해 지배욕을 극대화하면서 오히려 악한 영의 대리자 노릇을 할 수도 있다는 것이다. 똑같은 사건을 정치적 사건만으로 볼 수도 있고우리는 대부분 그렇다, 더 근본적인 내막을 영적 눈으로 파악할 수도 있다.

성경은 예수 탄생과 성육신 사건을 두 가지 시선으로 기록하고 있다. 주님의 탄생 무렵 헤롯 왕은 예언된 유대인의 왕을 죽이려는 음모로 무자비한 살상을 서슴지 않았다.마 2:12~16 그러나 수십 년이 지난 후 밧모 섬에 유배되어 있던 제자 요한은 같은 사건을 전혀 다른 배경에서 목격한다. 요한은 하늘의 우주 천체를 품고 있는 것 같은 한 임산부를 본다. 그녀는 해산이 임박해 그 진통으로 크게 괴로워한다. 그런데 또 다른 장면이 보인다. 거대한 붉은 용 한 마리가 아기를 낳기만 하면 바로 잡아먹으려고 잔뜩 몸을 도사리고 있었다. 마침내 여자가 아기를 낳았는데 그 아기는 온 세상을 다스릴 하늘의 권세를 가진 아들이었다. 아기는 용케 용을 피해 하나님 보좌 앞으로 올라가게 되었고 여자는 광야로 도망칠 수 있었다. 분노한 용은 이제 하나님의 천사 미가엘 군단과 영적 권세를 두고 하늘의 전쟁을 벌이게 된다. 그런데 그 용은 다름 아닌 첫 사람 아담 부부를 꾀어 온 세상을 망가뜨린 옛 뱀, 마귀, 사탄이다.계 12:1~9

"…이러한 묘사들은 역사적 사건들을 반영한다. 실제로 예수님 탄생 이후 헤롯이 두 살 이하의 어린 아이를 모두 학살하였을 때에 예수님의 생명이 위태로웠던 적이 있었다. 요한계시록의 관점에서 볼 때 이것은 사탄의 공격이라고 하지 않을 수 없다."내가 속히 오리라, 이필찬, 이레서원, 2007년, 537쪽 우리가 살아가는 이 세계의 권력과 권세들이 벌이는 크고, 작은 이전투구들이 하나님 군대와 사탄 세력들 사이의 영적 전쟁의 맥락과 닿아 있음을 요한계시록은 여러 곳에서 똑똑히 보여주고 있다.

물론 우리는 그들의 사악한 영적 지배력이 세상권력 및 사회구조 안에서 구체적으로 어떻게 행사되는지 충분히 알지 못한다. 그래서 섣부르게 누가 하나님의 군대이고, 사탄의 하수인이라고는 말하지 않도록 조심해야 한다.3 그러나 사탄과 그 하수인들은 온 천하를 속여 망치려 하고, 하나님의 교회를 끊임없이 이간시키고, 죽음의 두려움을 부추겨 자신의 굴레에 더 묶어 두려고 한다. 그래서 우주와 세계, 권력과 사회구조가 하나님을 더 적대하고 불의하고 무자비하고 몰인정하게 몰아가려고 한다.

"그들은 귀신의 영이라. 이적을 행하여 온 천하 왕들에게 가서 하나님 곧 전능하신 이의 큰 날에 있을 전쟁을 위하여 그들을 모으더라."계 16:14 마귀, 사탄의 목적은 무엇일까? 그들의 한결같은 목적은 오직 하나다. 온 세상을 꾀어 하나님을 대적하고, 하나님이 만들고 다스리는 세상을 파괴하고 멸망시키려는 것뿐이다.요 10:10 모두 함께 망하는 것이다. 악한 영은 자주 한 민족, 한 나라를 구조적으로 장악하기도 한다.

히브리인을 노예로 삼아 가혹하게 부리고, 학살하려 했던 애굽의 파라오 체제 뒤에는 권위주의적이고, 부도덕한 애굽 신이 있었다.출 1:8~11, 22, 12:12 하나님의 법을 지키려던 의로운 나봇을 죽이고 가차 없이 포도원을 빼앗아 버린 아합왕의 부인인 이세벨 왕비의 심령 속에는 희년의 언약 공동체를 깨부

수려는 악한 바알의 영이 있었다. 왕상 16:31, 21:1~16, 25~26, 22:52~53 하나님은 우주적 경륜 속에서 지금도 잡다한 신들의 이름으로 권세 잡은 많은 통치자를 허용하게 계신다. 하나님의 경륜을 이해하기가 힘들고, 그때를 참고 견디기가 힘들 때가 많다. 그러나 언제까지나 참지는 않으신다. 그들이 도무지 공평과 정의, 인자를 바로 행하지 않아 임계점을 넘을 때 마침내 불의한 권세와 그들을 이끌던 악한 영도 동시에 심판하실 것이다. 시 82편 우리 시대에도 하나님 나라의 선한 질서를 대적하며 생명의 존엄성과 기본적 권리마저 박탈하려는 사탄의 영적 싸움은 격렬하게 벌어지고 있다. 우리는 어느 편에 설 건가?

이런 얘기를 하면 마치 마징가 Z나 태권 V 같은 어린 시절 공상과학 만화의 우주 전쟁이 떠올라 유치하게 여길 수도 있다. 그러나 그 유치함을 빌려서라도 보이지 않으나 더 엄청난 영적 전쟁이 지금도 벌어지고 있다는 사실을 믿을 수 있다면 그렇게 하겠다는 게 성경의 정신이다. "또 여섯째 천사가 그 대접을 큰 강 유브라데에 쏟으매 강물이 말라서 동방에서 오는 왕들의 길이 예비되었더라. 또 내가 보매 개구리 같은 세 더러운 영이 용의 입과 짐승의 입과 거짓 선지자의 입에서 나오니 그들은 귀신의 영이라. 이적을 행하여 온 천하 왕들에게 가서 하나님 곧 전능하신 이의 큰 날에 있을 전쟁을 위하여 그들을 모으더라" 계 16:12~14

러시아와 우크라이나만 전쟁 중인 게 아니다. 우리도 지금 악한 자들과 거대한 영적 전쟁 중이다. 온 우주는 능력대결의 피 튀기는 결전장이다. 눅 11:14~26 하나님존재와 인격성을 믿는다면 사탄존재와 인격성도 믿어야 하며, 거룩한 성령을 믿는다면 악한 영도 믿어야 한다. 그러나 동시에 잊지 말아야 할 사실이 있다. 사탄과 그의 왕국은 엄청난 위세를 보이고 또 우리에게 여전히 위협적이지만, 하나님의 때에 마침내 처절하게 진압될 것이다. 예수 그리스도의 죽음과 부활로 이미 결과는 정해져 버렸다. 그러므로 우리는 진지하되, 두려워하거나 위축될 것이 아니다. "또 우리 형제들이 어린 양의 피와 자기들이 증언하는 말씀으로써 그를 이겼으니 그들은 죽기까지 자기들의 생명을 아끼지 아니하였도다." 계 12:11

긍정적이든 부정적이든, 사실 한 사람이 다른 사람에게 미칠 수 있는 영향력은 미미하다. 그러나 가문, 회사, 학교의 명예를 내세워, 때로는 국가와 민족의 이름으로, 혹은 슬프게도 교회나 기독교를 내걸고 잔혹하게 고문하거나 목숨을 빼앗거나 학살하는 일이 그리 드문 일이 아니다.4 그래서 라인홀드 니버는 한 개인은 도덕적인데도 집단과 사회의 이름으로 모이면 얼마든지 비도덕적 사회의 일원이 될 수 있다고 주장했다. 그것은 사탄이 탐욕과 이기심에 물든 사람특히 권세자의 마음을 자극해 파괴와 멸망, 증오로 누적된 문화와 제도가 뿌리내림으로 가능하다. 그렇게 되면 개인적으로는 꽃과 개를 살뜰히 보살피면서도 '없어져 마땅한 원수'들은 씨를 말려야 한다고 진심으로 믿는 세상이 된다.

그러므로 그리스도인은 마땅히 국제분쟁과 독재, 기아와 커가는 빈부격차, 심각한 기후 위기와 인간성 말살 앞에서 힘써, 그리고 함께 저항해야 한다. 그러나 이게 그저 수양하고, 도 닦듯이 내 힘으로 대처할 수 있는 정도가 아니다. 자신의 정의감이나 분노, 해박한 지식, 연대의 전술에 의지하기 이전에, 거짓의 아비, 사망과 멸망을 이끄는 임금인 사탄을 제어할 하늘의 권세를 보내 달라고 다니엘처럼 힘써 부르짖어야 한다. 단 9:3~19 그럴 때 눈앞의 독재자, 대자본의 횡포를 막는 것을 넘어 사탄과 마귀의 악한 몸부림에 결정타를 가하게 된다. 그러므로 사회개혁과 구조변화를 위해 노력하는 이들은 지식과 전략에만 능숙할 게 아니라 먼저 세계와 우주에 침입한 악한 영을 대적해 달라며 힘써 부르짖어야 한다. 온갖 대립과 갈등의 세계, 파괴된 만물과 사회 질서를 되살리실 주체는 전능하신 하나님이시고, 우리는 그 일에 함께 부름 받은 하나님 나라의 전사다.

　지금까지 개인과 구조, 보이는 것과 보이지 않는 세계 등 4개로 나눈 영역은 이해를 위한 편의상 구분이다. 보이는 것과 보이지 않는 세계는 하나로 통하고, 개인과 구조는 함께 작동한다.^{민 22:21~33, 왕하 6:14~19} 모든 영역은 우리가 알든 모르든 하나로 연결되어 작동하며, 한 하나님이 다스리신다. 내가 이 부분을 굳이 강조하는 이유가 있다. 그동안 한국교회는 각 종파, 교단, 교회와 단체, 개인의 입장과 관심사에 따라 자신들이 우선한 영역이 최고이고, 심지어 전부인 줄 착각했다. 인간의 실생활에 초점을 두는 기독교와 영적 실체를 강조하는 기독교가 서로 원수처럼, 또 개인의 성장과 성숙에 힘쓰는 교회와 세상 속 하나님의 다스림과 정의를 촉구하는 교회가 서로 대적처럼 반목하고 비난하고 정죄하는 습관이 역사가 되었다.

　그러나 '아니다'. 우리 하나님은 만유의 하나님이며, 만사의 주님이시며, 만방의 주권자시다. 그러므로 말씀으로 성찰하고 기도하며 전도하는 사람도 사회구제와 변혁적 정의의 책임을 잊지 말아야 한다. 반면, 가난한 자를 긍휼히 여기고 사회정의 실현을 위해 삶을 드리는 사람도 하나님 사람으로서의 고백과 복음의 증인으로서의 사명을 놓치지 말아야 한다. 더는 '기도하며 예배하는 사람은 세상과 사회적 책임에 관심이 없고, 세상을 변혁하려는 사람은 기도하지 않는다'는 비웃음을 용납하지 말자. 이렇게 온 우주와 모든 세상을 이해하며 최선을 다할 때 어리석음, 조급함, 불안함을 이기고 참 소망을 향해 끝까지 분투할 힘을 얻을 것이다. "마귀의 간계를 능히 대적하기 위하여 하나님의 전신 갑주를 입으라. 우리의 씨름은 혈과 육을 상대하는 것이 아니요 통치자들과 권세들과 이 어둠의 세상 주관자들과 하늘에 있는 악의 영들을 상대함이라."엡 6:11~12

성경상의 내용에서는 천상적인 영역과 세상의 영역 사이에 지속적인 관계성이 존재한다. … 신들의 책임은 우리의 책임이다. 그러므로 이 시편82편의 천상적 배경에도 불구하고, 그것은 우리로 하여금 백성들의 지상적인 필요 속에 우리의 종교를 확고하게 근거시키도록 지적한다. … 추상적 신학은 죽음의 판결로 인도한다. 동시에 이 시편은 세상의 일을 수행하듯이, 우리로 하여금 천상적인 문제들에 대해서도 주의하도록 격려한다. WBC 성경주석 『시편』 중, 마빈 E. 테이트, 손석태 옮김, 솔로몬, 2015년, 562쪽

〈참고도서와 권장도서〉

• 모세오경 (김회권, 복 있는 사람, 2017년)

• 창세기 (존 H. 월튼, 김일우 옮김, 성서유니온선교회, 2007년)

• 알라를 찾다가 예수를 만나다. (나빌 쿠레쉬, 박명준 옮김, 새물결플러스, 2016년)

• 개혁주의 신앙과 여성안수 (이광우, 예영커뮤니케이션, 2022년)

• 귀신추방 (배본철, 킹덤북스, 2014년)

• 사탄의 체제와 예수의 비폭력 (월터 윙크, 한성수 옮김, 한국기독교연구소, 2004년)

• 신이 된 심리학 (폴 비츠, 장혜영 옮김, 새물결플러스, 2016년)

• 4차원의 영적 세계 (조용기, 서울말씀사, 1997년)

• 성령을 받으라. (배덕만, 대장간, 2012년)

제2부

성경의 특징과 왜곡된 신학

기독교 신앙은 처음부터 끝까지 성경 바로 읽기에 직결되어 있다. 그래서 성경 이해와 묵상, 통독을 돕는 책과 프로그램도 많다. 성경의 시대 배경과 문화의 이해를 돕기도 하고, 매 본문마다 상세한 해석을 돕기도 한다. 그러나 그에 못지않게 중요한 게 있다. 바로 성경이라는 책이 어떤 특징을 갖고 있는지 바로 아는 것이다. 이것을 제대로 이해하지 못하면 때로 말씀을 주신 하나님의 본래 의도에서 더 멀어질 수도 있다. 그러므로 성경특징을 모르면, 성경본문을 제대로 알 수 없다.

또 잘못된 성경관은 반드시 잘못된 신학으로 이어진다. 겉으로는 성경의 절대 권위를 내세우지만, 잘못된 성경관과 지성적 몰이해로 대중화된 신학도 있다. 이제부터 확인해 보자.

3장. 바른 성경관이 왜곡된 해석에 빠지지 않는다.

3.1. '성경은 조금도 오류가 없는 하나님 말씀'이라는 말

이 문장은 두 개의 진술로 구성된다. '성경은 하나님의 말씀이다.'+'성경은 조금도 오류가 없다.' 전통적인 보수신앙은 두 진술 사이에 '그러므로'를 넣어 필연적인 인과관계로 묶는다. '성경은 하나님의 말씀이다. 그러므로 성경은 조금도 오류가 없다.'가 된다. 정말 그럴까?

성경은 하나님의 말씀이다.(하나님의 말씀)

성경이 하나님 말씀이라는 진술은 성경은 우리가 하나님과 진리를 탐구하다가 깨달아 쓴 게 아니라는 뜻이다. 하나님이 먼저 자신과 당신의 마음을 보여주신 계시라는 뜻이다. 그래서 성경은 사람으로부터 출발한 것이 아니라 하나님으로부터 시작되어 우리에게 온 하나님의 말씀이 된다.말씀의 기원 백번 지당하고 옳다.

그러나 우리는 하나님 말씀을 어떻게 깨우칠 수 있을까? 성경의 내용을 이해한다 해도 그 말씀을 진리로 인정하고 믿음으로 받는 것은 전적으로 성령께 달려 있다. 그때 나와 온 세상을 위해 주신 하나님의 말씀이라는 사실을 경험하고, 고백할 수 있게 된다. 그때의 감격은 말로 다 할 수 없다. "이르시되 미련하고 선지자들이 말한 모든 것을 마음에 더디 믿는 자들이여 그리스도가 이런 고난을 받고 자기의 영광에 들어가야 할 것이 아니냐 하시고 이에 모세와 모든 선지자의 글로 시작하여 모든 성경에 쓴 바 자기에 관한 것을 자세히 설명하시니라. … 그들이 서로 말하되 길에서 우리에게 말씀하시고 우리에게 성경을 풀어 주실 때에 우리 속에서 마음이 뜨겁지 아니하더냐 하고"눅 24:25~27, 32

그러나 성경은 합리적인 이성으로 봐도 전체적인 짜임새와 일관된 흐름, 메시지의 조화 등에 놀라게 된다. 무엇보다 한 번도 함께 모여 구상하거나 편집회의를 한 적 없는 30여 명의 저자들이 무려 1,500여년에 걸쳐 기록한 것인데도 곳곳에서 서로 짝을 맞춘 듯 조화를 이루는 것을 보면 놀랍다 못해 신비하고, 아름답다고 하지 않을 수 없다. 참된 진리는 항상 말로 설명되는 것은 아니다. 그러나 사람이 상식적으로 생각해 보기만 해도 그 진정성과 설득력에 깊이 공감이 생긴다. 그러므로 성경은 근본적으로는 성령의 깨우침을 통해서, 그러나 이성적으로만 살펴봐도 하나님이 주신 차원 다른 말씀임을 느낄 수 있다. 성경은 틀림없이 하나님의 감동으로 기록하게 하신 하나님의 말씀이다.

성경은 피조물의 한계를 받아들인 성육신의 책이다.(사람의 책)

다시 말하지만, 성경은 틀림없이 하나님의 말씀이다. 이번에는 '그러므로 성경은 조금도 오류가 없다.'는 진술을 생각해 보자. 대답은 '예' 동시에 '아니오'이다. 그게 바로 성경이 지닌 가장 독특한 성격이다. 무슨 말일까? 성경이 하나님 말씀으로서의 영원히 변치 않는 권위와 가치, 의미와 진정성으로서 조금의 오류도 없다. 그러나 성경을 받는 시대와 문화에 따라 성경의 이해는 차이가 분명히 존재한다.

먼저, 하나님의 말씀으로서 성경은 어떤 언어로 기록되었나? 원본의 언어인 히브리어구약든 헬라어신약든, 아니면 번역언어인 한글, 영어, 독일어든 하늘의 언어가 아니라, 땅의 언어 곧 인간의 언어다. 우리가 잘 알듯이 인간이 만든 모든 문화는 오류잘못, 실수가 없을 수가 없다. 그러나 인간의 언어가 오류와 한계가 있다 하여 하늘의 언어로 말씀을 주신다면 우리는 알아 들을 수가 없다. 가령 우리가 하늘 방언을 알아들을 수 없는 것과 같다.고전 14:6~9

그래서 하나님은 피조물이며 죄인인 인간의 수준과 이해를 위해 눈높이를 한없이 낮춰 인간의 언어를 사용하시기로 작정하셨다. 하나님이 사람의 언어로 말씀을 기록하도록 허락하셨다는 것 자체가 성육신의 은혜다.빌 2:5~8 예를 들자. 하나님 자신은 시공간의 제약이 없고 피조물처럼 성性, sex으로 나뉘지 않으신다. 그러나 피조물인 인간과 소통하기 위하여 시간과 공간, 그리고 성의 언어를 스스로 취하셨다. "그의 거룩한 처소에 계신장소의 제한 하나님은 고아의 아버지성의 언어시며 과부의 재판장이시라."시 68:5

더구나 인간의 언어는 불완전하여 정확하게 기록할 수도 없다. 우리는 자신의 마음 상태도, 눈앞에 벌어지는 일도 조금의 오류 없이, 사실과 똑같이 정확하게 서술할 수 없다. 또 언제나 시대나 풍습, 당대 사람들의 이해 정도에 영향을 받게 되어 있다. 그러므로 성경의 오류가 없다는 것은 그 가치와 본래의 의미를 말하는 것이지, 마치 수학적 공리나 과학적 법칙처럼 어떤 시대, 문화에서나 똑같은 답이 나오는 박제된 진리가 아님을 알아야 한다. 만약 하나님이 그런 표백되고, 박제된 진리를 원하셨다면 성경을 역사가 아닌 사전이나 공식처럼 쓰셨을 것이다. 그러므로 성경은 오류가 있거나 틀린 게 아니라 하나님이 우리를 위해 시대, 문화적 한계를 그대로 받아들여 하늘의 말씀을 기록하셨다. 우리를 위한 하나님의 사랑이다. 더 구체적인 내용과 사례들은 아래에서 설명하겠다.

그러므로 우리는 말씀을 듣게 되는 자신의 시대와 문화, 상황 속에서 합당한 이해를 다시 분별해 내도록 노력해야 한다. 성경을 '전적 무오류'니 '절대 무흠'이니 하는 엄청난 수사와 찬사로 포장하여 글자대로만 이해하려는 함정문자주의은 성경을 주신 하나님의 마음이 아니다.

3.2. 성경은 세계 최고最古, 最高의 눈높이 학습교재다.

성경은 정답 사전이나 검색사이트가 아니다.

요즘은 무엇이든 궁금한 게 생기면 포털 검색창에서 다 찾는다. 간단, 명료한 정의와 몇 가지 예만 살펴보면 금세 이해된다. 만약 성경도 그렇게 기록되었다면, 우리는 성경이 어렵다고 불평을 늘어놓지는 않았을 것이다.[5] 그러나 성경은 그런 책이 아니다. 취업, 결혼, 성공의 선택을 점치듯이 성경을 통해 얻기도 힘들지만, 삼위일체, 예수님의 신성과 인성, 하나님 나라와 심판 같은 핵심 주제조차 명쾌한 답변과 해설이 전혀 나타나지 않는다.

오히려 성경은 다양한 역사 이야기를 기본뼈대로 하고 있다. 그러나 이게 바로 하나님다운 지혜요, 섭리다. 기본적으로 우리는 진공의 실험실이나 가상의 공간, 도서관이 아니라, 다양한 일상을 살아가다가 하나님을 만난다. 음모와 거짓말, 살인과 집단강간, 사랑과 증오같이 불미스러운 일들을 우리는 숨기고 싶어하지만, 성경은 여과없이 드러낸다. 우리가 사는 현장에서 하나님의 존재가 확인되고 그분의 뜻이 나타나기 때문이다. 성경은 우리 앞서 살아가던 사람들을 찾아오신 하나님 이야기를 담아 우리에게 넘겨준다. 그래서 이제 우리도 그런 자리에서 하나님을 만날 수 있다. "야곱이…한곳에 이르러는…거기 누워 자더니, 야곱이 잠이 깨어 이르되 '여호와께서 과연 여기 계시거늘 내가 알지 못하였도다."창 28:10, 11, 16 "모세가…양떼를 치더니… 호렙에 이르매, 여호와의 사자가…그에게 나타나시니라."출 3:1, 2

성경은 천문학을 설명하는 대신, 천체의 운행과 기상 현상을 주관하시는 하나님을 찬양한다.시 19:1~4 그래서 기상, 천문지식은 과학을 통해 배우지만, 비가 오고 눈이 와도 좌절하지 않고 이겨나갈 힘은 말씀을 통해 얻는다. 또, 성경은 '정의' '하나님의 인자'를 설명하지 않지만, 힘 가진 사람이 가난한 뜨내기들을 학대할 때 하나님이 눈물의 부르짖음에 응답하실 것이라는 약속을 듣는다.출 22:21~23 이처럼 성경은 구체적인 상황과 현실 속에서 믿는 자다운 반응을 하도록 힘을 북돋는 매우 현실적이고, 실천적인 책이다.

그러므로 말씀의 배경이 되는 정황과 맥락을 살피지 않은 채 한 구절만 떼내어 공식처럼 활용하려다가는 하나님이 주시려던 본심과 정반대로 이해하게 되는 일이 얼마든지 일어날 수 있다. 교회 벽면에 자주 걸린 말라기 말씀을 생각해 보자. "만군의 여호와가 이르노라 너희의 온전한 십일조를 창고에 들여 나의 집에 양식이 있게 하고 그것으로 나를 시험하여 내가 하늘 문을 열고 너희에게 복을 쌓을 곳이 없도록 붓지 아니하나 보라."말 3:10 대개 십일조를 잘하면 하나님이 복 주신다는 식으로 인용되는 일이 많다. 문자대로만 보면 분명히 그렇다.

그러나 말라기의 문맥에서 다시 살피면 정반대다. 오랜 포로 생활 끝에 감격적으로 귀환한 사람들은 말씀대로 살아서 다시는 치욕을 받지 않으리라 다짐하지만, 생활이 안정되자 다시 초심을 잃어버렸다. 하나님께 드리는 예배조차 거추장스럽게 여긴다. 그러다 보니 눈에 보이는 총독에게는 정신 차려 예를 갖추면서도 당장 보이지 않는 하나님께는 버려도 아깝지 않은 헌것들만 잔뜩 가지고 나와 예물이라고 자랑한다. 선지자는 하나님이 그런 마음을 받으시겠느냐고 꾸짖는다.말 1:6~14 위 본문도 그런 맥락에서 꾸짖는 말씀이다. 십일조로 축복받는 원리를 가르치는 말씀이 아니라, 하나님 없이 잘살아보겠다는 인간의 이기심을 돌이키기를 바라는 책망이며 탄식이다. 그러므로 이 본문에서 부끄러운 마음이 아니라, 더 많은 재물과 번영을 얻고 싶은 욕망이 자극된다면 문자대로 잘 읽었지만, 하나님의 말씀을 보통 잘못 읽은 게 아니다. 이처럼 성경은 사전이나 공식이 아니다. 앞서 살아간 인생과 신앙 선배들을 통해 주신 하나님의 경륜과 마음을 깨달아 지금 결단하도록 깨우치는 말씀이다.

하나님은 성경으로도 성육신하셨다.

20여 년 전 우리 아이들이 아주 어릴 때였다. 가족이 빌려온 비디오를 함께 보던 중 흉포한 공룡을 마취총으로 쏴 잡는 장면이 나왔다. 아직 유치원도 다니지 않던 동생이 말했다. "죽었다." 그랬더니 갓 유치원을 다니던 두 살 많은 누나가 바로 잡는다. "아냐! 기절한 거야." 그래도 동생은 기를 쓰고 덤빈다. 동생의 세계에는 총을 맞고 쓰러지면 죽은 거지, 기절이라는 말이 아직 없기 때문이다. 두 살 사이에도 차원과 수준, 눈높이가 다르다.

다 자란 어른이 볼 때 3~4살짜리 아이들 학습교재의 수준은 유치하기 그지 없다. 왜 그럴까? 아이들 이해 수준에 맞춰 일부러 유치하게 썼기 때문이다. 그러므로 아이들의 유치한 수준에 맞춰 유치하게 쓴 게 잘 만든 어린이 교재다. 감히 말하자면 성경이 그와 같다.

하나님이 아무리 하늘의 비밀 전부를 다 가르쳐주시려 해도, 사람의 지식, 경험, 이해력에는 너무 한계가 많다.시 139:17~18 마치 조그만 항아리 안에 나이아가라 폭포수를 쏟아붓거나, 지렁이에게 아인슈타인의 상대성이론을 도무지 가르칠 수 없는 것과 같을 것이다. 그래서 하나님께서 사람의 눈높이까지 내려오셔야만 했다. 인간 자신의 피조물로서의 태생적, 근본적 한계에 더하여, 시대적, 문화적, 사회적 한계까지 내려가셔야 사람은 겨우 말씀을 이해할 수 있다. 그래서 성경은 '하나님 말씀'인 동시에, 사람의 눈높이까지 내려온 '사람의 책'이다.

한국교회가 존중하는 종교개혁자 칼뱅은 이러한 성경의 성육신적 성격을 '하나님이 인간 상태의 한계와 필요에 맞춰 자신을 조정하신다.accomodate'라고 표현했다. 또 네덜란드 개혁주의 신학자 베르카우워도 성령께서 성경 기록자의 수준에까지 맞춰 주셨다고 해서 이를 '적응'adaptation이라고 불렀다.6 모두 하나님이 눈높이를 맞추셨다는 각기 다른 표현이다.

하나님은 당신이 마치 사람인 것처럼 표현하신다. 브니엘에서 야곱은 하나님의 사람과 밤새 씨름한 후 '하나님과 겨루어 이긴 자'라는 뜻의 이스라엘이라는 이름을 얻었다.창 32:28 누가 감히 하나님과 싸울 수 있으며, 또 이길 수 있을까? 그러나 하나님은 우리를 위해 그렇게 불리기를 망설이지 않는다. 또, 애굽 총리까지 지낸 요셉이 죽은 지 400년이 지나면서 그 시대를 잊은 바로 왕과 애굽은 히브리 백성을 심한 학대와 중노동에 몰아넣어 죽을 지경이 되었다. 히브리 백성들은 하나님의 구원을 간청했다. 그때 하나님이 마치 깜빡 잊었다가 다시 기억을 되살린 듯이 성경은 이렇게 기록한다. '그들의 고통 소리를 들으시고…언약을 기억하사…그들을 기억하셨더라.'출 2:24~25

흔히 '번역은 반역'이라는 말을 한다. 우리는 '한'恨이라는 말을 정서적으로 잘 이해한다. 그런데 누가 영화 서편제를 본 외국인에게 그 단어를 설명하기가 매우 힘들더란다. 그래서 "It's kind of, Umm like feeling 'anger'…."그건, 음~ 뭐랄까 화나는 감정 같은 건데….라고 했지만, 그것은 '한'과 너무 다른 느낌이다. 그래서 "Ah Google it!"아몰랑, 검색해봐! 그랬다고 한다. 그렇다. 성경에 매우 중요한 히브리어 단어 '샬롬'도 우리는 평화, 평강 등 다양하게 번역하지만 어떻게 바꿔도 샬롬의 풍성함을 담지는 못한다. 오죽하면 지금 우리도 '아멘'만은 번역하지 않고 그냥 '아멘'으로 쓰고 있지 않은가?

그러나 가장 근본적인 언어의 한계는 하나님과 사람 사이 언어번역의 한계가 아닐까? 하나님 나라 언어를 사람 나라 언어로 바꿀 때 근본적인 한계가 발생한다. 그러나 우리 하나님은 우리 눈높이까지 내려와 사람의 언어를 취하셨다. 우리 같은 유한한 인간이 천상의 언어가 아닌 사람의 언어로 기록된 성경을 읽기에 하나님의 마음과 생각을 깨우칠 수 있게 하신 것이다. 딤후 3:15~17

우리의 눈높이, 키높이에 최대한 맞춰 말씀을 주셨다. 그러므로 '성경무오냐 아니냐' 같은 추상적, 이론적 논란보다, 우리의 부실한 눈높이를 위해 모든 인간적 약함까지 수용하여 당신의 말씀을 주신 하나님께 감사하자. "하나님의 어리석음이 사람보다 지혜롭고 하나님의 약하심이 사람보다 강하니라." 고전 1:25

3.3. 인간의 눈높이에 맞춘 구체적인 예例

당시 사람들의 수준대로 썼다.(시대성의 반영)

"사람주인이 매로 그 남종이나 여종을 쳐서 당장에 죽으면 반드시 형벌을 받으려니와 그가 하루나 이틀을 연명하면 형벌을 면하리니 그는 상전의 재산임이라." 출 21:20~21 "아이를 훈계하지 아니하려고 하지 말라. 채찍으로 그를 때릴지라도 그가 죽지 아니하리라. 네가 그를 채찍으로 때리면 그의 영혼을 스올에서 구원하리라." 잠 23:13~14

현대의 우리는 이런 말씀이 성경에 기록되어 있다는 것만으로도 혼란에 빠진다. 그러나 모세오경의 연대는 기원전 1,500년 이전, 다시 말해 지금부터 무려 3,500년 이전 얘기다. 이를 우리에게 대입하면 고려, 조선은커녕 삼국시대보다 더 오랜, 거의 전설처럼 기억되는 고조선까지 거슬러 올라가는 시대다. 주인과 종노비같은 신분 질서나 부모가 자식을 견책하기 위해 호되게 체벌하는 것도 너무나 당연한 시대였다. 물론 하나님의 본심은 아니었을 것이다. 그러나 개인이든 사회든 성숙하고 발전하는 데 시간이 걸린다. 그래서 성경의 기록이 당시 시대성의 한계도 적절히 수용하는 것도 당연하다.

그렇다고는 해도 하나님은 시대적 한계 수용도 더는 물러설 수 없는 마지노선을 두신다. 아무리 종이라도 지나치게 상해를 입혔다면 보상으로 아예 놓아주어야 한다.출 21:26~27 어떤 이유로 종이 되었든 칠 년을 섬겼다면 품삯을 풍성히 주어서 돌려보내야 한다.신 15:12~14 비록 형벌을 가할 때라도 40대 이상 때리면 그건 맞는 자의 인격을 손상시키는 것이니 금한다.신 25:2~3 이런 규정들은 오직 이스라엘 법에만 발견되는 독특한 것이거나 동시대 다른 문화권 규정에 비하면 아주 관대하고, 인격적이었다는 것이 후대의 평가다.

오늘날 우리는 성경에 나타나는 여성에 대한 비하, 차별의 본문에 매우 불쾌감을 느낀다. 그러나 당시 고대 문화권 전반에서 여성은 남성보다 열등한 존재로 여겨져 여성으로 태어난 것은 불행으로 여겨졌다. 이스라엘에서도 계수할 때 여성과 아이는 남성과 따로 계산하였고, 법정에서의 증언력도 인정받지 못했다. 성경은 이러한 당시 문화권 일반인식을 일단 수용한다. 그러나 하나님의 본심을 담은 독특함이 항상 묻어난다. '외적과 싸우다가 여자를 포로로 잡아와 그녀를 아내로 삼고자 하면, 포로처럼 대하지 말고 그 여자가 부모를 떠나게 됨을 슬퍼할 애도 기간한 달을 충분히 주어야 한다. 그리고 살다가 혹시 그녀를 사랑하지 않게 되더라도 다시 종처럼 팔아서는 안 되고 그녀

가 원하는 대로 가게 두어야 한다.'신 21:10~14

　세상에 포로에게, 더구나 여자에게 이렇게까지 대하는 나라는 없었다. 그러나 하나님의 법은 그랬다. 아브라함, 이삭, 야곱 등 족장들이나 특히 자기와 피 한 방울도 안 섞인 아들 예수를 끝까지 책임지기 위해 삶을 바친 요셉 등을 통해서는 차원 다른 가부장의 표본을 보여주었다. 그래서 예나 지금이나 좋은 신앙의 조상에게서 하나님의 본심이 어디 있는지 표본처럼 배울 수 있다.

평범한 일상 언어로 기록하였다.(일상적 표현)

　성경의 기록 목적은 기본적으로 학문적 지식이나 정확한 정보를 전달하려는 게 아니다. 하나님의 구원과 참된 삶의 도리를 깨닫게 하는 데 있다. "예수께서 제자들 앞에서 이 책에 기록되지 아니한 다른 표적도 많이 행하셨으나 오직 이것을 기록함은 너희로 예수께서 하나님의 아들 그리스도이심을 믿게 하려 함이요 또 너희로 믿고 그 이름을 힘입어 생명을 얻게 하려 함이니라."요 20:30~31 딤후 3:16~17 그러므로 성경은 과학적, 학문적으로 정밀한 표현이 아니라, 당시 보통 사람이 사용하는 일상적 표현을 택하여 기록하였다. 그러므로 '해가 뜨고 진다'시 50:1는 표현을 보며 하나님의 영감을 받았다면서 어떻게 지동설도 모르냐는 싸움을 걸 이유가 없다.

　또 성서는 수도원의 책이 아니라 생활 현장의 책이다. 공식이나 이론이 아니라 현실 적합성을 목적으로 기록한 책이다. 하나님은 성경를 통해 솔직한 인간의 진면목을 드러내고 있기에 우리에게 적합한 구원의 도리와 교훈이 된다.

때로 성경 저자들이 강조하려는 바에 따라 각색하고, 편집했다.(강조점의 차이)

구약 이스라엘에서 제사장은 그저 다양한 직업군 중 하나가 아니었다. 제사장은 사람으로서 하나님의 완전성을 대변해야 할 매우 특별한 신학적 직분자였다. 그러므로 제사장은 아무나, 맘대로 될 수 없었다. 그들은 태생적으로 선별되었고 자기들이 좋다고 아무나와 결혼할 수도 없었다. 레 21:13~21 그래서 그들은 과부, 이혼녀, 창녀가 아닌 처녀와만 결혼할 수 있었다. 또 장애가 있는 사람은 제사장이 될 수 없었다. 일반적인 사람 차별이 아니라 제사장의 신학적 특성 때문이었다. 그걸 모르면 성경 읽다가 매우 시험에 들거나 성경의 예를 따라 사람을 함부로 차별하게 된다.

똑같은 사건을 같이 목격했다고 해서 그 목격담이 똑같을까? 그럴 리 없다. 각자 자신이 느낀 인상과 전달하려는 강조점에 따라 얼마든지 다른 표현이 가능하다. 그 중 어느 하나만 맞고 다른 것은 틀린 것이 아니다. 같은 시기 이스라엘 왕조사를 기록한 열왕기서와 역대기서는 많은 점에서 서로 다르다. 그것은 왕조사 기록을 통해 하나님이 우리에게 전달하시려는 메시지가 다르기 때문이다. 우리는 두 왕조사 기록을 통해 하나님이 주시려는 폭넓은 교훈을 훨씬 다양하게 배울 수 있다.

또, 예수님의 족보를 보면 마태복음과 누가복음의 기록이 꽤 다르다. 마태는 예수님의 족보로 주님의 메시아로서의 완전성을 강조하고 싶어했다. 그래서 조상들 계보를 완전수 7을 곱한 14대씩 구분하여 40의 숫자에 맞추었다. 그러다 보니 '누가 누구를 낳았다'라고 표현했지만, 사실은 부자 관계가 아니라 몇 대를 건너 뛴 경우도 있었다. 이렇게 해서 마태복음은 아브라함에서 요셉까지가 모두 42대代가 있는 것으로 기록하고 있다. 그러나 누가복음은 같은 계보를 55대로 기록하여 두 족보 사이에는 13대, 무려 400여 년 시간 차이가 나타난다. 누가 옳고 누구는 틀린 게 아니다. 당시 이스라엘 사람들에게는 이렇게 강조하려는 것을 위한 생략이나 강조, 편집은 조금도 이상한 일이 아니었다. 중요한 것은 의미 전달이었기 때문이다. 정경에 포함된 복음서도 한 개가 아닌 무려 네 개나 된다. 복음서 사이에도 표현, 분위기, 순서, 구성방식 등이 많이 다르다. 이것 역시 당시에 대한 지식과 교훈을 훨씬 폭넓고 다양하게 전달하려는 방식이었다. 당대 사람들이 아무 문제 없이 받아들였는데, 오늘 우리가 오류다, 아니다 말할 수 있나? 성경은 그런 책이다.

겉만 보면 서로 모순되는 말씀들도 결국 하나로 통한다.(조화와 풍성)

조금 더 어려운 문제를 하나 다뤄보자. 우리가 여전히 이해하기 쉽지 않은 하나님의 섭리와 자유의지다. 하나님의 섭리를 말하면 자유의지가 무시되고, 자유의지를 강조하면 하나님의 섭리가 사라지는 것 같다. 성경에서 직접 보자. 히브리 백성을 보내라는 하나님의 명령을 거부한 것은 분명 듣지 않으려는 바로의 완강함이다. "그러나 바로가 숨을 쉴 수 있게 됨을 보았을 때에 그의 마음을 완강하게 하여 그들의 말을 듣지 아니하였으니"출 8:15 그러나 똑같은 상황을 출애굽기 다른 곳에서는 바로의 마음이 완강하게 된 것은 하나님이 하신 일이라고 기록한다. "여호와께서…내가 그바로의 마음과 그의 신하들의 마음을 완강하게 함은 나의 표징을 그들 중에 보이기 위함이며"출 10:1

더 민감하게 논란이 되는 것이 있다. 가룟 유다는 주님께 실망하고 탐욕에 빠져 스스로 예수를 팔았다고 성경은 기록한다. "그들이…돈을 주기로 약속하니 유다가 예수를 어떻게 넘겨줄까 하고 그 기회를 찾더라."막 14:11 그러나 요한복음에서는 마치 예수님이 구원 사역을 위해 가룟 유다를 사용한 것처럼 읽힌다. "예수께서…한 조각을 적셔…유다에게 주시니 조각을 받은 후 곧 사탄이 그 속에 들어간지라. 이에 예수께서 유다에게 이르시되 네가 하는 일을 속히 하라 하시니."요 13:26~27

간단히 말한다면 하나님의 섭리와 인간의 자유의지는 동시에 작동한다. 우리는 모든 것을 자신의 생각, 판단에 따라 '자연스럽고 자유롭게 결정'한다. 그래서 우리는 우리의 결정에 대해 선악 간 책임을 져야 한다. 그러나 당시에는 거의 알아채지 못해도 되돌아보면 보이지 않는 하나님의 섭리와 인도하심이 속속들이 작용하고 있었음을 깨우칠 때가 적지 않다. 하나님은 우리의 자유로운 선택을 '허락'하시지만 그것도 하나님의 큰 섭리그림 속에서 일어나는 것이다. 그래서 '허락'이다. 성경에는 이처럼 하나님 쪽의 시각과 사람 쪽의 시각, 서로 다른 관점의 서술이 다 기록되어 있다. 우리가 더 깊게, 더 넓게, 더 풍성하게, 총체적이고 입체적으로 하나님의 마음과 뜻을 깨닫게 하시려는 뜻이다.

그러므로 '성경대로'는 '문자대로'가 아니다.

우리는 자주 '성경대로 믿는다'는 말을 자주 한다. 우리는 대개 그 말을 '성경에 기록되어 있는 대로'라는 뜻으로 이해한다. 물론 우리는 성경을 읽을 때 '우선적으로' 기록된 대로 이해하려고 해야 한다. 그러나 앞에서 충분히 설명했듯이 성경의 상당 부분은 그저 사실적서술적 기록이 아닌 경우가 많다. 인간 저자의 목적에 따라 때로는 생략, 신학적 과장과 상징적 암시, 과감한 편집 등을 서슴없이 사용하였다. 그게 하나님의 허락 아래 성경 저자의 의도다. 그럴 때는 당연히 저자 의도에 맞게 이해하는 게 말씀을 주신 하나님의 뜻이다.

그러므로 '성경대로'는 그저 적혀 있는 '문자 그대로'가 아니다. 본문마다 '저자의 의도', '하나님이 주신 본래 뜻대로' 읽어야 한다. 그럴 때 문학적 특징, 문법적 차이 등을 고려하여, 시는 시처럼, 비유는 비유로, 풍자는 풍자로 읽어야 한다. '당신만 보면 나는 온통 깊은 호수에 빠져드는 것 같소.'라는 문장은 사랑을 담은 고백으로 읽어야지, 문자대로 호수에 사람이 빠졌다고 생각하여 허둥댈 이유가 없는 것이다. 너무 당연한 얘기인데도 '정통'을 내세우며 문자주의에 빠지는 경우가 적지 않다. 한 사람이 개인적으로 성경을 읽을 때도 주의해야 하지만, 기독교 일반이 집단적으로 문자해석에 집착할 때 벌어지는 문제는 말할 수 없이 크다.

3.4. 눈높이를 맞췄다고 신뢰성이 사라지지 않는다.

지금까지 하나님 말씀으로의 성경의 특별성을 강조하다가 사람의 책으로의 또 다른 특징을 망각한 문제를 살펴보았다. 다시 강조하지만, 하나님이 허락하신 겸손을 우리의 열정으로 가로막으면 안 된다. 이는 성경을 주신 하나님의 뜻을 무시하는 것이다.

그러나 반대편의 오류도 그에 못지않다. 인간적 눈높이를 강조하다 보면 성경을 그저 사람이 저술한 탁월한 고대 문서, 훌륭한 문학작품 정도로 이해하기 쉽다. 물론 처음부터 그랬던 것은 아니다. 구약, 신약을 막론하고 성경은 워낙 오래되어 원본이 남아 있지 않다. 다행히 수많은 필사 사본들이 오랜 세월에 걸쳐 발견되었고, 그것이 많은 연구와 편집을 거쳐 오늘날 현대적 번역 성경에까지 이르게 된 것이다.

그렇다고 해도 수천 년 전 다른 문화권에서 처음 시작된 고대 문서를 제대로 이해한다는 것은 여전히 어려운 일이다. 그래서 신학자들은 오랜 세월에 걸쳐 성경을 보다 잘 이해하기 위한 도구와 방법을 만들었는데 이를 성서 비평이라고 부른다.

먼저, 우리에게 도달한 사본 본문을 최대한 원문과 가까운 것으로 복원해 보려는 노력이다.본문비평 또 성경 저자들이 본문을 기록할 때 참고하고 도움 받은 다른 자료들이 무엇인지 찾아내 더 정확한 의미와 해석을 찾아보려는 노력도 있다.자료비평 그 외에도 편집비평, 전승비평, 양식비평, 역사비평 등 다양한 방식을 통해 원문 본래의 의도와 형태에 합당하게 복원하여 보다 정확하고 쉽게 이해하려고 노력했다.

여기서 큰 오해가 하나 있다. 흔히 이런 성서 비평은 성경을 이성으로만 이해하려는 자유주의적 진보 신학신앙의 것이라고 생각한다. 그렇지 않다. 정도의 차이만 있을 뿐이지 오늘날 모든 보수적 신학은 물론 성경공부, 설교 등에서 그러한 도움을 받지 않은 곳은 없다. 뭐가 비평인지 모르면서 읽고 인용한 그 많은 자료들이 사실은 성서 비평에 큰 빚을 지고 받은 도움이다.

그러나 문제는 성경을 분석하다 보면 성경에 대한 우리 마음이 달라지기 쉽다는 점이다. 하나님의 말씀이라는 믿음은 퇴색하고 세상에 많고 많은 고대 문서 중 하나를 학문과 지성으로 분석하여 정확히 이해할 수 있다는 자만을 갖게 되는 것이다. 때로는 성경의 사실성, 진정성은 무시되고, 그저 우리에게 필요한 교훈만 찾아내어 잘 적용하면 되지 않느냐고 생각한다.

그러나 사실성과 진정성은 성경을 하나님 말씀이라고 말할 수 있는 양보할 수 없는 핵심이다. 만약 예수의 십자가 죽음과 부활이 사실이 아니라 그저 희생을 보여주는 교훈일 뿐이라면 지난 세월 수많은 순교와 고문, 희생을 감내한 복음 사역은 설명할 길이 없어진다. 그저 교훈을 위해 자신의 소중한 목숨을, 그것도 수천 년에 걸친 끊임없는 순교자를 내는 일은 없을 것이다.

다른 고대 문서와 객관적으로 대조해 봐도 성경의 신뢰성은 비교가 불가능할 정도다. 고대 그리스/로마 시대 저작들은 현재까지 남아 있는 사본들의 수가 평균 20개를 넘지 않는다. 반면, 신약성경은 헬라어 사본만도 5,800개가 넘고, 라틴어, 아람어, 시리아어 등 다른 언어 번역 사본까지 합하면 무려 20,000개가 넘는다. 물론 그 사본들 사이에는 서로 맞지 않는 기록들이 나타난다. 그러나 70% 이상은 아주 단순한 옮겨적기의 실수 정도다. 나머지 대부분도 충분히 추정과 파악이 가능할 정도로 아주 사소하다.

고대 그리스의 가장 오래된 서사시 호메로스의 일리아드는 사본 수가 643개이고, 첫 사본은 원본의 500년 후인 기원전 400년경 기록되었으며 오류는 5% 정도이다. 반면 20,000개가 넘는 사본을 가진 신약성경은 원본이 기록된 지 겨우 20여 년 만에 벌써 최초 사본들이 나타난다. 일리아드의 첫 사본이 올해 기록되었다고 가정하면 원본이 쓰인 게 1500년대 종교개혁 시기라고 보면 된다. 반면 신약 사본이 2023년 처음 기록되었다면 원본은 겨우 2000년대 초에 기록되었다는 말이다. 사본과 원본 사이의 시기가 짧을수록 정확도가 올라간다는 건 상식적이다.

그리고 사본들 사이의 오류는 0.5%에 불과해 단순히 생각해도 일리아드에 비해 신약성경이 8,000배나 정확한 책이라는 것을 알 수 있다.7 성경 저자와 필사자들은 성경이 하나님 말씀임을 처음부터 믿었다. 그러므로 상상할 수 없을 정도의 노력을 기울여 기록하고 잘 보존하여 지금 우리에게까지 전해주었다. 결론적으로 문자주의를 반대한다는 것이 성경이 하나님으로부터 발원한, 유일한 특별계시라는 사실에 조금의 문제도 주지 않는다. 오히려 그 모든 독특한 가치가 잘 보존된 채 가장 합당한 눈높이와 모양을 취하여 우리에게 왔기에 더욱 믿을만하다는 것을 증명할 뿐이다.

3.5. 하나님의 말씀=예수 그리스도≥성경≥설교

성경은 분명 하나님의 말씀이다. 그러나 성경만이 하나님의 말씀은 아니다. 매우 이상하고, 위험스러운 말처럼 들리지만, 사실은 매우 당연하다. 하나님의 말씀은 처음부터 매우 다양한 형태로 우리에게 나타났다. 하나님의 말씀은 기록성경이기 이전에 들려진 말씀이며 사건이었다. 수천 년 전에 기록이나 책이 거의 희귀했던 사실만 봐도 그건 당연하다. 하나님의 말씀은 오랜 세월 구전으로 전해 오다가 하나님의 감동을 받은 저자들에 의해 기록되었다. 그게 성경이다. 모세의 이야기에서 아주 잘 보여준다. "모세가 와서 여호와의 모든 말씀과 그의 모든 율례를 백성에게 전하매 그들이 한 소리로 응답하여 이르되 여호와께서 말씀하신 모든 것을 우리가 준행하리이다. 모세가 여호와의 모든 말씀을 기록하고,…여호와께서 모세에게 이르시되…내가 율법과 계명을 친히 기록한 돌판을 네게 주리라"출 24:3~4a, 12

다른 선지자들에게도 마찬가지다. "여호와께로부터 말씀이 예레미야에게 임하여 이르시니라. 이스라엘의 하나님 여호와께서 이와같이 말씀하여 이르시기를 내가 네게 일러 준 모든 말을 책에 기록하라."렘 30:1~2 합 1:1, 2:1~2 신약에 와서도 그렇다. "우리 중에 이루어진 사실에 대하여 처음부터 목격자와 말씀의 일꾼 된 자들이 전하여 준 그대로 내력을 저술하려고 붓을 든 사람이 많은지라. 그 모든 일을 근원부터 자세히 미루어 살핀 나도 데오빌로 각하에게 차례대로 써 보내는 것이 좋은 줄 알았노니"눅 1:1~3

요한계시록을 보면 하나님께서 요한에게 말씀과 환상을 통해 많은 것을 말씀하고 보여주신다.계 1:1~2 그런데 그 가운데 어떤 것은 '기록하라' 하시나, 어떤 것들은 '기록하지 말라' 하신다. 〈기록하라〉: "또 내가 들으니 하늘에서 음성이 나서 이르되 기록하라…하시매."14:13 ; 1:19, 19:9, 21:5 〈기록하지 말라〉: "일곱 우레가 말을 할 때에 내가 기록하려고 하다가 곧 들으니 하늘에서

소리가 나서 말하기를 일곱 우레가 말한 것을 인봉하고 기록하지 말라 하더라."10:4

이것은 매우 중요한 것을 가르쳐 준다. 하나님은 우리인간에게 여러 가지 경로들을 통하여 많이 말씀하신다. 그러나 그 가운데 일부를 기록된 말씀 곧 성경으로 허락하신다. "예수께서 행하신 일이 이 외에도 많으니 만일 낱낱이 기록된다면 이 세상이라도 이 기록된 책을 두기에 부족할 줄 아노라."요 21:25 그러므로 '하나님의 말씀≥성경'은 명백하다.

그런데 우리에게 오셔서 보인 더 분명한 하나님의 말씀이 있다. 바로 예수 그리스도다. 근원적으로 예수님이 하나님의 말씀인 이유는 그분이 태초부터 하나님과 모든 것을 함께 말씀하고 일하셨던 하나님이기 때문이다.요 1:1~3 주님의 말씀은 곧 하나님의 말씀이며, 그분의 행하심은 하나님의 일이다.요 14:10 그래서 예수님은 당시 유대인들이 절대적인 하나님의 말씀으로 믿었던 모세의 권위를 제치고 당신의 권위로 말씀하신다. '모세는 너희에게 이렇게 말했지만, 이제 나는 너희에게 저렇게 말한다.'마 5:21~48을 필자가 단순화함 모든 성경을 그리스도로 풀어야 한다고 말하는 이유가 그것이다. 그러므로 우리가 하나님을 바로 알고 하나님 말씀대로 살려면 예수님의 말씀을 듣고, 그분이 사셨던 삶을 따라야 한다. 그러므로 '하나님의 말씀=예수 그리스도'이다.

그런데 우리는 설교를 들으면서도 하나님의 말씀을 듣는다고 말한다. 그렇다. 설교는 분명히 하나님의 말씀이다. 그러나 조건적 하나님의 말씀이다. 설교는 기본적으로 하나님의 말씀, 곧 성경을 인간의 언어로 충실히 풀어주는 것이지만 애석하게도 설교하고 듣는 사람은 하나님의 말씀을 다 이해하지 못하고, 제대로 표현할 수 없다. 얼마나 충실하게 설교를 잘하고 못하고는 2차적 문제다. 그러므로 말씀을 전하는 사람은 성령에 의지하여 항상 두렵고

떨리는 마음으로 전해야 한다. 또 말씀을 받는 사람도 자신의 아둔하고 죄로 덮인 마음과 귀를 열어 달라고 기도해야 한다. 그러므로 '하나님의 말씀≥설교'다.

지금까지 이야기를 정리하면 이렇다. '하나님의 말씀=예수 그리스도≥성경≥설교' 이를 이해해야 하나님의 말씀과 성경을 존중하되 인간적 한계도 인정할 수 있다.

4장. 진화론이 아니라 진화주의와 싸워라.

지금까지 살펴봤듯이 성경의 특징성경관을 모르면 곡해하게 되고 성경을 신뢰하기 힘들어진다. 그러나 본문만 오해하는 게 아니라 왜곡된 신학도 낳는다. 대표적인 게 과학과 진화론에 대한 부당한 적대감이다. 왜 그럴까?

성경과 진화론은 같은 사실을 너무 다르게 증언을 하는 것처럼 보이기 때문이다. 성경은 '하나님께서' 세상 모든 만물을 '6일 동안' 각각 '그 종류대로' '말씀으로' 지으셨다고 한다. 반면 진화론은 최초의 원시 원소 몇 개가 무한대의 시간 속에서 적절한 조건들을 만나 반응하여 원시우주, 원시지구, 원시유기물, 원시생명체로 진화하고, 마침내 지금 같은 우주와 생명체로 발전하였다고 말한다. 물론 인간도 그 과정에서 진화한 것이다. 달라도 너무 많이 달라 보인다. 세상과 인류의 기원에 대해 서로 다른 두 이야기가 있다면, 어느하나는 맞고 당연히 다른 하나는 틀려야 하지 않을까?

그러나 꼭 그렇지만은 않다. 창세기성경와 진화론과학은 그 서술목적과 방식이 전혀 다르다. 연모하는 정에 들끓어 '당신은 나의 태양'이라는 고백과 '태양은 139만 2,000km인 빛을 내며 ~, 질량은 지구의 약 33만 배이며~'라는 서술은 태양이라는 같은 단어를 사용하지만, 차원이 다른 이야기다.

4.1. 창세기와 진화론은 차원이 다른 이야기다.

성경에는 저자도 많은 만큼 다양한 형식과 문체의 기록이 함께 섞여 있다. 일반적이지 않은 독특한 기록도 많다. 바울은 환상과 계시 속에서 '셋째 하늘', 곧 낙원에 다녀왔다고 간증한다.고후 12:1~4 셋째 하늘은 무엇일까? 하늘이 세 겹이 있다는 말인가, 하늘이 세 개가 있다는 말인가? 바울이 보았다는 '셋째 하늘'의 실체를 우리는 잘 알 수 없다. 환상과 계시 속에서 자신도 알 수 없는 신비한 현상을, 신비한 몸으로 보았기 때문이다.2절

무엇보다 그것은 당시 유대인이 생각하는 천체우주의 모습을 반영한 것이다. 그들에게 하늘은 세 개의 구조를 지니고 있다. 그 셋째 하늘에 하나님과 천사가 살고 있다고 믿었기에 바울도 환상을 보고 그 표현을 쓴 것이다. 그렇다면 이것이 사실이 아닌 단순한 비유나 신화인가? 결코 아니다. 분명히 목격하고, 있었던 사실이지만 인간세계의 경험이 아니기에, 바울 자신도 정확히 말하기는 어렵다. 중요한 것은 우리가 알고 있는 현실 세계를 넘어서는 또 다른 차원의 세상이 있다는 것이다.

사도 요한도 성령의 인도하심 속에서 하늘에서 내려오는 새 예루살렘 성을 보았다. 그것은 성곽, 열두 문, 열두 천사, 열두 기초석 등으로 지어졌다고 했다.계 21:10~14 그러나 새 예루살렘 성이 요한이 본대로 꼭 그렇게 존재한다는 말은 아니다. 요한계시록도 처음부터 끝까지 유대인들이 알고 있는 신학적, 우주적 세계관에 따라, 그 용어를 빌려 상징과 은유로 기록한 계시이기 때문이다. 하나님이 당신의 목적으로 그렇게 하셨는데, 왜 보다 사실적이고, 구체적으로 기록하지 않았냐고 따질 수 없다.

선지자 에스겔과 다니엘이 알 수 없는 신비 속에서 하나님의 영광을 볼 때도 언어로는 도무지 표현할 수 없어 매우 기묘한 증언을 해야 했다.겔 1:4~28, 단 7:9~14 성경은 육신을 입은 피조물이 현실에서 직접 이해할 수 없는 사실들을 기록해야 할 때 이와 같은 고도의 상징성과 은유를 담은 이야기로 말한다. 차원이 전혀 다른 세계의 이야기이기 때문이다.

그렇다. 수천 년 전 고대인을 대상으로 말씀을 기록했던 성경은 당시 사람들에게 익숙했던 신화적 표현을 사용하였다. "우리가 사는 세계에서는 실체를 묘사할 때 과학적인 용어들을 사용할 때 가장 정확히 묘사될 수 있다고 믿는다. 그러나 고대 세계에서는 … 그 역할을 신화가 맡고 있었다."[8]

이제 본론으로 돌아와, 창세기의 창조 말씀도 꼭 그렇다. 모세는 태초를 직접 보고, 경험한 사람이 아니다. 그러므로 태초의 첫 이야기를 기자가 기사 쓰듯이 기록할 수 없다. 그보다 중요한 것은 창세기를 주신 하나님의 의도다. 하나님은 태초에 벌어졌던 현장의 사실적 기록이 아니라 창조의 목적과 의미를 전달하려는 뜻이었다. 반면 진화론은 그것이 옳든 그르든 세상과 인류가 걸어온 길을 사실적으로 설명하려는 노력이다. 목적과 차원이 다른 이야기다. 성경은 과학 교과서가 될 생각이 전혀 없다.

4.2. 창세기 기록 목적에 충실하자.

창세기가 모세 시대를 배경으로 주신 말씀이라면, 그 자리는 출애굽 광야 시대다. 그들은 이제 막 애굽을 탈출하여 약속의 땅을 향하고 있다. 그러나 하나님의 인도하심에 대한 굳건한 믿음과 선민의 정체성도 부족하여 애굽 떠난 것을 후회하며 하나님과 모세를 자주 원망하였다. 태초의 이야기도 일차적으로 그런 광야의 백성들에게 주신 말씀이다. 그런 그들에게 난데없이 정확한 창조의 순서, 피조물의 종류 같은 과학적 지식이 왜 필요했을까? 이들에게 우주와 인류의 기원 연대 같은 것이 무슨 의미가 있었을까? 그것은 당연히 창세기의 목적이 아니다.

그러나 현대인인 우리가 창세기를 보는 관심은 다를 수 있다. 현대의 우리는 태초에 일어난 사실들에 관심이 아주 많다. 창세기에서도 그 비밀을 알아내고 싶다. 그러나 다시 말하지만, 그것은 하나님의 관심사도, 모세나 이스라엘 백성들의 관심사도 아니었다. 하나님은 창세기를 통해 온 세상과 인류의 주인은 누구이며 어떻게 다스려가시는지, 죄란 무엇이며 타락한 인류는 어떻게 살아야 할 것인지, 구원의 길은 무엇인지를 가르치셨다. 그러므로 우리가 성경을 성경대로 읽는다면 창조연대와 순서가 아니라, 창세기 기록 목적에 충실해야 한다.

창세기 본문에서 직접 확인하자. 가장 논란이 많이 되는 '날'하루, day/첫째 날, 둘째 날, …일곱째 날에 대해서는 의견들이 참 많다. 히브리어 '욤'은 성경 다른 곳에서 '시간'창 4:3, '어떤 특정한 시기나 기간'사 2:12, 4:2, '계절'수 24:7을 말하기도 한다. '날'이라는 단어가 24시간의 하루를 말한다 해도, 반드시 창조 활동의 실제 기간으로 암시하는 말은 아니다.[9] 그래서 보수적 변증학자 프란시스 쉐퍼도 "창세기에 나오는 '날'의 의미에서 정확한 시간의 길이를 밝히려 해서는 안 된다."[10]고 썼다.

종교개혁자 칼뱅도 모세가 과학자들의 언어가 아니라 교육받지 못한 사람들이 이해할 수 있는 대중문체로 창세기를 썼다고 했다. 성경 저자들은 과학적 정확성 같은 것보다 전달하려는 의미와 내용에 더 충실했다는 말이다. 무슨 예가 더 필요할까? 창세기는 과학적 진술을 위한 기록이 아니다. 창세기 저자나 독자의 주된 관심이 아닌 것을 가장 중요한 관심사로 올려 놓은 것은 큰 왜곡이다.

4.3. 창조과학은 신학도, 과학도 아니다.

19세기 이후 미국에서 발전한 창조과학운동은 성경무오설과 문자주의이라는 특정한 신념으로 성경 기록의 사실성을 과학에서 찾아 증명하려는 무리

한 시도를 하고 있다. 대표적 주장인 '젊은 지구론'은 현대과학이 지구 조성 연대를 약 46억 년 전으로 보는데 반해, 이와 비교할 수 없을 정도의 최근 일로 보기 때문에 붙여진 이름이다. 1650년 경 아일랜드의 어셔 대주교는 창조 연대를 확인하기 위해 신구약에 나와 있는 모든 족보에 나온 인물의 나이를 합산해 보았다. 그 결과 기원전 4004년 10월 23일 일요일에 지구가 창조되었다고 주장했다. 젊은 지구론의 시작이다. 그렇다면 지구는 지금부터 겨우 6천여 년 전에 창조되었다는 계산이 나온다. 우리 민족 역사가 5천 년이 되었다고 한다면, 우리 민족 기원 겨우 1천 년 전에 지구가 창조되었다는 말이다.

이들은 성경의 과학적 증거들을 찾아내 성경이 믿을만하고, 그래서 하나님은 살아 계시다고 증명하고 싶은 것이다. 마음은 이해되지만, 어리석고 위험한 또 다른 과학주의다. 진화론이 허위임을 증명하기 위해 기독교 진리의 운명을 걸 이유가 없다. 또, 창조과학이 옳다는 것을 증명하기 위해 과학발전을 두려워할 이유도 없다. 하나님의 창조를 굳게 믿는 우리는 과학이 만물의 작동원리를 어떻게 설명하든, 우주의 기원과 운행은 하나님의 주권에 있음을 믿는다.욥 38:25~30 그래서 칼뱅도 "이 연구를 거부해서도 안 되며 또한 이 과학을 정죄해서도 안 된다.…천문학은 알면 즐거울 뿐만 아니라 매우 유익하기도 하다."[11]고 창세기 주석에서 쓰고 있다. 하나님의 창조를 믿는 것과 창조과학을 따르는 것은 전혀 다른 이야기다.

4.4. 진화론보다 위험한 것은 따로 있다.

진화론 자체의 맞고 틀림은 내 글의 주제가 아니다. 다만 진화론이 맞는다고 해서 하나님의 창조가 부정되는 것이 아니고, 반대로 진화론이 틀린다고 해서 창조가 증명되는 것도 아니라는 사실로 충분하다. 제발 하나님과 그분의 놀라운 역사를 좁은 인간의 틀 안에 가두려 하지 말자. 그렇다고 진화론이 우리 신앙에 아무런 영향을 주지 않는다는 말은 아니다. 그렇다면 무엇이 문제인가?

과학주의, 진화주의는 과학이 아니라 신앙이다.

돈은 성경적으로 어떻게 봐야 할까? 어떤 사람은 '돈을 많이 벌어 잘 사용하면 되니 많을수록 좋다.'고 한다. 반대로 '돈은 욕심을 일으켜 하나님도, 사람도 몰라보게 만드니 나쁘다.'라고 말하는 사람도 있다. 둘 다 일리가 있지만, 우선 돈은 돈일 뿐이다. 그러나 돈을 사용하는 사람은 중립적이지 않다. 사람에 따라서 악하게도, 선하게도 사용될 수 있으니 항상 올바로 사용할 수 있도록 정신 차려야 한다.

진화론도 그렇다. 과학 그 자체는 하나님에 대해 아무것도 말하지 않기에 신앙에 유리하다고도, 불리하다고도 말할 게 없다. 과학은 과학일 뿐이다. 그러나 과학자진화론자는 하나님을 믿기도, 믿지 않기도 한다. 그러다 보니 어떤 과학자는 과학으로 '하나님이 계시다'는 것을 증명하고 싶어 한다. 반대로 같은 과학을 가지고 '하나님이 없다'는 것을 입증하고 싶어하는 사람도 있다.

앞서는 창조과학의 문제점에 집중했으니 여기서는 과학으로 하나님 없음 말하고 싶은 과학자들을 이야기하자. 그런 시도는 과학적 사고의 아버지라 불리는 고대 그리스 철학자 탈레스에게서 벌써 나타난다. "탈레스는 신의 도움을 빌지 않고 세계의 이치를 이해하려고 시도했다.…중요한 것은 그의 사고방식이다. 세계는 신에 의해서 만들어진 것이 아니고, 자연 속에서 물질적인 힘에 의해 만들어졌다는 그의 사고방식이 중요한 것이다."[12]

그런데 이는 우리에게 더 유명한 천체물리학자 스티븐 호킹에게서도 그대로 확인된다. 그는 우주의 모든 구조와 천체의 운행을 바로 이해하면 신의 존재가 있을 자리는 없다고 말한다. 우주의 탄생에 신이 관여했던 일도 없고, 현재 우주의 운행에도 신은 필요 없다는 주장이다. 저명한 과학자의 이러한 생각은 마치 최첨단 현대과학이 하나님의 존재가 없다는 것을 과학적으로 증명하기라도 한 것처럼 흥미를 끈다. 역시 전혀 과학적이지 않은 사고다.

그러나 이러한 사고에 있어서 압권은 '이기적 유전자'로 유명한 리처드 도킨스다. 도킨스는 '만들어진 신'이라는 그의 책 제목과 똑같이 신이 사람을 만든 게 아니라, 사람이 자기들의 필요를 위해서 신을 만들었다고 한다. 유물론 철학자 포이에르 바하가 철학으로 무신론을 증명하려 했다면, 도킨스는 과학으로 그 일을 하려고 했다. '과학을 제대로 공부하면 무신론자가 될 수밖에 없다', '과학은 절대적 확실성을 가지고 입증할 수 있지만, 종교인들의 믿음은 그야말로 믿을만하지 못하다', '종교가 있어 세상에 더 큰 폭력을 부른다'[13] 그는 자신의 전공인 진화생물학을 통해 신은 존재하지도 않지만, 있어서도 안 된다고 주장하고 싶었다. 그는 과학으로서 진화를 말하는 사람들과는 다르게, 진화의 세계관으로 신이 없다는 것을 증명하고 싶어 한다.

그런데도 과학으로서 진화론을 넘어 진화주의 사고가 힘을 얻고 있다. 그리고 진화주의는 다시 '과학주의'Scientism에 기대고 있다. 과학주의는 무엇인가? 우리는 보통 과학이 '합리적이고 설득력 있는 바른 이해', '객관적 사실', '변치 않는 법칙'이라고 믿는다. 반면 종교는 '비이성적인 고집', '주관적 판단', '개인적 신념'이라고 생각한다. 그래서 과학은 아무런 전제나 선입견 없이 입증된 사실들을 토대로 만들어진 '중립적이고 객관적 학문'이며, 누가 봐도 다 동의할 '보편진리'라고 쉽게 생각한다.

그러나 모든 과학이론은 일정한 전제와 가정 위에서 성립된 것이다. 또한 과학이 개입되는 상황도 결코 중립적이지 않고, 그 사회와 구성원들의 성격에 따라 얼마든지 받아들여지거나 배척되기도 한다. 아무튼 근대 이후 과학은 이전에 종교나 전통이 갖고 있던 '절대'의 자리를 대신 차지했다. 과학이 모든 것의 옳고 그름을 최종 판정할 수 있는 잣대가 되면서, 종교와 신앙은 지극히 주관적이고 개인적인 신념에 불과한 것으로 추락했다.

그러나 과학에 절대라는 관념을 붙이는 순간 과학은 가장 과학적이지 않게 된다. 오히려 과학의 가장 큰 장점은 입증과 검증, 반론의 가능성이다. 그러므로 과학에 대한 맹신, 곧 과학주의는 매우 비합리적인 신념이며, 신앙이다. 진화주의는 이러한 과학주의의 잘못된 신념에 근거하고 있다. 과학 시간에 단백질 합성을 가르치면서 그게 하나님의 섭리라고 하면 안 된다. 마찬가지로 과학이 인류의 기원을 충분히 설명할 수 있으니 하나님은 없다는 주장도 과학을 넘어선 것이다. 우리는 과학을 존중하되 과학주의, 진화주의와 잘 구분해야 한다. 결론적으로 우리가 조심할 것은 창세기와 다른 진화론의 설명방식이 아니라 하나님을 강하게 거부하는 진화주의 세계관이다.

"진화주의의 악마적인 성격을 발견할 수 있는 대목은 사물들이 돌연변이와 자연도태를 통해 임의적으로 발생되는 과정 속에서 존재하게 되었다는 주장진화론이 아니다. 오히려 우주와 그 속에 있는 모든 것에서 목적을 박탈해가는 교활한 모습 속에서 그런 성격을 발견할 수 있다."앞의 책, 존 월튼, 123쪽

사회적 진화론은 부당한 이데올로기다.

이제 가장 위험하고, 지금도 생생히 살아 있는 현실을 이야기 해 보자. 다윈의 진화론에 의하면, 자연의 끊임없는 변화 속에서 가장 잘 적응하는 종이 살아남고, 그렇지 못한 것은 멸절된다고 한다. 이러한 자연의 진화적 설명을 사

회변화와 발전에까지 확장시킨 것이 사회적 진화론이다. 그러나 사회적 진화론은 다윈의 진화론에서 직접 나온 게 아니다. 사회적 진화론을 처음 알린 사람은 영국 철학자 허버트 스펜서1820~1903년다. 1851년 〈사회정역학Social Statics〉이라는 저서에서 '적자생존'라는 말을 처음 사용하여 양육강식의 강자 지배를 정당화하는 것처럼 오해를 받았다. 물론 그런 의미는 스펜서나, 다윈이 주장했던 바가 아니었다. 그러나 다윈의 진화론과 스펜서의 적자생존 개념이 오도되면서 사회적 진화론으로 변모했다.

사회적 진화론은 개인과 집단, 민족 간에 고등한 것과 열등한 것이 있어 경쟁을 통해 결국 우수한 종자들이 살아남고 세상을 지배하게 되는 게 자연의 섭리이며, 세상을 위한 은총이라고 주장한다. 19세기 당시 미개척 식민지를 향해 거침없이 뻗어나가던 서구 제국들에게 이처럼 훌륭한 이데올로기는 없었다. 나중에 히틀러와 나치가 주장한 우수한 게르만 민족아리안족에 의한 저열한 유대인 등 열등 종족들의 지배와 멸종도 그런 맥락 아래 있었다.

> 더 강한 것은 지배해야 하며, 더 약한 것과 결합함으로써 자신의 우수한 점을 희생시켜서는 안 된다. … 항상 투쟁은 종의 건전함과 저항력을 촉진하는 수단이며, 따라서 그 종의 진화의 원인이다. … 자연은 더 약한 부분을 대단히 엄격한 생활조건에 복종시켜서 그것만으로도 수가 제한되도록 하며, … 새롭고 무정한, 힘과 건전함에 기초를 두는 도태를 행하는 것이다.[14]

조선을 강점하고 태평양 전쟁을 일으킨 일본의 근대화론과 대동아 문명론도 바로 그런 논리를 빌어왔다. 일본 같이 자립심이 강하고 문명을 위해 일찍부터 준비해온 나라는 마땅히 세계를 지배할 자격이 있다. 조선 같은 후진국가도 민족성을 개조하여 선진문명을 뒤따라갈 때 국가번영과 민족중흥의 영광을 얻을 수 있다는 생각이다. 그러므로 일본의 조선 병합은 불행이 아니라 오히려 후진 조선을 위한 축복이 되는 것이다.

이러한 역사관은 사회적 진화론에 뿌리박은 일본 명치유신의 대부 후쿠자와 유키치의 문명론에서 비롯되었는데 이를 바탕으로 조선정복을 정당화하는 정한론征韓論이 전개된다. 개화파 가운데 나중에 일본 닮기에 앞장섰던 유길준, 윤치호, 박영효 등이 후쿠자와 사상의 신봉자들이었고, 그 사상을 이어받은 이완용은 망할 수밖에 없는 나라 조선이 일본과의 합방을 통해 선진화되기를 바랐다. 일본은 패망했고, 전범국으로서의 역사평가가 내려졌다.

그러나 사회적 진화론은 대상만 바꾸어 새롭게 탈바꿈했다. 패전과 함께 일본은 망했지만, 미국의 전후 복구와 한국전쟁 덕에 다시 비상하여 1964년에는 도쿄 올림픽을 개최하기까지 했다. 1965년 한일 협정의 대가로 받은 거액을 바탕으로 경제발전을 시작한 박정희 대통령의 조국 근대화론과 10월 유신1972년도 일본의 명치유신을 본보기로 했다. 한국인은 한편 일본에 대한 강한 반감을 보이면서도, 후진 조선을 근대화해 준 문명국 일본에 대한 감사와 칭송이 자주 교차한다.

특히 2000년대에 시작된 뉴라이트 운동이 이를 이어가고 있다. 2023년 본격화된 한미일 동맹을 내세우며, 문명국 일본을 두둔하려는 주장의 이면에도 사회적 진화론은 여전히 살아 있다. 후쿠시마 원전 오염수 바다 방류에 반대하는 한국 여론을 부끄러워하며 일본 기시다 총리에게 사죄한 주옥순 엄마부대 대표의 모습이 결코 근거 없는 돌출행동이 아님을 알 수 있다.

놀라운 것은 성경을 액면 그대로 믿는다는 보수적 신앙인들이 생물학적 진화론은 거부하면서도, 약육강식과 승자독식의 사회적 진화론은 앞장서 주장한다는 점이다. 울산대 법학과 이정훈 교수는 성경적 세계관으로 개념 있는 그리스도인을 길러내겠다는 뜻으로 열정적인 활동을 한다. 그러나 그는 책에서 일제가 새로 만든 근대감옥 서대문 형무소와 비교할 수 없이 낙후된 구한 말 조선의 한성 감옥을 대조하며 조선이 망할 수밖에 없던 이유를 설명한다. 심지어 독립운동가 안중근 의사조차 이토 히로부미 암살 후 갇힌 뤼순 감옥과 사법 시스템에 놀라 일본의 앞선 개명開明에 감탄했다고 한다.15 곳곳에서 조선은 망할 수밖에 없었고, 일본의 근대화는 오히려 선진적이었다고 한다.

오해 말라. 앞선 나라의 발전한 문물을 받아들이자는 생각과 노력이 곧 사회적 진화론이 아니다. 제국주의 일본으로부터도 배워야 할 건 배워야 한다. 그러나 앞선 사법 시스템과 발달된 물질문명이 무엇을 위해, 어디를 향해 열려 있는지가 중요하다. 일제가 놓은 도로, 철도, 사법제도가 정말 조선 백성들을 위한 것이었을까? 정말 大東亞를 위해 만주를 침략하고, 남경대학살을 일으켰을까? 그렇게 우수하고 선진적이고, 개명한 시스템을 갖고서 일본은 어떻게 그렇게 비인간적이고 야만적인 제국을 경영했는지 더 철저히 물어야 하지 않을까? 더구나 일본의 앞선 개명을 기껏 이미 나라 구실을 못하는 구한 말 조선왕조와 비교한다는 것부터 너무 의도적이지 않은가?

지금도 일제의 앞선 선진문물이 한국 근대화를 만들었다고 감사하는 이들이 많다. 딱, 하나만 생각해 보자. 일제는 청일 전쟁1894~95년, 러일 전쟁1904~05년을 제외하고도, 1931년 만주 침략, 1937년 중일전쟁, 1941년 태평양 전쟁을 잇달아 일으켰다. 1930년대 당시 인구 7천만의 나라가 인구와 자원 부국들을 상대로 10여 년에 걸쳐 계속 총력전을 벌인 것이다. 더구나 태평양 전쟁은 미국뿐 아니라 영국, 네덜란드, 호주, 뉴질랜드, 중국, 인도, 소련 등을 상대로 거의 일본 혼자 싸운 것이다. 그러니 일본은 물론 일제의 대동아 공영권에 속한 한국, 만주 등도 총동원되어 고혈을 빨린 것이다. 대동아 공영, 황국신민, 내선일체는 모두 일본이 일으킨 전쟁체제에 식민지 조선을 함께 몰아넣기 위해 만든 선전에 불과하다.

자기 잘못을 돌아보고 앞선 것을 배우자는 순수한 차원을 넘어 번영 뒤에 가려진 눈물과 피의 역사는 애써 소홀히 여기는 단선적 우열주의가 바로 사회적 진화론의 실체다. 뉴라이트 운동으로 이름을 내건 사회적 진화론은 21세기 한국에서도 왕성히 살아 있다.

〈참고도서와 권장도서〉
• 예수와 다윈의 동행 (신재식, 사이언스북스, 2014년)
• 갈릴레오 사건 (찰스 험멜, 황영철 옮김, IVP, 1991년)
• 한국 장로교회 성서관 칼빈적인가 (박유신, 한들출판사, 2008년)
• 알라를 찾다가 예수를 만나다 (나빌 쿠레쉬, 박명준 옮김, 새물결플러스, 2016년)
• 나의 투쟁 상/하 (히틀러, 서석연 옮김, 범우사, 2001년)
• 함께 읽는 동아시아 근현대사 (유용태 공저, 창비, 2021년)

제3부

한국 사회 쟁점과 하나님 나라평화, 정치, 경제영역

5장. 한반도 평화: 평화 없이 번영 없다.

평화를 위한 수고는 하나님 나라 일이다.

성경은 '하나님의 평화'샬롬를 복음으로 선포한다. 죄로 깨져버린 하나님과의 샬롬을 기초로 사람 사이의 평화, 만물에 대한 평화, 곧 온 세계와 역사에 임하는 절대적인 평화를 미리 보여준다. 그래서 '화평케 하는 자는 복'이 있는데, 그들이 하나님이 하시는 일을 똑같이 하므로 '하나님의 아들이라' 불리게 될 것이기 때문이다.마 5:9 조금 더 현실적으로 이야기해 보자. 동서고금의 모든 역사는 민족나라이 다르고, 신분이 다르고, 성별이 다르다는 이유로 평화가 무참히 짓밟힌 사실들로 가득하다. 그런데 모두가 평화를 노래하고 화평한 삶을 동경하는데도 세상에서 평화의 소식은 왜 이렇게도 듣기 힘들까?

그러나 하나님은 예수 그리스도 안에서 그런 차별, 배제, 압제, 학살을 더는 용납하지 않는다고 선언하신다. "너희는 유대인이나 헬라인이나 종이나 자유인이나 남자나 여자나 다 그리스도 예수 안에서 하나이니라."갈 3:28 왜냐하면 예수 그리스도께서 십자가를 지심으로써 모든 원수 맺은 죄와 장벽을 허물고 서로 화평한 새로운 인류를 창조하셨기 때문이다. "그는 우리의 화평이신지라 둘로 하나를 만드사 원수 된 것 곧 중간에 막힌 담을 자기 육체로 허시고, … 이는 이 둘로 자기 안에서 한 새 사람을 지어 화평하게 하시고, 또 십자가로 이 둘을 한 몸으로 하나님과 화목하게 하려 하심이라 원수 된 것을 십자가로 소멸하시고"엡 2:14~16

그러므로 체제로, 이념으로 나뉘고, 전쟁을 겪어 원수가 된 남과 북이 서로 화해하여 새로운 인류가 되게 하는 일은 분명히 하나님 나라의 일이다. 우리는 대한민국 국민으로 태어나 자유민주주의 사회에서 살아가게 된 섭리를 감사하며 존중해야 한다. 그렇다고 우리가 속한 나라와 체제를 절대의 선으로 여기며 조선북과 사회주의를 원수로 여겨서는 안 된다. 남이든 북이든, 말씀과 대의에 따른 시시비비가 필요하다.

그러나 지나친 이상주의는 성경이 가르치는 바도, 현실에도 맞지 않다. 남과 북은 엄연히 다른 체제로 무력 대치하고 있고, 정부도 군대도 경찰도 하나님이 허락하신 범위 안에서 권위를 행사한다. 롬 13:1~4 그러므로 그리스도인은 최선을 다해 대한민국 국민으로 살되, 항상 더 크고 궁극적인 하나님 나라의 지배를 명심하여 필요한 선택을 하는 사람들이다. 지금 한반도는 몇 시인가?

위대하고도, 위태한 나라 대한민국

생각할수록 대한민국은 참 대단한 나라다. 개인적 느낌이나 소견이 아니다. 객관적 수치가 그렇다. 글로벌 마케팅 BAV 그룹과 펜실베니아대 와튼스쿨이 발표한 '2022년 전 세계 국력 랭킹 국가 부문' 순위세계 1만 7,000명을 대상 조사에서 한국이 6위를 기록했다. 정도 차이만 있을 뿐 어떤 조사를 봐도 우리나라의 종합국력순위가 세계 10대국 안에 드는 것은 이제 일반적 상식이다. 그러나 대한민국의 위상은 그저 국력과 경제력 수치로만 확인되는 게 아니다. 어느새 한류 문화는 서구국가와도 다른 우리만의 대표상품이 된 지 오래다. 오죽하면 한국만의 색깔을 갖는 독특한 특징을 'K·'라는 접두어를 붙여 표시할 정도다. 대표적으로 코로나 시대에 한국의 실효성 있는 대응을 'K·방역'이라 부르기도 했다.

우리는 여전히 대한민국에 대해 갖는 자화상에 불만이 적지 않다. 그러나 소위 서구 선진국에서 살다 온 사람들조차도 이제는 대한민국만 한 데가 없다는 말을 자주 한다. 더구나 이는 오랜 식민지를 겪고 분단과 전쟁, 냉전, 가난, 군사독재 등 최악의 조건을 고루고루 다 갖춘 나라에서 불과 100년도 안 되는 짧은 시간 안에 이뤄낸 성과라 더욱 놀랍다.

그러나 동시에 세계적으로 대한민국만큼 위태로운 나라도 그리 많지 않다. 이것 역시 그저 주관적 느낌이나 판단이 아니라 객관적으로 분명히 그렇다. 한 사람의 인생도 그 사회의 건강성에 크게 좌우되듯이, 그 나라 주변 상황 또한 막대한 영향을 미친다. 한반도가 특히 그렇다. 한반도는 미국, 중국, 일본, 러시아 등 거리로나 관계로나 전세계에서 가장 크고, 또 강한 나라들에 둘러싸여 있다. 그러므로 우리가 대륙과 해양의 교량 역할을 하는 지정학적 위치를 지혜롭게 잘 살린다면 세계평화와 공동번영의 기초를 놓을 수 있다. 반면, 어리석은 판단과 선택을 반복한다면 주변 강대국들의 모든 갈등을 온몸으로 받아 세계분쟁과 공멸의 뇌관이 될 수도 있다. 구한말 조선처럼 말이다.

그런데 그 갈림길의 중심에 남북관계가 놓여 있다. 그 말은 남북관계를 어떻게 푸느냐에 따라 민족번영과 세계평화로 나갈 수도, 반대로 민족분쟁과 세계의 공멸로 갈 수도 있다는 말이다. 특히 한반도 전쟁은 세계 곳곳에 산재한 휴화산들이 동시에 터져 나오게 하는 뇌관이 될 것이다. 한반도 전쟁은 우크라이나 • 러시아 전쟁보다 훨씬 위험하다. 1953년 정전 이후 그 많은 위기 가운데서도 지금까지 전쟁이 없었으니, 앞으로도 없을 것이라 장담할 수 없다. 북한이 어찌 살든, 주변국과의 관계가 어떻든, 우리만 열심히 돈벌고 최선을 다하면 장밋빛 미래가 펼쳐질 것이라는 순진한 생각은 버려야 한다.

더구나 이 글을 쓰고 있는 2023년 현재, 시계 제로다. 북한은 최근 몇 년 사이 육지와 바다에서 단거리, 중거리, 장거리 가리지 않고 전략, 전술 미사일들을 쏘아대고 있고 또 다른 핵실험도 임박해 보인다. 한국도 이에 대응한다며 자체 미사일을 쏘고, 핵공격이 가능한 전략무기들이 포함된 한미일 군사동맹을 굳혀가고 있다. 북한에 대응한다며 한반도 정세를 뒤흔들 수 있는 엄청난 미국 전략무기와 심지어 철수한 전술핵의 재배치를 요구하는 것은 물론 독자 핵 개발 의지도 자주 내보인다. 더 위험한 것은 지금 남도, 북도 이러한 악순환을 멈추기는커녕 자신들의 정치적 전략에 마음대로 이용하고 있다는 점이다. 남북의 정권에 의해 국민도, 인민도 볼모로 잡혀 있다. 더구나 한반도를 둘러싸고 있는 강대국들 사이에도 한미일 vs 북중러의 새로운 냉전체제가 굳어 가고 있다. 국내, 해외를 넘나드는 악순환 구조다.

그렇다면 이러한 위험하고, 적대적인 악순환의 고리를 어떻게 끊어낼 수 있을까? 악순환을 선순환으로 바꾸려면 반드시 지난 70여 년 동안 한반도에서 쌓아온 남북 냉전체제의 기본구조를 바로 이해해야 한다. 한반도와 동북아의 현재는 하루아침에 만들어진 게 아니기 때문이다. 현대사 100년 모두가 성찰의 기간이지만, 단순화하면 1990년대 이전과 이후로 나눌 수 있다. 이제 그 과정을 살펴보자.

5.1. 분단과 냉전체제 수립, 고착 1945~1990년

일제 강점기 1910~45년 동안 국내외를 막론한 독립운동가들의 수고와 희생은 말로 다 할 수 없다. 그러나 우리의 해방은 분명히 일제의 압제로부터 빛을 다시 보는 것 광복이었지만, 온 겨레가 하나 되어 새 조국을 능동적으로 세운 것 건국은 아니었다. 국내에는 여운형, 박헌영 등 사회주의 계열이 터를 잡고 있었고, 해외에서는 김구 및 임시정부 요원을 비롯해 이승만 등 민족주의 계열이 속속 귀국했다.

그러나 1945년 돌연한 해방 정국에서 조선인들의 오랜 투쟁과 수고는 승리한 연합국 점령군에 기억되지 않았다. 1919년 이후 망한 대한제국 대신 정통성을 표방한 대한민국 임시정부조차 그 자격을 인정받지 못하고, 개인 자격으로 귀국해야 했다. 그 말은 곧, 민족지도자들과 백성들의 능동적인 의지와 노력만으로 새 조국을 건설하기에 제약이 많았다는 뜻이다.

한반도는 해방과정부터 복잡했다. 만주의 관동군을 물리치고 내려오는 소련군과 본토 일본군을 이기고 올라가는 미군이 38도선을 경계로 대치되었다. 물론 미국과 소련도 처음부터 한반도에 대한 분명한 계획을 갖고 들어온 것은 아니었다. 1945년 12월 미국, 영국, 소련 등 모스크바 3상 회의에서 한반도 독립 국가 설립을 위한 5년 이내의 준비기를 거친 4국 신탁통치안이 결의되었다. 그 이후 국내 정국은 찬탁과 반탁으로 갈라져 극도의 대립과 공포, 테러로 더욱 복잡하게 꼬여만 갔다.

이러한 불투명한 혼란 정국을 기회로 가장 발 빠르게 주도권을 잡아간 사람이 바로 북의 김일성과 남의 이승만이었다. 김일성은 소련군 진주와 함께 내세워진 기득권을 바탕으로 38선 이북을 빠르게 장악해 머지않아 準정부 기구와 군사조직까지 완비했다. 이승만은 1946년 6월 3일 정읍에서 남쪽만이라도 단독정부를 세워야 한다는 충격 발언을 하며 미군정을 압박하고 여론을 뒤흔들었다. 1947년 9월 미소 공동위원회가 완전히 결렬되었다. 이제 한반도 문제가 유엔으로 이관되어 11월 인구 비례에 따른 남북한 총선거 후 정부 수립이 결정되었다. 그러나 당시 남쪽에 비해 인구가 1/3에 불과했던 북의 불리함을 보고 김일성은 이를 거부하였다. 마침내 1948년 5월 10일 선거

가능한 이남 지역에 한해 국회의원 총선거를 실시했다. 여기서 세워진 국회는 이승만을 대통령에 선출하였고, 그는 7월 24일 취임하였다. 그리고 8월 15일에는 대한민국 정부가 수립되었다. 북쪽에서도 9월 9일 조선민주주의인민공화국을 수립하고 김일성을 내각 수상으로 세운다. 독립과 해방이 온 겨레의 조국으로 이어지지 못하고 서로 극단적으로 대립하는 냉전적 분단국가 탄생으로 마무리된 것이다.

한국전쟁1950. 6. 25.~1953. 7. 27.은 미국과 소련을 등에 업은 이승만의 반공멸공 한국남과 김일성의 적화 조선북의 분단체제를 완전히 굳히는 계기가 되었다. 3,000만 온 겨레에게 증오와 적대가 깊이 뿌리내렸다. 1950년대를 거치며 남과 북 정권은 위협이 될만한 인물들을 다 제거하면서 다른 선택의 여지조차 없앴다. 북은 사실상 김일성 일인 독재 이외 그 어떤 정적이나 세력조차 아예 없애 버렸다면, 의회 민주주의를 채택한 남은 여, 야당의 정치 행위가 제한적으로 가능했다. 대외적으로도 김일성은 소련을 등에 업고 집권하였지만 일찍부터 유일 권력을 확립한 데다가 50년대 중반 이후 불거진 중국과 소련 사이 분쟁의 틈을 이용해 더더욱 입지를 넓혀갔다. 이런 영향으로 60년대에 벌써 김일성주의주체사상가 언급되고 1972년 12월 사회주의 헌법이 채택되어 김일성을 주석에 앉히며 일당 독재, 일인 독재를 넘어, 세습 영구 독재를 꿈꾼다. 1974년 김정일이 후계자로 공식 추대되었고, 1980년대에는 이미 김일성을 능가하는 권위를 얻기 시작한다.

반면 한국은 1960년 4.19 혁명으로 12년 자유당 정권이 몰락했으나 이듬해 5.16 군사 쿠데타로 집권한 박정희 정권1961~1979년, 전두환 정권1980~1988년, 노태우 정권1988~1993년으로 이어지는 30년 영남경상도 • 군부독재 시대가 이어진다. 그러나 한국에서 미국은 조선에서 소련, 중국과의 관계와 사뭇 달랐다. 시기에 따라 조금씩 달랐지만, 전체적으로 미국은 한국 정치는 물론 경제와 사회 각 영역 전반에 깊숙이 영향력을 행사했다. 4.19 혁명 당시에도 버티던 권력 중독자 이승만이 하야하게 된 결정적인 계기가 미국의 압력이었다. 또, 10.26 사태1979년 이후 12.12 사태1979년와 5. 18 광주항쟁1980년을 거치며 다시 신군부가 권력을 장악하는 과정에서도 미국의 관여가 있었음은 이미 확인된 사실이다. 이런 사실이 확인되면서 1980년대 이후 민주화운동 과정에서 상당 기간 반미운동이 목소리를 얻었다.

전체적으로 요약하면, 한반도의 남북 분단 • 냉전 체제는 미국과 소련으로 대변되는 강력한 국제 냉전질서를 한반도에 옮겨 놓은 것이다. 이들은 서로 상대를 악마화하고 부정함으로써 자신의 독재 권력을 정당화하는 강력한 권위주의 국가사회다. 그리고 이러한 냉전 • 대립 체제는 80여 년이 흘러 인적, 사회적으로 많은 변화가 있었지만, 이승만과 김일성 시대에 처음 세워진 기본 정체성은 여전히 굳건하다.

5.2. 냉전체제는 끝나도 분단체제는 계속되었다.1990년~2017년

1945년 미국과 소련을 중심으로 한 자유민주 세계와 공산 세계의 대립을 냉전체제라고 부른다. 그리고 세계 냉전체제가 한반도의 남과 북에 이식돼 만들어진 게 분단체제다. 그러므로 한반도 분단체제는 세계 냉전체제의 양분을 먹고 자라왔다.

그런데 지구촌 구석구석까지 나눠 50여 년 동안 대립해온 세계 냉전체제가 1980년대 중반부터 서서히 금이 가기 시작했다. 시작은 소련으로부터 일어났다. 1985년 새로 공산당 서기장에 취임한 고르바초프는 오랜 냉전 대결로 소련 경제와 사회가 파탄지경에 이르렀음을 인정하고 미국과의 체제대결을 중단하겠다고 일방적으로 선언했다. 그 말은 소련이 더는 '밑 빠진 독에 물 붓기'식으로 공산 세계 전체를 무한 책임지지 않고 소련 회생에 집중하겠다는 것이었다. 그렇게 되니 그동안 힘으로 눌러놓았던 공산 국가들의 민주와 자유에 대한 열망이 한꺼번에 터져 나왔다. 폴란드, 헝가리, 체코, 유고와 1990년에는 한반도와 함께 냉전의 대표적 상징이던 베를린 장벽이 무너지면서 독일이 통일되었다. 1991년 마침내 종주국으로서 사회주의를 대표했던 소련마저 체제를 전환하면서 동서 냉전체제는 실질적으로 끝나고 말았다. 물론 북한, 중국, 베트남, 쿠바 등은 여전히 사회주의를 고수하고 있지만, 그들 대부분도 이미 시장경제를 깊이 받아들이고 있다.

한반도 역시 변화의 거센 바람을 피해 갈 수 없었다. 1988년 서울올림픽에는 소련, 중국당시는 중공을 비롯한 모든 동구 사회주의 국가들이 참가해 동구권 몰락 이전에도 냉전체제의 변화를 체감할 수 있었다. 소련을 비롯한 거의 모든 사회주의 동맹국들이 속속들이 무너지는 모습을 지켜만 봐야 했던 북한도 독자적 생존을 위해서도 움직이지 않을 수 없었다. 그러나 그건 남쪽도 마찬가지였다. 냉전이 끝나니 미국도 떠나고 안보를 한국 혼자 책임지게 되지 않을까 하는 불안감과 이 기회에 한국 중심의 통일을 이루고 싶은 기대도 함께 공존했다.

그래서 남과 북은 1990년부터 본격적으로 다양한 접촉을 이어간다. 그 결과 1991년 9월에는 남북한 동시 UN 가입, 12월에는 남북화해 불가침 합의와 한반도 비핵화 선언까지 함께 발표하는 등 놀라운 결과물을 얻어냈다. 당장 통일은 아니지만, 서로 극단적 대립 시대를 청산하고 평화와 공동번영의 길만은 활짝 열어놓은 듯했다.

그러나 딱 거기까지였다. 세계적 냉전이 끝났음에도 한반도 분단체제는 지난 30여 년 동안 굳건히 유지되며 이제 핵전쟁의 두려움까지 떠안게 되었다. 도대체 무엇이 문제인가? 합의에 도달하기 힘든 가장 큰 이유는 남북의 입장과 처지가 너무 달랐다는 점에 있다. 사회주의가 몰락한 결과로 찾아온 냉전 종식이었기 때문에 한국은 소련1990년, 중국1992년을 비롯한 모든 사회주의 국가들과 손쉽게 수교 관계를 맺을 수 있었다. 그러나 미국, 일본을 비롯한 많은 서방 국가들은 벼랑 끝에 몰린 사회주의 국가인 북한과 지금까지 외교관계 수립을 피해왔다. 그들은 사회주의 대국들도 다 망한 판이기에 가만히 내버려 두어도 북한도 결국 스스로 무너지거나 항복할 것으로 믿었기 때문이다. 더구나 절대자 김일성 사망1994년에 이어 1990년대 내내 북한이 식량난과 경제난으로 바닥에 떨어졌으니 그 확신은 더욱 커졌다. 내용과 방식은 조금씩 달랐지만, 김영삼 정부1993~1998년부터 현재 윤석열 정부2022~ 까지 보수 정부의 기본적인 대북정책의 뼈대는 붕괴를 향한 기다림과 압박 전략을 유지하고 있다. 그 사이 사이에 1차 남북정상회담2000년: 김대중·김정일, 2차 남북정상회담2007년: 노무현·김정일과 개성공단 사업 등 훈풍이 불 때도 있었지만 정권만 바뀌면 모든 합의는 백지화되고 상황은 갈수록 악화되었다. 지금도 그렇지 않은가?

그러나 지난 30년 동안 김일성 주석과 김정일 국방위원장의 죽음, 그리고 거듭되는 식량난과 경제난, 고난의 행군을 거치면서도 북한은 살아남았다. 그뿐 아니라, 군사적 위협과 협상을 넘나들며 나름대로 독자 생존의 기반을 마련한 듯하다. 특히 가진 게 별로 없이 생존의 외줄타기를 해야 하기에 그럴수록 핵과 미사일에 대한 집착은 커져갔다. 1994년 1차 핵 위기 당시 전쟁 일보 직전까지 갔던 사실이 후일 공개될 만큼 한반도의 핵 위기는 현실적이다. 북한 붕괴는커녕 핵도, 미사일도 더욱 개량되면서 몸값만 불려놓은 전략적

인내고립, 압박 정책은 이제 분명한 한계에 다다른 것이다. 2017년 말까지 한반도는 다시 전쟁의 공포에 짙게 드리웠다. 그때 느닷없는 소식이 평양에서 들려왔다.

5.3. 되돌아보는 평창의 봄 2018~2019년

2018년 새해 벽두 김정은 위원장의 담화로부터 시작되어 남북한, 미국, 중국, 러시아, 일본 등 주요국 모두에게 휘감아 돌았던 한반도와 동아시아의 평화 봄바람이었다. 정말 '훅' 지나가 버린 아쉬운 평화의 봄이었다. 불과 얼마 전이지만 너무 달라져 버린 지금, 우리는 허탈하다. 그러나 결론부터 말하자면, 평화 전환을 위한 시도는 절대 실패한 게 아니다.

평화의 축제 평창올림픽이 진짜 평화를 몰고 왔다!

너무나 느닷없는 대반전이었다. 2017년 연말까지만 해도 북한의 핵과 미사일 실험은 계속되었다. 2017년 7월 북한은 두 차례에 걸쳐 미국 본토를 사거리로 가상한 대륙간탄도미사일ICBM을 발사했다. 9월 3일에는 6번째 핵실험을 감행했는데, 이는 지금까지 진행된 북한 핵실험 중 최고의 폭발력을 가진 수소탄 실험이었다. 히로시마에 투하된 원자폭탄의 3배 이상 되는 50~100KT으로 추정된다. 미국을 가상 대상으로 삼은 그 실험 후 트럼프 대통령은 '북한이 화염과 분노에 직면할 것'이라며 강력하게 분노했다. 이에 뒤질세라 김정은 위원장도 '괌을 폭격할 수 있다'며 강하게 맞섰다. 그해 한반도 가을 위기설이 돌기 시작했고, 미국을 비롯해 재한외국인들의 귀국 이야기가 어렵지 않게 들려오기도 했다. '이러다가 한반도에 정말 전쟁이 나는 것 아닌가?'라는 소리도 흔히 들렸다.

그런데 2018년 1월 1일 북한 김정은 위원장은 돌연 화해와 평화의 신년 메시지를 던졌다. 북한은 2017년을 기점으로 이미 핵 무력을 완성했기 때문에 이제는 경제적 성과를 올리는데 집중할 것이며, 남북한 군사적 긴장해소와 평화적 환경 조성에 힘쓸 것이라고 발표했다. 이를 위해 한국에서 곧 열리는 평창 동계올림픽에 대표단을 파견할 뜻이 있다고 했다. 김정은의 놀라운 발표 이후 남북관계는 그야말로 급진전 되었다.

2월 평창올림픽을 전후하여 남북은 수뇌부들이 포함된 대표단, 특사와 문화공연단이 오갔다. 김정은의 여동생 김여정과 중요실세 현송월 단장을 직접 본 것도 이때였다. 한반도 문제는 그저 남북만의 문제가 아니라 미국, 중국, 일본, 러시아 등 중요국가들의 사활적 관심사다. 그러한 사실을 너무 잘 알고 있었기에, 남북 정상은 잇따라 주요국 정상들과 긴밀한 협력기반을 만들어 갔다. 2018년 한 해 동안 남북한과 미국, 중국 등 주요 4개국과 러시아, 일본 등 주변 6개국은 서로 조합을 달리해 가며 21세기 한반도와 동북아의 새로운 판짜기에 온 힘을 기울였다.

4월 27일, 5월 26일, 9월 18일~20일 등 3차례의 남북정상회담이 열렸다. 2017년 전쟁을 불사하는 설전을 벌였던 김정은 위원장과 트럼프 대통령 사이의 사상 첫 북미정상회담은 6월 12일 싱가포르에서 열렸고, 2019년 2월 2차 정상회담까지 가졌다. 한국은 가장 중요한 미국과 2018년 한해에만 세 차례5월 23일, 9월 25일, 12월 1일 정상회담을 가졌고, 북한 역시 가장 중요한 중국과 2018년 세 차례3월25일~28일, 5월 8일, 6월 19일~20일와 2019년 초에도 한 차례1월 7~10일의 정상회담을 가졌다. 이를 날짜별로 다시 정리해 보면, 2018년과 2019년 초까지 한반도의 평화 전환을 위해 얼마나 숨가쁜 노력들이 이루어졌는지 새삼 느낄 수 있다. 2018년 3.25.북중 • 4.27.남북 • 5.8.북중 • 5.23.한미 • 5.26.

남북 • 6.12.북미 • 6.19.북중 • 9.18.남북 • 9.25.한미 • 12.1.한미 • 2019년 1.9.북중 • 2.28.북미 그뿐 아니다. 사이사이에 러시아와 일본 정상과도 만나 새로운 한반도와 동북아 새판짜기를 위한 서로의 입장을 조율했다.

이 모든 과정 성패의 열쇠는 미국과 북한 사이에 놓여 있었다. 두 나라는 한국전쟁 및 한반도 대치의 실질적 당사자이므로 둘 사이의 대치를 끝내야 남북은 물론 주변국 모두와 얽힌 봉인이 해제될 수 있는 것이다.

그러나 1차 회담을 통해 기대를 한껏 끌어올려 대전환의 마침표를 찍을 것이라 믿었던 제2차 북미정상회담2019년 2월 27~28일이 실패함으로써 모든 대화와 화해 분위기도 끝나 버렸다. 그리고 긴 냉각기를 거쳐 수년이 흐른 지금 한반도는 어느 때보다 위험해졌다. 많은 국민은 다시 평화에 대한 회의와 북한에 대한 극도의 불신만 가득하다. '내가 다시 속나 봐라. 역시 북한은 믿을 게 못 돼!' 그러나 뒤에서 살펴보겠지만, 당시 판을 깬 것은 북한이 아니었다. 이제부터 그 놀라운 과정들을 하나씩 살펴보자.

김정은은 왜 평화 전환을 제안했을까?

평창의 봄은 분명 북한 김정은 위원장의 느닷없는 제안으로부터 시작되었다. 그 배경이 무엇일까? 그걸 알려면 1990년 이후 풀리지 않는 한반도 주변 상황을 다시 확인해야 한다.

> *한국: 사회주의 몰락 후 북한이 곧 망할 줄 알았다. 그런데 1990년대 김일성 사망과 극심한 고난의 행군 시기까지 견뎌내며 북한은 살아남았다. 살아남았을 뿐 아니라 그동안 핵과 미사일 전력을 보강하여 더 위험해졌다. 북한이 위험한 행동을 할 때마다 제재와 고립을 반복하지만, 전쟁까지 불사하며 이를 막아낼 수단이 없다.

* 미국: 한국과 목표가 같아 보이나 사실은 다르다. 21세기 들어와 미국의 가장 큰 관심사는 중국 봉쇄다. 북한의 위협도 미국 본토까지 닿지 않는 게 1차 목표이며, 한반도 정책도 한미일 동맹을 통해 중국 영향력 차단을 최우선으로 삼고 있다. 중요한 것은 한국과 미국은 혈맹과 동맹이지만, 입장은 분명히 다르다.

* 북한: 지난 30년 동안 국제적 고립과 압박 속에서도 용케 살아남았다. 더구나 핵과 미사일은 한반도, 일본열도를 넘어 미국 본토를 위협할 정도가 되었다. 그러나 핵과 미사일로 언제까지나 견뎌낼 수는 없다. 경제난은 계속되고 앞으로의 생존도 힘겹다. 이미 사회주의 연대성도 무너진 상황에서 어떻게 변할지 모르는 중국, 러시아만 믿을 수도 없다.

* 중국: 한반도에 대한 중국의 필수이익은 중국에 적대적이지 않은 안보환경과 전쟁 없는 평화환경 조성이다. 중국과 미국이 개입하게 되는 한반도 전쟁이 나거나 한반도 전체가 중국에 적대적인 정부가 서는 것은 최악이다. 그러므로 당장은 북한 정권을 지키는 게 가장 중요하다. 그러나 한국을 무시하거나 아직 미국과 대결할 수도 없다. 돌파구가 필요하다.

* 러시아/일본: 남북한에 직접 감 놔라 배 놔라 할 처지는 못 된다. 그러나 경제적, 안보적으로 한반도의 중요성을 알기에 소외될 수는 없다. 그러므로 한미일 동맹 열차를 얻어타거나(일본), 북중러 혈맹 연대성을 강조함으로써(러시아) 어떻게든 목소리를 키우려고 한다.

이게 지난 30년 동안 변하지 않는 답답한 동북아의 기본구조다. 누군가 일방적으로 힘으로 눌러 꼼짝 못하게 할 수도 없고, 그렇다고 전쟁을 불사하며 파국으로 갈 수도 없다. 남이나 북도, 한미일이나 북중러도 서로에게 만만하거나 일방적이지 않다. 그럴 때 답답한 교착상태를 풀 길은 갑작스러운 만남과 과감한 협상밖에 없다. 그래서 가장 답답한 당사자인 김정은이 나선 것이다.

평화체제 전환의 쟁점들

대화든 협상이든 내가 원하는 게 있듯이 상대방이 원하는 것도 있다. 또 내가 두려워하는 게 있듯이 상대방이 피하고 싶은 것도 있다. 그걸 서로 인정할 때 대화와 협상이 성공할 수 있다. 남한은 북한의 핵과 미사일 위협에서 벗어나길 원하여 비핵화 협상에 관심이 크다. 반면, 북한은 체제와 생존을 인정받아 발전하길 원하여, 종전선언과 평화협정 체제를 원한다.

〈한국의 관심사: 비핵화 협상〉
북한의 핵무장 능력은 어느 정도인가?

우선 우리의 최대관심사인 북한 핵의 문제부터 살펴보자. 그러나 그걸 이해하기 위해서는 먼저 핵무기가 과연 어떤 무기인지부터 살펴볼 필요가 있다. 일반인들에게 핵무기는 그저 파괴력과 살상력이 큰 무기 정도로 인식된다. 그러나 핵무기의 가장 큰 특징은 서로 간에 공방이 오가던 전쟁의 판세를 단숨에 바꿀 수 있는 '게임체인저'라는 점이다. 전략무기, 대량살상무기라는 이름이 함께 따라 붙는 이유다.

그러나 핵이 무기로서 인정받으려면 핵분열 물질의 보유와 합당한 사거리와 능력을 갖춘 미사일이 있어야 한다. 우선, 핵무기의 원료인 플루토늄과 고농축우라늄의 확보가 중요하다. 그러므로 핵무기가 있는지, 있다면 어느 정도인지는 우선 이 물질을 얼마나 확보하고 있느냐로 살펴보아야 한다. 핵사찰을 할 때마다 이러한 물질을 만들어 낼 수 있는 핵분열 시설을 찾아내고, 북한이 확보한 핵물질 보유량이 얼마나 되는지 추정하는 것이 중요한 이유다. 이러한 근거로 짐작되는 북한의 핵무기는 10~15개 정도로 추정된다.2018 년 12월 주일미군은 북한 핵무기 숫자를 약 15개 정도로 발표

그러나 현대에 있어 핵무기 보유는 핵물질과 핵폭탄의 존재만으로 판단하지 않는다. 핵무기가 처음 개발되고, 실제로 사용되었던 1945년 당시와는 달

리 지금은 핵무기 운반체인 미사일의 개발 여부를 포함해야 한다. 현대에 핵무기와 미사일은 세트다. 엄청난 핵무기라 해도, 실제 원하는 곳까지 이동해 타격할 수단이 없다면 무용지물이기 때문이다. 냉전 시대 미국과 소련 등 핵보유국들이 탄도미사일의 종류와 수량을 놓고 신경전을 벌였던 것도 그것 때문이다.

2019년 국방부가 발표한 '2018 국방백서'에 의하면 현재 북한은 한국전역을 타격할 수 있는 스커드 미사일500km, 일본열도와 오키나와까지 도달하는 노동 미사일1,300km, 괌까지 가는 무수단 미사일3,000km, 알래스카에 닿을 수 있는 화성·12 미사일5,000km, 그리고 2017년 11월 실험으로 미국 본토 워싱턴 부근까지 도달하는 것으로 추정되는 화성·15 미사일10,000km 이상까지 다 갖춘 것으로 평가된다. 대륙간 탄도미사일이 되려면 두 가지 실험이 성공되어야 한다. 하나는 폭발력이 향상된 핵탄두를 미사일에 실을 수 있을 정도로 작고, 가볍게 만들 수 있느냐는 것이다. 또 하나는 장거리 로켓을 대기권 밖으로 내보냈다가 다시 진입시켜 목표물에 정확히 떨어뜨리는 기술이 필요하다. 그런데 현재 북한의 핵기술은 대기권 재진입 여부만 모호할 뿐 사거리만 놓고 보면 대륙간 탄도미사일로는 일단 손색이 없어 보인다. 그래서 북한은 2017년 9월 핵실험과 11월 화성·15형 미사일 발사 후 '핵무력 완성'을 선포했고, 그러한 자신감을 바탕으로 2018년 한국과 미국에 협상을 요구하게 된 것이다.

북한 비핵화는 한반도 비핵화와 함께 간다.

우리의 관심은 늘 북한의 핵과 미사일이다. '북한 핵만 없다면!' 북한도 그걸 잘 안다. 평창 발 제안이 진정성 있는 것임을 보이기 위해 2018년 4월 20일

북한 노동당 중앙위원회 제7기 제3차 전원회의에서 '핵실험과 ICBM 시험발사 중지', '풍계리 핵실험장 폐기', '핵무기, 핵기술을 이전하지 않을 것' 등을 표명하였다. 그 말은 핵과 미사일 개발과 향상을 여기서 일단은 멈추겠다는 것이다. 그러나 이미 만든 핵과 미사일은 어떻게 할 것이며, 앞으로는 어떻게 할 것인지 등 과제는 그때부터 시작이었다.

북한과 미국 사이에 CVID^{Complete, Verifiable, Irreversible Dismantlement} • 완전하고, 검증가능하며, 되돌릴 수 없는 핵 폐기니, FFVD^{Final, Fully Verified Dismantlement} • 최종적이고, 완전하게 검증된 비핵화니 하는 복잡한 목표와 그 과정을 가지고 밀고 당겼다. 복잡하지만 쟁점은 북한이 다시는 핵무기을 만들지도, 보유하지 못하도록 완전 불능의 상태로 만들겠다는 것이다. 그러나 어떤 과정을 거쳐, 어떤 방법으로 폐기하고, 어떤 검증과정을 거쳐야 할 것인지는 피 말리는 과정이다.

그러나 여기서 우리의 중대한 오해와 착각이 있다.

우리는 '한반도 비핵화'라고 하면 우리의 위협인 '북한 핵만 찾아 없애면 된다'고 단순하게 생각한다. 그러나 북한의 입장은 다르다. 한반도 주변은 한국과 일본을 제외하면 북한은 물론 미국, 중국, 러시아 등 모두가 핵무장 국가들이다. 그리고 북한은 미국의 핵을 가장 두려워한다. 우리는 미국의 핵이 세계와 한반도 평화를 지켜주는 평화의 핵이라고 쉽게 생각하는 경향이 있다. 그러나 핵무기 개발 역사상 실전에서 사용해 본 나라는 아직도 미국밖에 없고, 미국의 핵 정책은 필요시 선제사용을 공언하고 있고, 사용시 다른 나라와 협의하지 않는다. 물론 과거 주한미군이 보유하던 전술핵들은 1991년 모두 철수했다. 그러나 핵무기를 탑재할 수 있는 미국의 잠수함과 폭격기, 항공모함 등은 한반도 주변을 수시로 들고나며, 한미합동훈련은 가상 선제 핵공격을 포함한다. 북한이 핵무기 사용을 포함하는 한미연합훈련들에 신경질적인 반응을 보이는 이유다.

그러므로 북한이 핵무기를 완전히 폐기하고 다시는 개발하지 않기를 원한다면, 북한을 향한 미국의 핵무기도 사용하지 않겠다는 약속이 함께 주어져야 한다. 한반도를 비핵화하자면서 북한 핵은 안 되지만, 미국은 사용할 수 있다고 한다면 수긍할 수 없기 때문이다. 그러므로 누가 누구를 향하든 북한, 미국, 중국, 러시아 등 핵보유국은 한반도에서 핵 사용을 하지 않겠다고 하고, 한국과 일본 등 비보유국도 핵무기를 개발하지 않겠다는 약속이 함께 만들어져야 진정한 '한반도 비핵화'가 되는 것이다.

〈북한의 관심사: 체제 안전보장과 평화체제로 전환〉

북한이 미국에 원하는 것은 체제에 대한 안전보장이다. 우리가 북한의 무력 적화통일을 두려워하듯이 그들은 남한과 미국이 북한 체제를 무너뜨려 억지로 인수하려 한다는 근거 있는 의심을 갖고 있다.

그래서 비핵화 협상과 함께 북한에 대한 제재 완화와 해제, 북미수교, 정전협정, 평화협정 등이 다뤄지는 것이다. 그러나 엄밀히 말하면 이것은 북한에게 일방적으로 무엇인가를 해주는 게 아니다. 지금껏 냉전과 분단으로 비정상적으로 움직여왔던 한반도와 동북아의 악순환 구조를 평화와 공존의 선순환 체제로 바꾸자는 것이다. 그러려면 당연히 줄 것은 주고, 받을 것을 받아야 한다.

종전선언

엄밀히 말하면, 한국전쟁1950~53년은 잠시 멈춘 것일 뿐휴전, 아직도 완전히 끝맺지종전 않았다. 그러므로 전쟁 당사자들이 이제라도 전쟁이 완전히 끝났다는 종전선언을 해야 한다. 그리고 핵이든 재래식이든, 서로 먼저 공격하지 않겠다는 선제공격 포기를 약속해야 한다. 1953년 멈춘 전쟁을 완전히 종료하는 것은 북을 위해서나 남을 위해서나 필수다.

북미수교

앞서 살펴봤듯이 1990년대에 끝난 세계냉전체제가 한반도에서도 실현되려면 북한 쪽으로만 기운 비대칭 구조가 변해야 한다. 옛 공산권 국가들과 한국이 더는 서로 적대하지 않겠다고 수교한 것처럼, 서방세계도 조선과 화해하겠다며 서로 승인해 주어야 한다. 그 중심은 전쟁 당사자이며 여전히 자유민주 체제를 이끄는 미국이다. 미국이 북한과 수교한다는 것은 세계가 북한을 보통 국가로 받아들이며, 한반도가 더는 상시적 전쟁위험지대가 아니라는 신호이므로 매우 중요하다.

제재 완화와 해제

북한은 지금도 미국과 유엔 등에 의해 부과된 여러 가지 제재를 받고 있다. 북핵 협상 시작부터 미국 등 국제사회의 제재도 함께 논의해야 한다.

평화협정

평화협정 한반도, 동북아의 이 적대 구조를 청산하고 새로운 평화의 체제를 어떻게 만들겠다는 청사진과 그 내용, 시간표들을 다 담아 서로 굳건히 약속하는 것이다. 또 그렇게 만들어진 평화 시대 구조를 평화 체제라고 부른다. 한반도 비핵화 협상이 쉽게 흔들리거나 다시는 과거로 되돌아가지 않도록 하려면 남북만 아니라 관련국들의 참여와 협력을 끌어와야 한다. 평화협정도

전쟁에 참여했던 남, 북, 미, 중 4자만이 아니라 러시아, 일본 등 이해 당사국들의 자리도 마련해야 한다.

평화체제 전환을 위한 줄다리기 과정(남북, 북미 정상회담)
〈남북정상회담〉(2018년 4월 27일, 5월 26일, 9월 18일~20일)
① 정상회담 합의 내용
2018 · 1차 회담(2018년 4월 27일/판문점 남쪽 '평화의 집')

2018년 남북 정상은 무려 3차례에 걸쳐 만났다. 그중에서도 판문점에서의 첫 만남은 2007년 노무현, 김정일 사이의 만남 이후 무려 11년 만이었다.

- 남북 관계 개선 과제: 개성에 남북공동연락사무소 설치, 8.15 이산가족과 친척 상봉, 경제 협력을 위한 동해선과 경의선 철도 및 도로를 연결과 현대화
- 남북 간 군사적 긴장 상태 완화 과제: 일체의 적대 행위 중단. 2018년 5월 1일부터 군사분계선 일대 확성기 방송과 전단 살포 중지, 서해 북방한계선 일대의 평화수역화
- 한반도 비핵화와 종전 선언 과제: 2018년 내 종전 선언 합의, 정전협정을 평화협정으로 전환하기 위한 남·북·미 3자 또는 남·북·미·중 4자회담 개최 추진, 완전한 비핵화 실현 노력
- 상호 불가침 합의를 재확인, 단계적 군축 추진

가장 눈에 띄는 것은 한반도 비핵화를 약속하고, 종전선언의 시한을 정한 것이다. 이것은 미국, 중국 등의 역할과 협조가 절대적으로 중요한 것이므로,

남북 정상이 이를 먼저 선언함으로써 이어지는 북미정상회담에 힘을 실어주는 역할을 하게 된 것이다.

2018·2차 회담(2018년 5월 26일/판문점 북쪽 '통일각')

2018·2차 회담은 내용상 특별한 선언이 있었던 게 아니라 지난 4월 1차 회담의 내용을 다시 확인하고, 곧 있을 북미정상회담을 적극 지원하려는 의미가 있었다. 그 기대대로 10여 일 후 김정은 위원장과 트럼프 대통령은 역사적 첫 정상회담을 갖게 된다.

2018·3차 회담(2018년 9월 18~20일/평양, 백두산 방문)

문재인 대통령과 정치, 경제, 사회, 문화계 인사들이 포함된 방북단이 평양과 백두산 등을 방문한다.

- 비핵화분야: 동창리 엔진 시험장과 대륙간 탄도 미사일 발사대 영구적 폐기, 미국의 상응 조치에 따라 영변 핵 시설도 영구적 폐기
- 군사분야: 군사 공동 위원회 가동, 한국전쟁 유해 공동 발굴, 남북공동경비구역JSA 내 완전 비무장화
- 경제분야: 2018년 내에 서해 및 동해선 철도와 도로 착공식, 서해 경제특구와 동해 관광특구 개설, 개성 공단과 금강산 관광 정상화
- 이산가족분야: 이산가족 상시면회소 설치, 화상상봉 추진
- 문화/체육분야: 2032년 하계 올림픽 남북 공동개최, 10월중 평양예술단의 서울 공연

이는 2018년 6월 첫 북미정상회담 후 밀고 당기며 교착상태에 빠진 북미협상을 다시 뒷받침하고, 1차 남북 정상회담의 합의사항들을 최대한 발전시키려는 내용이다.

② 추진 및 진행상황(2019년 초까지의 상황)
- 군사분야: 육해공의 적대행위 중지, 660km의 한강하구 공동조사 종료, 비무장지대DMZ 내 지뢰 제거, 감시초소GP 철거로 판문점 공동경비구역JSA의 비무장화 진행
- 남북관계분야: 2018년 9월 14일 개성 남북공동연락사무소 개소. 이로써 남북 회담과 협의, 민간교류 지원, 왕래 인원 편의 보장 등의 업무수행 위한 상시적인 소통체계가 구축됐다.
- 경제분야: 2018년 12월 26일 경의선, 동해선 철도와 도로 연결 및 현대화 착공식.
- 비핵화분야: 2006년부터 2017년까지 모두 6차례 핵실험을 진행한 풍계리 핵실험장을 2018년 5월 24일 폐쇄. 비핵화분야는 대부분 북한과 미국 사이 가장 중요한 의제이므로 2차 북미정상회담에서 논의함.
- 민간교류 및 지원분야: 한국정부나 민간지원활동은 상당부분 유엔 대북제재결의안의 영향을 받기 때문에 본격화되지 못했다.

거의 모든 합의는 2019년 북미회담 좌초 후 다시 물거품이 되었다.

〈북미정상회담〉

① 1차 정상회담(2018년 6월 12일/싱가포르)

- 양국 사이에 평화와 번영의 새로운 관계를 세우도록 노력한다.
- 양국은 한반도의 지속적, 안정적 평화체제를 구축하기 위해 노력한다.
- 2018 • 1차 판문점선언을 재확인하고, 조선북은 한반도의 완전한 비핵화를 약속한다.
- 조선은 전쟁포로 및 전쟁실종자 유해를 미국으로 송환하도록 약속한다.

평가: 회담 전까지 밀고 당기는 신경전을 벌이며 많은 기대를 낳았던 것에 비하면 합의문이 너무 두루뭉술했다. 그러나 서로의 관심사가 무엇인지는 다 확인되었다. 새로운 북미관계 수립, 한반도 평화제제 구축, 완전한 한반도 비핵화, 그리고 한국전쟁 포로 및 실종자 유해 송환 등이다.

세계 최강대국의 자신만만한 트럼프 정부는 북미협상을 시작할 때만 해도 대국의 힘으로 몰아붙이면 미국의 뜻을 관철할 수 있을 것이라 믿었던 것 같다. 그러나 핵과 미사일만 가지고 30년 가까운 압박을 견뎌냈던 북한은 비핵화의 대가를 분명히 요구했다. 더구나 북한 뒤에는 미국의 가장 큰 맞수인 중국이 있다. 그래서 북한은 한국, 미국과의 중요 대화를 앞두고 그 전후로 중국과 협의하며 든든한 약속을 받았다.

사실 미국 입장에서는 북한과의 수교, 한반도 평화체제에 손해 볼 게 별로 없다. 오히려 실리적인 면에서는 아직도 열리지 않은 미지의 개척지를 얻는다. 게다가 북한을 끌어안아 중국을 견제할 수 있다면 더 큰 것을 얻는 것이다. 북한을 개방하며 드는 실질 비용은 얼마든지 국제기구나 한국, 일본 등에 떠맡길 수도 있다. 무엇보다 미국 본토를 위협하는 북한 핵을 없앤다면 큰 수확을 얻는 것이다.

그러므로 미국이 가장 고민하는 부분은 다른 데 있다. 북한위협과 한반도

위기를 명분으로 한반도와 동북아에 행사했던 강한 영향력이 줄어들지 않을까 하는 점이다. 특히 주한미군과 태평양 전력이 약해지면 중국을 견제하기가 더욱 힘들어지게 된다는 점이다. 주한미군은 단순히 북한의 공격으로부터 남한을 지켜주는 군대가 아니다. 한반도와 동북아에서 미국의 영향력을 지탱시켜주는 미국의 상설 파출소 같은 역할을 한다. 그러므로 한국이 반대하면 미군이 철수할 것이라는 순진한 생각은 전혀 사실이 아니다. 한국에 사드를 배치하려는 것도 그런 맥락이다. 미국은 북미협상이 잘 되어 한반도 평화 체제가 정착된다고 해도 주한 미군을 유지시켜 중국견제를 할 것이고, 협상이 결렬되면 아예 신냉전으로 돌아가 한국을 더욱 강력한 對 북한과 중국의 기지로 삼으려 할 것이다. 지금 그렇게 되고 있다.

② 2차 정상회담(2019년 2월 27~28일/베트남 하노이)

2018년 6월 1차 정상회담 이후 두 번째 만남까지 오랜 신경전을 벌였다. 당연히 북한의 관심사인 체제 보장과 미국의 관심사인 북한 비핵화의 범위와 방법에 대한 줄다리기였다. 그러나 그들은 만나기로 했고 어떤 식으로든 타결될 것이라고 보는 전망이 많았다. 그러나 화기애애하게 시작한 첫날에 이어 다음날 아무런 결론도 얻지 못한 채 갑자기 막을 내렸다. 성과 없이 막을 내린 후 미국과 북한은 상대방의 무리한 요구가 회담 결렬의 원인이라고 설명했다.

북미 사이의 동상이몽의 내용이 다시 확인된 것이다. 북한은 이전처럼 '단계적, 동시적 행동'의 관점에서 영변 시설 전체를 폐기할 테니 일부 대북 제재를 해제해 달라고 요구했다. 그런데 미국은 갑자기 지금까지의 태도를 바꿔 핵만 아니라 미사일, 화학무기, 생물무기까지 한꺼번에 다 버리면, 그에 맞는 큰 보상을 주겠다며 빅딜을 요구했다. 서로 믿지 못하는 두 나라 사이에 신뢰가 형성되기도 전에 한 번에 모든 것을 다 끝내자는 주장은 약자에게는 지나친 압박이 된다. '전부가 아니면, 전무'라는 태도는 협상을 싸움으로 변질시키기 쉽다.

미국의 우려가 '제재를 없애면, 북한이 말을 듣겠냐?핵을 포기하겠냐?'라면, 북한의 불신은 '핵을 먼저 버리면, 미국이 우리를 가만히 놔두겠냐?'이다. 그래서 '단계적으로' '함께 행동하자'는 것인데, 막상 정상회담에서는 다시 과거로 돌아간 것이다. 결국은 2차 회담의 실패도 지난 30년 동안의 실패와 마찬가지로 서로에 대한 불신의 벽을 넘지 못하고 각자의 주장만 되풀이한 것이다. 비록 합의에 이르지는 못했지만, 북미 자신들이 먼저 판을 깼다는 소리를 듣고 싶지 않았다. 트럼프 대통령도 회담 종료를 설명하는 자리에서 북미 사이에 오간 약속을 다시 확인했다.

- 한미 연합 군사훈련을 하지 않겠다.
- 협상이 결렬되었다고 미국은, 다른 대북제제를 강화하지 않겠다.
- 협상이 결렬되었다고 북한도, 또 다른 핵실험이나 미사일 발사하지 않겠다고 김 위원장이 밝혔다.

그러나 미국이 먼저 이 약속을 지키지 않았다.

〈남북미정상회담〉(2019년 6월 30일/판문각, 자유의 집)

트럼프 대통령은 일본 오사카에서 열린 G20 정상회의6월 28~29일를 마치고 한국을 방문하여 예정된 한미정상회담6월 29~30일을 가졌다. 그런데 갑자기 SNS를 통해 판문점에서 김정은 위원장을 만날 뜻이 있다고 밝혔고, 북한이 동의하면서 전격적인 남북미정상회담 자리가 마련되었다. 트럼프 대통령은 30일 오후 판문점 군사분계선에서 김정은 위원장을 만나 악수한 후 분계선을 넘어 북한 쪽 '판문각'으로 넘어가 함께 기념사진을 찍었다. 이는 미국의 현직 대통령으로는 최초로 북한 지역에 들어간 것이다.전직 대통령으로서는 1994년, 2010년, 2011년 카터 전 대통령과 2009년 클린턴 전 대통령이 방북한 적이 있었다 두 사람은 다시 군사분계선을 넘어 문재인 대통령과 합류하여, 남북미 세 정상이 만나 남쪽 '자유의 집'에서 대화했다. 또한, 김정은 위원장과 트럼프 대통령은 서로 방문을 청하였다.

그러나 그뿐이었다. 이 파격적인 세 정상의 만남 이후 미국과 북한의 대표단들이 서로를 오가며 대화를 이어갔지만 팽팽한 이견은 끝내 좁혀지지 않았다. 트럼프의 재임 기간 내내 서로 문은 열려 있다고 했지만 이후 아무 일도 없었다.

평화 대전환 여정이 갑자기 멈춘 이유

2018~2019년까지 남북한과 미국, 중국, 그리고 일본과 러시아까지 이어진 여정은 참으로 극적이고, 파격적인 시도였다. 나는 그것을 '평화 선순환을 위한 대전환의 시도'라고 이름 붙이고 싶을 만큼 내용은 근본적이었고, 활동은 실제적이었다. 그런 과정을 몇 년만 더 유지했다면 지금쯤 한반도와 동북아는 매우 안정되고 각 나라의 국익도 크게 발전했을 것이다.

그렇게 많은 기대를 안고 시작된 선순환의 실험은 왜 깨어졌을까? 우선, 미국의 돌변한 태도의 탓이 가장 크다. 트럼프의 국내 정치, 곧 재선에 대한 전략 변화다. 2018년 김정은의 돌발적 제안을 미국이 덥썩 받아들인 것도 역시 트럼프였기에 가능했다면, 그렇게 갑자기 내던져진 것도 역시 트럼프의 역할이 크다. 트럼프는 2018~19년 북미협상 과정 내내 자신의 통 큰 업적을 과시하며 그것으로 2020년 재선 길을 넓히려고 했다. 그러나 미국 내 여론은 냉담했고 민주당은 트럼프의 치적을 깎아내렸다. 아무리 대담한 트럼프라도 그 상황에서 2차 북미회담에 자기 정치생명을 걸 수는 없었다. 우리는 이 점을 명심해야 한다. 북한과의 협상 과정이 자주 실패하는 이유 가운데 의외로 우리 쪽의 일관성 없음에 책임이 크다. 당연하지만 대의민주주의 국가는 정권이 바뀌면 이전 정부의 합의사항들을 쉽게 뒤집어 버린다. 북한과의 평화, 안보 협상이 효과를 내기 위해서는 인내심을 갖고 꾸준한 일관성이 중요한데 우리는 국내 정치 상황에 따라 합의한 것조차 자주 버린다.

그러면, 북한의 상황은 어땠을까? 2018년 어떻게든 상황을 바꾸고자 김정은 작심하고 나선 게 틀림없다. 스타일이 비슷한 트럼프와 배짱이 맞아 파격적 협상이 가능했지만, 막판 트럼프가 되돌아선 상황에서 혼자만 밀고 나갈 수는 없었다. 30년 동안 대북 고립을 끝내 풀어주지 않았던 미국의 말만 믿고 핵과 미사일의 봉인을 해제했다가는 가만히 앉아서 당하는 수밖에 없다는 두려움이 발동했다.

협상이 결렬된 후에도 기대를 버리지 않던 북한은 트럼프의 재선이 실패하면서 다시 핵과 미사일로 긴장을 만드는 예전 방식으로 돌아갔다. 여기에는 문재인 대통령의 소심함도 한몫했다. 미국의 태도가 돌변했지만, 한미동맹을 깨지 않는 한계 안에서 남북 사이에 발전시킬 수 있는 화해와 평화의 여지가 있었지만 문 대통령은 지나치게 신중했다. 스스로 지핀 불씨를 임기 후반기로 가면서 거의 포기해 버렸다.

2차 북미회담에서 한미연합군사훈련을 하지 않겠다던 트럼프 대통령의 약속은 지켜지지 않았고 두 나라는 연합훈련을 재개했다. 특히 2019년 8월의 훈련에는 '북한 지역 점령 후 대량살상무기를 회수한다'는 내용을 담은 시나리오가 담긴 것이라 북한의 배신감은 더욱 컸다. 2년 가까이 진행되어 온 '평화 선순환을 위한 대전환의 시도'는 그렇게 막을 내려갔다. 그리고 수년이 흐른 지금 미국과 중국의 대립과 갈등이 더 격화된 가운데 동아시아와 한반도에는 '한미일 • 북중러'의 훨씬 강화된 신냉전 체제가 형성되어가고 있다.

5.4. 평화의 대전환은 아직도 기회가 있다. 한국의 생존전략

'평화를 위한 대전환은 여전히 가능한가?' 한반도 당사자인 우리에게는 이런 질문 자체가 어리석다. 한반도가 존재하고 우리가 여기 사는 한 평화로의 전환 외에 다른 살길은 없다. 우리와 우리 후손들이 살 땅이기 때문이다. 그러려면 한국은 생존과 평화를 위한 자발적 전략이 있어야 한다. 그러나 2022년 집권한 윤석열 정부의 대북, 한반도 정책은 오직 미국만 바라보며 냉전적으로 강화된 한미일 동맹뿐이다.

첫째, 윤석열 대통령은 2022년 광복절 축사에서 북한이 비핵화 협상에 나서는 것을 전제로 6가지 지원을 하겠다는 소위 '담대한 구상'을 제안했다. 〈대규모 식량 공급, 발전과 송배전 인프라 지원, 국제 교역을 위한 항만과 공항의 현대화 프로젝트, 농업 생산성 제고를 위한 기술 지원, 병원과 의료 인프라의 현대화 지원, 국제투자 및 금융 지원 프로그램〉

일단 협상에 나오는 것 자체 이외에 다른 조건을 달지 않은 것은 진전된 자세로 평가할 수 있겠다. 그러나 그뿐이다. 실제 정부는 이를 위한 실제적인 어떤 노력도 하지 않으면서 북한에 대해서는 아주 강경한 자세를 이어가고 있다. 그러다 보니, 이름은 '담대한 구상'인데, 이명박 정부 '비핵개방 3000', 박근혜 정부의 '통일대박론'과 표현만 다를 뿐이다. 요약하면 "너희북가 먼저 비핵화하면, 우리남는 푸짐한 선물들을 안겨줄 것이다."라는 것이다. 이는 실패한 이명박, 박근혜 정부 대북정책과 뼈대가 똑같다. 2차 북미정상회담 후 '먼저 비핵화하면 북한 재건을 위해 놀라운 선물을 줄 것'이라던 미국의 실패한 대북 제안과도 같다. 상대방의 입장은 전혀 고려하지 않는 일방적인 선언은 대화와 협상의 방식이 아니다.

둘째는 더 답답하다. 북한의 계속되는 미사일 발사를 보며 대통령도, 여당도, 군도 연일 큰소리를 치지만, 우리가 할 수 있는 것은 거의 없다. 전술핵 재도입이나 독자적 핵 개발은 주변국 모두를 핵 무한경쟁으로 이끌게 되므로 불가능하다. 무엇보다 한국의 군사주권을 쥐고 있는 미국이 단호히 반대한다. 북한은 그걸 너무 잘 알기에 핵이든, 미사일이든, 드론이든 계속 내보이며 압박하는 것이다. '우리는 겁날 게 없으니 할 테면 맘대로 해 보라'는 것이다. 실제로 핵확산금지조약이나 유엔 대북 결의안 같은 정도를 백번 위반한다고 해서 한국이 북한을 향해 선제공격하게 될 일은 전혀 없을 테니 말이다.

그러므로 이런 효과 없이 시간만 날리는 정책은 그만 멈춰야 한다. 이런 소심한 정책으로 시간을 보내는 동안, 핵과 미사일로 무장한 북한의 몸값은 천정부지로 계속 올라간다. 5년 전보다, 10년 전보다, 30년 전보다 한반도의 비핵화 비용은 말할 수 없이 커졌다. 이런 전략은 현상 유지는커녕, 분단과 대치 비용만 계속 늘리는 무한퇴보전략이다.

셋째, 정부도 이러한 대북, 한반도 정책이 돌파구가 없다는 것을 안다. 할 수 있는 게 없다 보니 갈수록 한미일 동맹에만 운명을 걸고 있다. 지금 윤석열 정부는 역대 어떤 정부보다 오직 한미동맹에만 매달리고 있다. 그러나 그것은 한반도와 세계평화에 기여하기는커녕, 한반도 밖의 분쟁까지 한반도로 끌어들이는 형국이다. 그는 한미일 동맹의 이름 아래, 일본의 식민지 과거사는 서둘러 덮고, 중국과 러시아에 대해서는 지금까지 대한민국 어떤 정부도 하지 않았던 수위의 거친 발언을 서슴지 않는다. 우크라이나 전쟁, 대만 사태까지 한반도에 끌어들일 상황이다.

지금 우리에게는 그보다 중요한 것이 있다. 이제라도 중단된 북한과의 대화를 복원하여 전쟁의 위기를 벗어나고 평화의 대전환을 위한 발판을 다시 마련하는 것이다. 이는 심지어 국민을 군대로 짓밟았던 전두환, 노태우 보수 정부도 했던 일이다. 특히 미국을 설득해 북한과의 대화의 자리로 나오게 해야 한다. 과거 김대중 대통령이 그랬듯이 이것은 오직 한국만 할 수 있는 역할이다. 우리가 살길은 평화를 위한 대전환뿐이다. 북한의 목을 조르려다가 한반도 전체가 질식한다.

5.5. 도발을 멈추고 인민을 살려라^{북한의 생존전략}

김정은 시대는 어디로 가고 있는가?

김정은 위원장은 1984년생으로 2023년 현재 40살이다. 김정은이 아무리 할아버지 김일성1912~1994의 아바타로 분장을 해도, 그는 할아버지는 물론 아버지 김정일1942~2011과도 다르다. 김일성은 일제와 전쟁, 분단을 거치며 북한 정권을 세웠다. 김정일은 일찍부터 후계자로 불리며 실권을 장악했지만, 아버지를 뒤이어 집권했을 때는 사회주의 몰락과 고난의 행군이라 부르는 대기근 등을 당하여 국가 존망의 시기를 겪었다. 반면은 김정은은 할아버지, 아버지와는 다르게 유소년시절 동생 김여정과 함께 스위스 유학을 경험하며 더 자유로운 사고와 국제정세를 익힌 것으로 알려졌다. 집권 초기 이복형 김정남 살해 및 고모부 장성택 처형 등으로 잔인성이 입에 오르내렸지만, 독자 권력 기반 장악에 성공한 후부터 보통 국가의 지도자로서의 변화를 시도했다.

가장 눈에 띄는 것이 부인 이설주 여사를 공식적인 퍼스트레이디로 드러낸 것이다. 이것은 앞선 최고 지도자들과는 전혀 다른 것이다. 이설주 여사는 남북정상회담 당시에는 '최고 존엄'인 김정은 위원장을 '남편'이라고 부르기도 했는데, 이는 지금까지 북한에서는 상상하기도 힘든 일이었다. 이 여사의 행동은 북한에서도 1990년대 중반 고난의 행군 시대에서 살아남은 동년배 젊은 세대들에게도 영향을 주었다. 그들은 연애와 결혼, 교육과 문화 등 삶 전반에 걸쳐 이전과는 다른 개방적이고 자유로운 생각과 분위기로 북한 사회에 변화를 주고 있다. 특히 이설주 여사의 활동과 차림새는 그동안 제한이 많았던 북한 여성들의 사회적 활동과 옷차림에도 변화를 일으켰다. 아직 평양 등 대도시에 제한되기는 하지만 공공 및 편의시설과 상업시설, 아파트가 늘어났다.

그러나 이러한 노력에도 불구하고 지금 북한 경제와 사회는 그리 낙관적이지 않다. 오랜 국제사회의 제재와 코로나 감염으로 인한 국경폐쇄, 그로 인한 무역과 지원 감소, 각종 자연재해로 인한 경제난은 누적되고, 사회적 활력을 일으킬 계기가 없다. 2018년 김정은의 신년사로 시작된 북미협상을 통해 큰 변화를 기대했지만, 그마저 좌절되었다. 국제사회와 중국으로부터의 기초적 지원도 예전만 못하다. 이는 스스로는 큰 변화의 동력을 만들어가지 못하는 북한 체제의 구조적 한계다.

그런데 인민 생활의 구조적 한계를 버텨온 한 가지 힘은 뜻밖에도 '시장'^{장마당}의 존재다. 사실 북한의 시장은 권력이 기획하고 이끌어온 정책이 아니다. 1990년대 중반 북한 전체를 생존의 위기로 몰아넣은 '고난의 행군' 시기, 평양조차 배급받지 못하는 사태에 이르렀다. 그러자 인민들은 너나 할 것 없이 돈이 될만한 것이면 무엇이든 스스로 만들어내고, 닥치는 대로 내다 팔다 보니 자연스레 시장으로 발전하게 된 것이다. 김정일 시대에는 정부가 인민을 책임질 수 없었기에 시장의 발달도 모른 척했다가 돌연 단속하기도 했다. 합법과 불법, 허용과 규제 사이를 오가는 불안한 시기였다.

그러나 김정은 시대는 도매시장과 소매시장, 종합시장과 특정품목만 거래하는 전문시장 등으로 분화되어 주요 지역마다 대표적인 시장들이 들어섰다. 청진시 수남시장은 북한에서 가장 큰 시장으로 동매문 시장의 두 배 정도 크기에 판매대만도 1만 7천여개에 달할 정도라고 한다. '통일연구원은 2016년 기준 종합시장 상인이 최소 110만 명이라 추정'했는데, 이는 '북한 평균 가구원이 4명인 점을 고려하면 440만 명 안팎, 곧 전체 인구 2,500만 명의 18%가 종합시장에 생계를 직접 의지하는 셈이다. 우리가 몰랐던 북한, '종합시장의 확산과 전문화'. 한겨레신문 2019년 1월 22일 자

김정은은 그러한 '생존형 비합법의 장마당 영역'을 아예 체제 내로 끌어들여 상당 부분 공식화한 것이다. 그렇다고 해도 북한 인민의 자력갱생과 허리띠를 졸라매는 것만으로는 생활의 질 향상을 기대하기 힘들다. 북한 체제를 대하는 국제사회의 변화가 없이는 북한 체제의 획기적 변화도 기대할 수 없다. 구조적 한계다. 2018년 김정은의 전환 시도는 바로 그러한 절실한 승부수였다.

그러나 2019년 그 시도가 좌절된 후 지금까지 북한은 전략을 전면 수정했다. 국제 제재를 아랑곳하지 않는 일방적 강공으로 돌아섰다. 이는 미국과의 협상, 한국의 지원, 국제적 협력에 대한 기대를 다 버리고 핵을 앞세워 자신들의 길을 가겠다는 선언이라는 분석이 나오고 있다. 한 번도 경험해 보지 못한 새로운

북한이 온다, 정욱식, 서해문집, 2023년 참조 2023년 9월 전쟁 중인 러시아의 푸틴을 만나 서로 위성기술위성은 전략 미사일 기술로 전환이 쉽다과 전쟁 무기 공급을 약속한 것은 북한이 더는 국제사회의 협력을 기대하지 않고 국익을 우선해 행동할 것이라는 선언이다. 점점 강해지는 한미일 군사동맹에 맞서 북중미 동맹도 갈수록 강화하겠다는 메시지다. 더 꼬여가는 중이다.

조선민주주의인민공화국은 과연 인민의 나라가 될 수 있을까?

지금까지 실재하는 한 나라로서의 북한의 특수성과 역사적 과정을 최대한 객관적으로 이해하려는 관점이 필요하다고 했다. 호불호를 말하기 전에 우리에게는 여전히 그러한 시선이 더 요구된다. 그래야 문제가 풀린다.

그러나 북한이 국호처럼 정말 '인민공화국'이 맞는지 객관적 실체 또한 평가해야 한다. 왜 그런가? 아무리 조선이 자기들 나름의 역사를 거쳐오며 독특한 체제와 사회를 만들어왔다고 해도 그것 역시 인민들을 위한 것이어야 하기 때문이다. 그것이 수천 년을 거쳐 만들고 공유해 온 인류의 보편상식이다. 물론 북한은 여전히 기본적인 사실관계조차 모호하고 많은 것을 추정에 의존해야 한다는 한계가 있다. 그 한계 안에서 이야기를 나눠보자.

경제와 인민 살림살이

북한 성립 초기 실시한 토지개혁은 사회주의에 대한 인민의 호평을 받았다. 이후 남한에서 실시한 농지개혁도 여기서 자극을 받아 실시한 것이다. 또, 소련과 중국의 대폭적인 기술과 원자재 지원에 힘입어 북한은 1960년대까지 크게 성장해 사회적 안정을 만들어갔다. 그러나 이후 중국을 따라 성급하고, 과격한 사회주의 개조에 나서면서 사회 곳곳에 활기가 떨어지고 특히 농업생산력이 급감한다.

더구나 남한과의 체제대결로 무리한 군비증강을 계속하면서 민간경제는 더욱 무너지고 그 빈틈을 천리마 운동 같은 인민의 강제 동원으로 대신하려 했다. 소련, 중국 등 사회주의 우방과의 관계도 멀어지면서 1980년대 이후 북한경제는 심각한 구조적 위기와 만성적 식량난에 빠지게 된다. 1990년대 중반 고난의 행군 이후 김정일 위원장은 단호한 결심으로 2000년대 초 중국의 개방을 본받아 해외 합영법과 특구 설치 등 경제개혁조치를 시도했다. 그러나 테러와의 전쟁을 벌이던 미국 및 국제사회의 비협조로 큰 성과를 내지 못했다. 김정은 집권 이후 민간분야 발전에 관심을 기울여 주거 및 여가시설을 많이 지었으나, 아직은 평양에 한정된 것으로 보인다. 보다 의욕적으로 추진한 2018년 평화 전환이 멈추면서 다시 한계에 부딪혔다.

사회, 인민 생활

앞서 적었듯이 신세대인 김정은 집권 이후 다소 개선된 점들이 보인다. 북한도 휴대전화와 컴퓨터 학습, 제한적이지만 인터넷 활용을 통해 정보 수준이 높은 새로운 세대가 늘어나면서 일상생활에도 훨씬 활기찬 변화가 감지된다. 그러나 정치사상에 대한 통제를 빌미로 무리한 체포, 구금, 체형, 사형은 여전하고, 15만여 명의 수감자가 있는 것으로 추정되는 최소 여섯 곳의 정치범 수용소도 건재한다. 개신교, 가톨릭, 불교, 천도교 등 주요 종교의 성직자와 모임 장소가 공식적으로는 있다. 그러나 포교는 물론 자유로운 종교 생활을 보장하는 것으로 보이지 않는다. 2020년대 북한은 여전히 통제와 감시 사회를 벗어나지 못하고 있다.

독재와 세습 체제

북한은 이미 전쟁 후부터는 사실상 김일성의, 김일성에 의한, 김일성을 위한 나라가 되었다. 물론 미국은 물론 소련, 중국 같은 강한 외세로부터 자주적 나라를 세우기 위해 어느 정도 불가피했다는 설명도 가능하다. 그러나 그것으로 소중한 인민의 기본권마저 저토록 오랫동안 무시하는 사회가 된 것을 정당화할 수는 없다. 특히 여러 차례 아사 위기를 넘나들던 인민의 고통은 너무 심했다. 기본인권이 무시되는 가운데 자행된 사상통제도 가혹했다. 북한 정권은 1980년대까지만 해도 적화통일에 대한 강한 의지를 버리지 않았고, GDP의 30%를 상회하는 비정상적인 군사비는 지금껏 북한을 더욱 병들게 했다.

인간의 자긍심을 높였다는 주체사상은 사실상 김일성 가계의 영구 세습을 정당화하는 이데올로기로 기능했다. 김일성 • 김정일 • 김정은에 이어 여동생 김여정, 심지어 10대에 불과한 딸 김주애까지 등장하는 가계 세습은 정당화될 수 없다. 이는 존폐가 백성이 아닌 지도자의 안위에 달렸다는 전 근대적 사고와 다르지 않다. 김정은 통치 10년을 보며 나는 그가 어린 나이와 짧은 연륜에도 불구하고 실패를 인정하는 등 노련한 정치력과 할아버지와 아버지에게서는 기대할 수 없었던 인민 감수성도 제법 갖추었다고 평가한다.

그러나 북한 세습 체제의 강점은 곧 치명적인 약점이다. 김정은, 김여정, 김주애가 그럴만한 능력을 가진 인물이냐는 평가 이전에 그들이 있어야만 작동될 수 있는 체제라는 말이다. 그것은 그들이 아니면 유지되기 어려운 체제라는 위험성의 반증이다. 김정은을 북한의 최고 지도자로 인정하는 것과 3세대까지 이어진 북한의 유사 왕정 체제를 정당화하는 것은 다른 문제다. 근본적으로 군주제 자체가 꼭 문제는 아니다. 북한 세습 체제의 문제는 군주제와 닮아서가 아니다. 그들은 군주제를 가장 배격한다면서도 어떤 군주국가보다 더 절대적인 사실상의 군주제를 채택하여 인민의 의사를 합법적으로 독점하고 있다는 점에 가장 큰 함정이 있다.주체사상의 수령론이 그렇다

　이 말이 북한에서 일어나는 모든 일이 김정은 혼자 다 결정한다는 말은 아니다. 그럴 수도 없다. 당연히 그에게도 측근이 있고, 내부적으로 조금 다른 인물도 있으며 노선 차이도 존재한다. 김정일 위원장이 한국과 개성공단을 추진할 당시 강경 군부 층의 강한 반대를 받았다는 게 사실이다. 그러나 중요한 것은, 일단 공식 결정이 내려지면 북한은 그때부터는 모두 김정은의 이름으로, 심지어 김정은의 연출로 표현된다. 김정은, 아니 수령은 북한에서 유일한 공식 배우다. 그는 북한이 결정한 대표 메시지를 위해 때로 미사일을 쓰다듬기도 하고, 말을 타기도 하고, 밝게 웃으며 담배를 피우기도, 한반도 지도의 서울을 가리키며 상기된 표정을 짓기도 한다. 그 하나하나가 다 북한의 공식 메시지다. 수령으로 대표되는 연출된 '극장 국가'로서의 북한의 얼굴이다.

　지금 북한경제와 사회가 그나마 작동하는 것은 수령의 탁월한 영도력 덕분이 아니다. 오히려 온갖 고난의 행군 속에서도 위대한 북한 인민들이 스스로 만들어낸 인간승리다. 3대 세습을 거치는 가운데 허리띠를 졸라매야 하는 거듭된 악조건 속에서도 '위대한 수령'이 아니라, '위대한 인민'이 여기까지 이끈 것이다. 그러나 언제까지나 지도자를 우선한 체제를 위해 인민이 희생해야 할까? 세상의 그 어떤 발전도 그 사회에 실제 살아가는 백성을 위한 것이어야 한다. 이제는 '인민의, 인민에 의한, 인민을 위한 나라'를 위한 변화가 시작되어야 한다. 한반도 평화와 언제일지 모를 민족통일의 최대 수혜자도 우선 그들이 되어야 한다. 어떤 경우도 제 백성의 자유와 복리를 책임지지 못하는 정권은 정당화될 수 없다. 그러나 그것을 도울 수 있는 유일한 친구도

역시 한국뿐이다.

5.6. 한국과 미국의 국익은 분명히 다르다.

한반도에서 남북한을 제외한다면 가장 큰 이해당사자는 미국이다. 1945년 해방과 1948년 분단, 1950년 전쟁에서 미국과 소련은 결정적인 영향력을 행사했다. 그러나 정전 후 70여 년 동안 소련, 중국의 영향력은 크게 줄었지만, 미국만은 한반도 전체에서 갈수록 큰 영향력을 행사했다. 당연히 북한은 미국과의 관계 정상화를 원한다. 아니, 미국과 수교를 해야 한반도 평화의 마침표가 찍힌다고 말하는 게 더 옳다.

2018년 평창올림픽을 계기로 남과 북 정상이 먼저 만나 많은 대화와 좋은 합의를 했지만, 결과를 만들어내기 위해서는 미국을 바라봐야 했다. 그리고 2년 동안 여러 나라 사이에 활발한 논의와 조율이 이루어졌지만, 북미정상회담이 무너지니 모든 동력을 상실해 버렸다. 그만큼 한반도에서 미국의 영향은 결정적이다.

우선, 주한미군의 존재감이다. 현재 주한미군은 28,000여 명이 주둔하고 있지만, 병력수보다 핵을 포함한 전략무기들을 언제나 동원할 수 있다는 사실이 더 중요하다. 미국은 매년 한국과의 수차 례 연합 군사훈련을 실시하는데 그때마다 북한은 전국적인 준전시 비상 체제로 돌입한다. 이때 한미연합군은 핵무기를 장착할 수 있는 다수의 최신 전략무기들을 동원하여 방어훈련, 선제공격, 보복 공격, 북한 정권 궤멸 훈련 등 다양한 시나리오를 소화한다.

그만큼 주한미군의 존재는 북한에게 큰 위협이다. 반대로 말하면 우리의 안보에는 결정적인 도움이 된다. 이것은 종전협정과 평화협정 등 한반도 정상화 작업을 반대하게 되는 이유로도 작용한다. 다시 말해 북한과의 전쟁 상황을 공식적으로 끝내고 평화 체제로 들어간다면 주한미군을 계속 유지할 명분이 없어지고, 그리되면 다시 안보가 위태로워지지 않겠느냐는 정당한 우려다. 그러나 꼭 그렇지 않다. 남북대화가 진행되면서 주한미군의 존재에 대한 논의는 이미 오래전부터 해왔다.

2000년 첫 번째 남북정상회담을 앞두고 방북한 임동원 국정원장에게 김정일 위원장은 "미군 주둔이 나쁠 건 없다. 조선 반도의 평화를 유지하는 군대로 주둔하는 게 바람직하다"고 호의적으로 말했다. 그는 김대중 대통령과의 남북정상회담에서도 공개적으로 같은 말을 했다. 더구나 2018~19년 북한과 협상 당시 미국 국무장관이던 마이크 폼페이오도 그의 회고록에서 김정은 위원장이 주한미군의 역할을 인정했다고 밝혔다.북 최고지도자들, 친서·비공개회담서 속내 드러내, 장예지 기자, 한겨레신문, 2023년 7월 17일 자 참조 물론 문재인 대통령과의 대화에서도 여러 차례 같은 의사를 밝혔다. 왜 그럴까? 1990년대 이후 북한 최대의 목표는 이미 통일 아니라 자력갱생, 곧 국가생존이기 때문이다. 통일은 물론 북미협상 과정에서도 주한미군의 존재는 큰 걸림돌이 되지 않을 것이다.

오히려 평화협정에 머리가 복잡한 측은 미국이다. 미국이 아무리 예전만 못하다고 해도 세계 어떤 나라도 흉내 낼 수 없는 절대적 슈퍼파워일 수 있는 비결이 있다. 하나는 세계 통화인 달러를 장악하고 있다는 것과 또한 압도적인 군사력이다. 한반도와 관련해 우리에게 중요한 것은 후자다. 스톡홀름 국제평화연구소SIPRI가 2023년 4월 발표한 2022년 세계 군비 지출 통계를 보면, 미국은 군사비로 8,770억 달러를 지출해서 2위 중국2,920억 달러, 3위 러시아864억 달러를 포함해 나머지 9개 국가의 총 지출액8,040억 달러을 합한 것보다도 많다. 미국은 이 엄청난 군사력을 바탕으로 세계 모든 곳에서 절대적인 영향력을 유지하고 있다.

그런데 이러한 미국의 군비 지출은 결코 소모적이지 않다. 미국은 동시에 세계에서 무기를 가장 많이 팔아 천문학적인 수입을 올리는 나라다. 그러므로 미국의 군사력의 짝인 군수산업은 미국을 지탱하는 매우 중요한 산업이며, 동력인 것이다. 미국은 한편 세계평화를 말하지만, 다른 한편 자신의 영향력을 유지, 확장하고, 무기 산업을 지탱하기 위해서도 적당한 긴장과 위기를 원한다. 절대 평화는 미국에게 절대 좋지 않다.

한국에게 미국은 여전히 좋은 동맹이며 한반도 발전과 안정을 위한 좋은 친구이기도 하다. 그러나 좋은 관계가 계속 유지되기 위해서도 사실은 알아야 한다. 너무 일방적인 추종이나 어떤 일에도 미국만이 옳다는 생각 말이다. 우리에게 미국은 전부일지 모르나 미국에 한국은 결코 그렇지 않다. 한반도의 위기도 미국에는 세계 여러 곳의 분쟁 중 하나이지만, 우리에게는 대대로 살아야 할 생존의 유일한 자리다. 한반도에 한정해서 본다고 해도 미국의 입장과 우리의 입장은 다르다. 제발 미국이 다 해줄 것이라는 생각을 버리자.

5.7. 선택하지 않는 평화는 그냥 오지 않는다.

이제 남과 북, 한반도가 함께 선택해야 할 길을 찾아보자. 새로울 건 없다. 그러나 상황을 핑계 대고 상대방북한 또는 중국, 러시아만 탓하고 있으면 더 큰 악순환만 반복할 것이다. 선순환을 위해서는 일단 악순환의 고리를 과감히 끊고 평화를 향한 전환을 선택해야 한다. 그러면 전환은 어떻게 해야 하나?

첫째, '네가 먼저'는 없다. '너만 아니라 나도 함께'다.

될 듯 될 듯 뜸만 들이다가 30년 동안 평화 전환이 실패한 이유는 '네가 먼저' 때문이다. "비핵화 먼저 해라. 그러면 대박 터지게 도와준다."남한, 미국↔"체제 안전보장 먼저 해라. 그러면 핵도, 미사일도 없애주마."북한 아니다. 이젠 함께 행동해야 한다.

둘째, '단번에'는 없다. '오랜 시간 계속'이다.

개인도 오랫동안 싸운 후에는 다시 말 붙이기도 힘들다. 하물며 분단된 지 80년이 가깝고, 전쟁하며 원수 된 사이가 단번에 바뀔 수는 없다. 그동안 남북은 기본적인 접촉조차 하지 않다가 10년을 주기로 한 번씩 잠시 협상을 했다. 그러나 난관이 오면 '역시 믿을 게 못된다'며 상대방만 비난하고 자리를 박차고 일어섰다. 그렇게 오랫동안 신경전을 벌여 봤으니 상대가 무엇을 원하고 변치 않는 쟁점은 무엇인지 서로가 다 안다. 그러나 왜 같은 악순환을 반복할까? 남북 정권 모두 평화보다 자신의 정치적 기득권이 더 중요하기 때문이다.

다시 말하지만, 협상은 주고받기다. '내네가 무엇을 주면, 너는 무엇을 주겠냐'는 줄다리기가 당연하다. 성과 있는 협상이 되려면 서로 합리적인 의심을 갖고, 꼼꼼히 따져야 한다. 그때 나의 합당한 의심만 아니라 상대방의 정당한 의심도 인정하여 인내심을 가져야 한다. 정권이 바뀌어도 20년만 변치 않고 화해의 길을 같이 가면 평화 전환은 틀림없이 이루어진다.

셋째, 우선 반전 반핵을 선언하자.

러시아의 우크라이나 침공 이후 다시 전쟁과 핵무기의 위협이 커지고 있다. 아시아만 봐도 대만을 둘러싼 중국과 미국의 긴장이 갈수록 커지고 있다. 대만해협에서 군사 분쟁이 일어나면 주한미군도 움직일 가능성이 높고, 그러면 한반도에도 불씨가 옮겨붙기 쉽다. 물론 반대도 가능하다. 무엇보다 지금처럼 남북과 북미 사이에 기본적인 대화조차 끊어진 상황에서는 한반도의 작은 군사적 격돌도 전면전으로 확대될 가능성이 높다. 그러므로 한반도 당사자인 남북은 우선 전쟁을 막을 상호 불가침선언을 재확인해야 한다.

또한, 1990년대 냉전이 끝난 후 축소, 규제를 향해 가던 핵무기 사용의 봉인을 뜯으려는 유혹이 자꾸 커지고 있다. 북한과 미국은 유사시 핵무기 사용을 공언하고 있으며, 한국 정부도 미국 핵우산만으로 만족할 수 없다며 독자 개발을 공공연히 내비치고 있다. 그럴 경우 동아시아에 핵 도미노 현상이 우려된다. 그러므로 1991년 남북 비핵화 선언을 확대하여 북한핵도, 미국핵도, 중국과 러시아 핵도 먼저 사용하지 않겠다는 한반도 비핵화 선언을 재확인해야 한다. 반전 반핵 운동은 첨예하게 대립해 있는 남북, 미, 중 어느 한 편에 서지 않고 한반도를 당장의 전쟁과 공멸의 참화에서 벗어나게 할 수 있는 첫걸음이 될 수 있다.

넷째, 우리의 최종 목표는 한미일 동맹이 아니라 한반도와 세계평화다.

한국전쟁 당사자들에 의한 종전선언으로 전쟁상태를 완전히 끝내고, 미국과 일본은 북한과 수교하여 정상적인 외교관계를 수립해야 한다. 한반도와 동북아가 정상화되어야 한다. 북한 역시 완전한 한반도 비핵화에 적극 협조하고, 중국, 러시아를 포함한 한반도 주변 6자가 참여하는 평화 체제를 만들어야 한다. 30년 전에도 이것이 핵심이었고, 지금도, 앞으로도 이것만이 함께 살길이다. 다른 방법은 없다. 그러므로 평창의 봄은 아직 끝난 게 아니다. 평화를 선택하면 평화는 현실이 된다. 그러나 평화를 선택하지 않는 한 한반도에 평화는 없다.

〈참고도서와 권장도서〉

- 뜻으로 본 통일한국 (구교형, IVP, 2014년)

- 한 번도 경험해보지 못한 새로운 북한이 온다. (정욱식, 서해문집, 2023년)

- 비대칭 탈냉전 (이제훈, 서해문집, 2023년)

- 연결된 위기 (백승욱, 생각의힘, 2023년)

- 1945년 해방 직후사 (정병준, 돌베개, 2023년)

6장. 하나님의 정치, 한국의 정치

보통 현대국가는 국민을 국가의 주인으로 하여 주권이 국민에게 있다. 우리 헌법 역시 그렇다. 민주공화국이라는 정체1조 1항로부터 당연히 나라의 주권이 국민에게 있고 그 권력의 옳고 그름도 국민으로부터 나온다.1조 2항고 선언하고 있다. 그러므로 국민의 뜻과 동의 없는 권력은 정당성이 없다는 말이다. 현대국가가 채택하고 있는 대의 민주주의나 군주제조차도 국민주권의 행사방식일 뿐입헌군주제 주권이 한 개인이나 정당에 양도된 게 아니다.

그러므로 주권자인 국민의 정치는 직업정치인이 되거나 선거에 참여하는 좁은 의미를 훨씬 뛰어넘는다. 아니, 엄밀히 말하면 현대사회에서 국민의 모든 일거수일투족은 정치참여활동이다. 시위와 집회를 통해 정치적 의사를 표현하거나 민원 게시판이나 정치 기사에 열심히 댓글을 올리는 것도 정치참여다. 심지어 중요한 이슈에 침묵하는 행위'조차 민심이 표현되는 정치 행위다. 직업정치인의 관심사인 민심, 표심을 가늠할 수 있는 중요한 표지이기 때문이다. 그러므로 현대사회에서는 정치에 참여하는 사람과 참여하지 않는 사람은 따로 없다. 다만, 자신이 정치에 참여하고 있음을 알고 적극적으로 표현하려 하는지 그렇지 않은지의 차이가 있을 뿐이다.

인간론에서 볼 때도 사람의 가장 큰 특징 중 하나가 사람은 정치를 한다는 사실이다. 사람은 태어나면서부터 '정치적'이다. 아이들이 또래끼리 노는 장면만 살펴봐도 알 수 있다. 자기들끼리 역할과 순번을 정하고, 문제가 발생하면 상벌을 논의하고 시행한다. 그러므로 사람이 사회적 동물Homo Sociologicus

이라는 말은 정치적 동물Homo Politicus이라는 말과 통한다. 더구나 한국인만큼 정치에 깊은 관심을 갖는 국민이 전 세계에 얼마나 있을까 싶다. 한국인들의 정치적 관심은 정말 유별나다. 한국인은 입으로는 '정치에 관심 없다.' '정치가 싫다'라고 말하면서도 공중파 방송이든 포털 뉴스든, 정치 관련 뉴스를 보고 들으며 말한다.

그렇다면 한국인들은 왜 이토록 정치에 큰 관심을 가지면서도, 이렇게 정치를 싫어하게 되었을까? 정치의 본질은 무엇이며, 한국 정치는 어디로 가고 있는가? 개선할 길은 없을까? 이제 그 흥미진진한 이야기를 시작해 보자.

6.1. 정치하시는 하나님

기독교 세계관으로 말하자면 사람이 정치를 하는 것은 아주 당연하다. 정치하시는 하나님이 당신의 형상에 정치 유전자를 담아 주셨기 때문이다. 하나님은 처음부터 영원토록 다스리시는정치하시는 분이다. 하나님의 직업은 정치다. 나라를 다스리는 왕으로서의 하나님 이미지는 매우 하나님답다. "여호와께서 다스리시니"시 93:1, 97:1, 99:1 하나님의 정치는 그분의 자비롭고 공의로운 성품 그대로의 표현이기에, 그 자체로 옳다.

그러나 사람은 그렇지 못하다. 사람의 정치는 '누가' 다스리는 자리에 있다는 권력 현상에만 관심이 집중된다. '누가 차기 대권을 차지할 것인가?' '우리 지역 국회의원은 누구지?' 반면 여호와의 다스리심은 그 다스리심의 성격을 통해 당신을 드러내는 데 목표가 있다. "의와 공의가 주의 보좌의 기초라. 인자함과 진실함이 주 앞에 있나이다."시 89:14, 97:2

하나님은 홀로 만유의 주로 다스리시지만, 전제주의absolutism, 누구도 상관없이 혼자 모두 끌고 가는 체제가 아니다. 이미 살펴봤듯이, 하나님의 본질에 '공동체적 관계'성부, 성자, 성령가 있고, 하나님의 주권 아래 다스림의 사명을 사람에게 위임하셨다.창 1:26 하나님 통치의 최종 목적은 비인격적인 법이나 원리가 아니다. 진리 안에서 함께 누리는 풍요와 기쁨이다.요 10:10, 롬 14:17 그래서 하나님은 6일 동안 모든 만물을 창조하시고, 제7일에 지으신 모든 만물과 풍요와 기쁨을 함께 누리셨다.창 1:31~2:3 그러므로 하나님의 정치는 사람의 정치로 반영된다. 반대로 사람의 정치는 하나님의 정치에서 비롯된다. 곧, 하나님의 형상인 사람에게 위임된 정치는 하나님의 선하심을 반영하는 정치다. 초심을 잊고, 출발에서 멀어질수록 자꾸 제 길에서 멀어지게 된다. 그러므로 우리는 사람의 정치를 세우신 하나님 나라 정치의 기원부터 알아야 한다. 성경에서 그것은 이스라엘과 초대교회를 통해 대표된다.

구약의 하나님 나라 정치: 이스라엘

먼저 이스라엘이다. 2014년 필자가 쓴 '뜻으로 본 통일한국'IVP에서 인용해 보자.

"이스라엘 왕국은 하나님 나라가 어떠한지를 이 땅에서 보여 줘야 하는 '그 나라'의 그림자였기 때문이다.출 19:5, 6 그래서 하나님은 그들이 '그 나라'로서 살아야 할 모습들을 모세를 통해 보여 주셨는데, 그것은 아주 거시적인 국가관으로부터 구체적인 생활상에 이르기까지 매우 다양하고 세심했다. 그게 바로 모세의 율법들에 담겨 있는 내용이다.신 4:5 · 8

첫째, 하나님을 중심에 둔 공동체적 국가상을 볼 수 있다. 당시의 눈높이에 맞춰 이스라엘에도 신분과 계급이 분명 있었다. 그러나 그것은 사람들의 악함으로 인해 마지못해 허용한 것이지 절대적인 게 아니었다. 그래서 이스라엘에서는 왕조차 다른 나라와는 다르게 절대 권력일 수 없었다.신 17:16 · 20; 막

둘째, 개인과 사회 공동체의 조화가 있다. 이스라엘은 획일화된 사회가 아니다. 기본적 자유가 보장되었고, 재산 소유와 처분도 기본적으로 인정되었다. 그러나 이러한 개인의 권리는 사회 공동체 전체와 공익을 위해서는 제한되도록 하는 장치가 있었다. 동포를 노예 삼는 것은 허용되지 않았고, 땅이나 집 같은 기본적인 공공재들은 모두 사회적 공동 소유로 두었다.레25장

셋째, 이러한 이스라엘에도 불의와 부패와 압제가 언제든 일어날 수 있었기에 하나님 스스로 최후의 안전판이 되신다. 어디서도 억울함을 해결하지 못하는 약자의 호소를 하나님이 직접 들으시고출 22:23, 27; 신 24:15, 특히 사회의 가장 약한 구성원들인 고아, 과부, 나그네를 하나님이 직접 챙기신다.신 10:18; 14:29

이렇게 이스라엘은 돈과 권력을 토대로 작동하던 열방과 구별되는 국가관, 국정 운영, 국민 생활 등을 통해 하나님의 자애롭고 공의로운 성품을 드러내야 했다.신 4:5 • 8 그럴 때 열방도 하나님을 믿고, 하나님께 돌아올 것이었다. 그러므로 우리도 새로운 통일 한국을 꿈꿀 때 하나님의 성품을 반영하는 이러한 이스라엘의 청사진을 반드시 품어야 한다."149쪽

그러나 이스라엘 왕국은 하나님 나라로 살아가고 구현하는데 실패했다. 나라가 망한 후 이스라엘은 바벨론 포로의 치욕을 겪었고 그 후 다시 조국 재건에 힘썼다. 그러나 하나님은 다시는 세상 왕국의 형태로 그의 나라를 표현하지 않았다.

신약의 하나님 나라 정치: 초대교회

예수 그리스도는 하나님 나라와 역사의 모든 국면을 다 바꾸었다. 하나님

은 이제 그리스도 안에서 죽고 다시 살아난 믿음의 공동체인 교회를 통해 하나님 나라를 표현하신다. 초대교회는 거듭난 이들의 선교와 구원 공동체다. 그러나 하나님의 정치 관점에서 본다면 교회는 하나님의 독특한 정치공동체다. 일반인이 정치 권력을 갖거나 정치적 의사 표현을 하는 것이 원천 부정되던 당시에 세상 문화와 확연히 대조되는 교회의 문화, 삶의 방식은 그 자체가 강한 정치적 메시지였다. 그들은 정치 권력을 얻으려 하거나 정치 언어를 사용하지도 않았지만, 삶의 방식 자체가 눈에 띄는 대안적 정치로 기능했다. 대제사장과 빌라도가 예수님을 위험인물로 여겨 정치범처럼 십자가에 못 박은 것이나 데살로니가 사람들이 바울 일행을 가리켜 황제를 거스르고 다른 임금 예수를 전파하며 천하를 어지럽히는 무리라고 고발한 사실행 17:6~7이 좋은 예다.

하나님 나라를 서슬 시퍼런 로마제국보다 더 분명한 조국으로 믿는 초대교회의 독특성은 민족적, 계급적, 성적 차별을 운명처럼 받으며 살아왔던 사람들을 순식간에 매료시켰다.행 2:43~47, 5:12~14 마치 구한말 선각자들이 성경에서 부패 무능한 조선이나 약육강식의 열강과는 대조되는 새 조국의 비전을 보고 기독교로 속속 개종한 것과 비슷하다. 정치를 표방하지 않았으나 세상 나라와 구별되고, 대결하는 정치공동체로 역할 한 것이다. '예수는 어떤 공동체를 원했나'16는 이 사실을 가장 잘 보여준 고전이다.

그렇다면 하나님의 정치를 드러내는 초대교회의 정치는 어떤 것일까?

민족이나, 신분, 남녀의 차이를 뛰어넘는 인간 보편성의 정치였다.

"너희는 유대인이나 헬라인이나 종이나 자유인이나 남자나 여자나 다 그리스도 예수 안에서 하나이니라."갈 3:28 지금 우리에게는 너무 당연하고 일반적인 상식 같다. 그러나 정치적, 문화적, 민족적 우열이 당연하고, 타고난 신분이 하늘이 정한 것으로 믿고, 여자로 태어난 것을 저주로 여겼던 당시에 이는 천지개벽의 소리였다.

초대교회의 정치는 개인의 자유와 사회적 공공성을 함께 존중했다.

우선 개인의 기본권으로서의 소유와 사유재산은 존중된다. 그러므로 권력에 의한 사유재산의 부정이나 갈취는 옳지 않다. 그러나 재산 소유권은 최우선적인 절대 권리가 아니며 타인의 생존과 공공적 필요에 따라 제한될 수 있다. 따라서 그리스도인은 사랑의 연대성으로 부의 편중과 대물림이 발생하지 않도록 유무상통의 분배경제를 지향한다. ^{행 4:32~35}

• 초대교회는 군림이 아닌 섬김 정치의 표본이었다.

아무리 좋은 이상과 목표가 있더라도 그것은 정치인들의 권력 행사를 통해 실현된다. 정치가 위험할 수 있는 것은 인간이 꿈꾸는 이상과 목표를 위해 권력을 모아주는 합법적 장치이기 때문이다. 정치는 모든 인력과 자원을 사회적으로 분배, 조정할 권한을 갖는다. 그러므로 정치는 단순한 기술이 아니며 그 어떤 영역보다 책임과 검증이 중요하다. 그 중심에 인격성이 있다. "이방인의 집권자들이 그들을 임의로 주관하고 그 고관들이 그들에게 권세를 부리는 줄을 너희가 알거니와 너희 중에는 그렇지 않아야 하나니 너희 중에 누구든지 크고자 하는 자는 너희를 섬기는 자가 되고 너희 중에 누구든지 으뜸이 되고자 하는 자는 너희의 종이 되어야 하리라." ^{마 20:25~27} 그러므로 지금 한국 정치에서 자주 보는 것 같이 집권과 권력 장악을 위한 수단처럼 여기는 의식은 하나님의 정치에서 허용될 수 없다. 이제 하나님의 정치를 흉내 내는 존재로서의 사람의 정치가 한국에서는 어떻게 실행되고 있는지 우리 현실을 살펴보자.

6.2. 해방 후 한국 정치의 역사

해방 이후 한국 정치가 걸어온 과정을 살펴보면 크게 두 시기로 나누어 볼 수 있다.

첫째, 초대 이승만 정부 시기1948~60년와 박정희 • 전두환으로 대변되는 군부독재 정부 시기1963~88년. 그 사이의 윤보선 민주당 정부1960~62년와 최규하 정부1979~80년가 있었지만, 시대적 영향과 역사적 의미가 크지 않았다

해방과 함께 독립 조국의 과제는 36년 식민 지배를 제대로 청산하여 정체성을 확보하여 그 위에 민주국가를 세우는 것과 절대빈곤에서 벗어나 민생경제를 바로 세우는 것이었다. 그러나 대한민국은 처음부터 미소 세계 냉전 구조의 최전선에 내몰려 버렸다. 그 틈을 이용해 청산되어야 할 친일 세력은 하루아침에 친미 반공 애국자로 변신하여 기득권 연장에 성공하였다. 게다가 분단 정부 수립 2년 만에 겪은 참혹한 한국전쟁은 '닥치고 친미 반공'의 정당성을 더욱 굳혀 주었다. 이승만 대통령은 스스로 '국부'國父라 불리기를 즐기며 12년 동안 초대 대통령의 특혜를 누릴 대로 누렸다.

이어진 30년 군부독재1961~1993년 기간은 한국의 고도성장 시기이기도 했다. 그래서 경제성장은 일제 청산과 분단극복이라는 국가 정체성 과제를 건너뛰는 명분이 되었다. 헌법과 의회도 있었지만, 그보다 훨씬 큰 대통령의 절대 권력이 있었기에 법이나 절차를 뛰어넘는 통치권이 행사되었다. 그동안 수많은 선거를 치렀지만, 국민의 민심은 자유롭게 행사되지 못했다. 그 결과 늘 여당만 하는 정당만년 여당과 늘 야당만 해야 하는 정당만년 야당이 따로 있었다. 정책보다는 대통령의 뜻을 충실히 받드는 여당과 대통령의 독재를 견제

하는 야당으로 선명한 구도였다.

둘째, 여기서 노태우 정부1988~93년 시기가 매우 중요한 전환점이 된다. 성격상으로 보면 박정희 • 전두환에서 이어온 군부독재 정부의 연장이었지만, 1987년 민주화운동의 열매로 쟁취한 직선제 개헌을 통해 국민이 선출한 대통령이었기 때문이다. 현재까지 이어온 헌법과 정치체제는 그때 만들어진 것이다. 각 정당은 국민 앞에서 경쟁을 통해 얻은 결과에 따라 집권하고 의회에 진출할 수 있게 되었다. 지금은 당연해 보이지만 당시는 수많은 희생자와 국민의 저항으로 어렵게 쟁취한 권리였다. 노태우 정부가 1972년 유신 시대 이후 15년 만에 국민의 손으로 뽑은 직선제 대통령이었다면, 김영삼 정부는 30년 군부 시대를 끝낸 첫 문민 시대를 열었고, 이어진 김대중 정부는 헌정사 첫 평화적 정권교체를 통해 탄생한 정부였다. 그때로부터 지금까지 20여 년 동안 몇 번의 여야 정권교체가 이어져 오고 있다. 지금은 당연한 상식이지만 이게 한국 정치와 민주주의 발전에 큰 동력이 되었다.

크게 보면 지난 80여 년 한국은 식민잔재 청산, 분단체제 극복에 소홀히 하는 대신 세계 최강 미국의 충실한 동아시아 파트너로서 경제와 안보에 집중하여 정당성을 확보한 역사였다. 세계에서 가장 부유한 나라의 후원 가운데 경제를 일으키고 세계에서 가장 강한 나라와 동맹을 맺어 안보를 해소하려한 것은 큰 효과를 발휘하였다. 한국이 세계에서 가장 단시간 안에 압축적 성장이 가능했던 이유다. 게다가 오래 쌓여온 독재에 대한 저항 의식이 교육받은 중산층과 만나 1980년대부터 민주화의 성과도 상당 부분 이루어 냈다.

반면, 〈친미 반공 • 경제성장〉은 한국의 실질 가치가 되었고, 그 틀을 벗어나는 활동은 철저히 불온시 되었다. 아무리 그럴듯한 명분도 '빨갱이' 한 마디로 다 무너질 수 있었다. 한국 정치가 정책과 상식보다 거대양당 중심의 대립 구도를 크게 벗어나지 못한 것도 오랜 기간 〈반공정부여당 대 반독재야당〉라는 선명한 가치로 맞서는 구조를 유지해 왔기 때문이다. 이는 21세기에 들어선 지금까지도 한국 정치의 기본틀을 굳게 붙잡고 있다. 더구나 정당과 정치인만 아니라 국민의 의식과 생활 구석구석까지 파고들어 경직성을 굳게 했다. 일제의 식민지, 해방과 더불어 강제된 좌우 이념, 분단국가, 가난, 전쟁과 독재 등을 거치며 한국 민중은 자신과 가족의 목숨 하나 달랑 건지기에도 너무 위험하고 살벌했다. 생각과 입장의 차이를 정책과 정치로 소신껏 담아내기보다는 줄을 잘못 서고 입을 잘못 놀리면 언제든 죽을 수도 있다는 경험이 누적된 두려운 역사다. 반면, 그 생존에 대한 두려움은 소신을 포기하는 대신 가족을 부양하고 어떻게든 살아나야 한다는 생존의 욕구를 자극하여 눈부신 경제성장과 중산층 신화의 토대가 되기도 했다.

영남 중심 · 호남 배제 지역 분할정치, 거대양당의 자양분이 되다.

한국 정치를 이야기할 때 잊어서는 안 되는 중요한 사실이 하나 더 있다. 바로 호남전라도 배제를 뼈대로 하는 지역 분할정치다. 세계 어느 나라도 지역에 따른 정서가 있고 차별의 역사가 있다. 한국 현대사에서 그것은 군사정부 및 기득권층 최대의 맞수인 김대중을 제압하기 위한 구상으로 각색되었다. 박정희 대통령은 고전한 1971년 대통령선거에서 신민당 김대중 후보를 이기기 위해 막판에 영남의 지역감정을 불러일으켰다. 그러나 대선 패배 후에도 선전한 김대중에 대한 국민적 애착은 쉽게 잠재워지지 않았다. 유신 정권은 김대중에 대한 공산주의 의혹을 줄기차게 뒤집어씌웠고, 그 절정이 1980년 5월 광주 사건이었다. 이후 수십 년 동안 김대중과 전라도호남/광주는 함께 엮여 '빨갱이 동네' '반란의 수괴'로 불리며 사회적 배제를 당해야 했다. 이건 군이 학술적 증언이 필요 없다. 서울 출신인 나도 청소년, 청년 시절 집안 어른과 주위에서 수없이 들었던 소리다.

이는 1987년 대통령선거 이후 정부 여당의 주요한 선거전략이 되어서 '위험한 호남' vs '발전과 안정을 바라는 비호남' 구도로 큰 효과를 봤다. 1997년 마침내 김대중의 대통령 당선으로 호남 정부가 탄생함으로써 이후 영호남 갈등도 표면적으로는 많이 완화되었다. 그러나 지금도 거대양당의 충돌이 격화될수록 영호남 대립은 다시 커진다. 오죽하면 호남 지지가 높은 민주당조차 김대중 대통령을 제외한다면 당선되려면 영남 출신 후보노무현, 문재인를 대통령으로 내세워야 할 정도다. 총선이나 지방선거는 철저히 양강구도로 진행되지만, 대선만큼은 여전히 영남 독식 현상이 심하다.지금까지 총 13명의 대통령 중 8명이 영남 출신

그러나 지역 분할정치가 시작된 지 30여 년이 지난 지금까지도 영호남에 기반을 둔 양당을 먹여 살린다. 아무리 부패무능 해도 영호남의 기반을 갖는 양당은 자기 고향에서만은 거의 석권하고 그 힘을 바탕으로 전국 선거를 치를 수 있다. 어느새 지역 분할 구도가 양당만은 가장 중요한 정치적 자산이 된 것이다. 양당은 확보되어있는 든든한 자산이 있으니 깊은 반성도, 철저한 개혁도 없이 정치 기득권에 안주하고, 자기 지역에서는 왕 노릇을 한다.

지금까지 얘기했던 대한민국 헌정사 속의 역대 대통령의 시대와 역할을 표로 만들어 보았다.

정부 이름 (집권당)	대통령(재임 기간)	고향	재임 기간 주요 사건, 특징
제1공화국 (자유당)	1, 2, 3대 대통령 이승만(1948~1960년)	황해도 평산	남북한 정부 수립(1948년), 한국전쟁(1950~1953년), 4.19 혁명(1960년)

제2공화국 (민주당)	4대 대통령 윤보선 (1960~1962년)	충남 아산	의원내각제(장면 총리), 5.16 군사 쿠데타(1961년) 후 민주당 정부 붕 괴
제3공화국 (공화당)	5, 6, 7대 대통령 박정 희(1963~1972년)	경북 구미 (영남)	군사정권 시작, 경제개발 5개년 계획 시작(1962년), 베트남 파병 (1964~73년), 한일협정(1965년)
제4공화국 (공화당/유신정 부)	8, 9대 대통령 박정희 (1972~1979년)	경북 구미 (영남)	유신 정변(1972년), 박정희 피격 사 망(1979년)
최규하 정부 (공화당)	10대 대통령 최규하 (1979~1980년)	강원도 원주	12.12 군사 쿠데타(1979년), 광주민 주화운동(1980년)
제5공화국 (민정당)	11, 12대 대통령 전두 환(1980~1988년)	경남 합천 (영남)	6.10 민주화항쟁, 대통령 직선제 수 용(이상 1987년)
제6공화국 (민자당)	13대 대통령 노태우 (1988~1993년)	대구(영남)	서울올림픽 개최(1988년), 3당 합당 (1990년), 남북 유엔동시가입(1991 년)
문민정부 (신한국당)	14대 대통령 김영삼 (1993~1998년)	경남 거제 (영남)	문민시대 개막, 금융실명제 실시 (1993년), IMF 구제금융사태(1997 년)
국민의 정부 (새정치국민회 의)	15대 대통령 김대중 (1998~2003년)	전남 신안 (호남)	첫 평화적 정권교체, 첫 남북정상회 담(2000년)
참여정부 (새천년민주당)	16대 대통령 노무현 (2003~2008년)	경남 김해 (영남)	대통령 탄핵사태(2004년), 이라크 파병(2004년), 2차 남북정상회담 (2007년)
이명박 정부 (한나라당)	17대 대통령 이명박 (2008~2013년)	경북 포항 (영남)	광우병 사태, 4대강 사업(이상 2008 년), 용산참사, 쌍용차 사태(이상 2009년), 천안함 사건, 연평도 포격 사건(이상 2010년)
박근혜 정부 (새누리당)	18대 대통령 박근혜 (2013~2017년)	대구(영남)	세월호 참사(2014년), 주한미군 사 드 배치, 대통령 탄핵과 하야(이상 2017년)
문재인 정부 (더불어민주당)	19대 대통령 문재인 (2017~2022년)	경남 거제 (영남)	평창동계올림픽 북한참가(2018년), 남북미중 순회정상회의(2018~ 2019 년), 조국 사태(2019년)

윤석열 정부 (국민의힘)	20대 대통령 윤석열 (2022년~현재)	서울	대통령 집무실 용산이전, 이태원 참사(이상 2022년), 대 미국, 일본 종속 논란(이상 2023년)

6.3. 이승만과 김일성이 함께 만든 분단 한반도

대한민국의 정치는 그저 한국만의 정치가 아니다. 한국남의 모든 역사는 북쪽의 또 다른 파트너인 조선북과 깊은 연관 속에서 발전해 왔다. 그중에서도 정치가 더욱 그렇다. 그러므로 독특한 한국 정치를 만들어 온 조선과의 관계성을 반드시 살펴야 한다.

대한민국 70여 년이 〈친미 반공 · 경제성장〉을 바탕으로 발전했다면, 조선민주주의인민공화국은 〈우리식 사회주의 · 주체사상〉를 뼈대로 전개되었다. 남북한 모두 그 정체성을 내세워 체제 안팎의 적으로부터 나라를 지킨다는 명목으로 독재체제내부적와 분단체제외부적를 수립하고 강화해 왔다. 그런데 70년이 넘는 남북한의 이 뼈대를 처음 만든 주역이 바로 이승만과 김일성이다. 물론 경제성장남과 주체사상북은 후대에 더 본격화되지만, 남북한과 한반도의 기본체제 형성에 두 사람의 절대적인 영향력은 배제할 수 없다. 그러므로 두 사람의 시대와 정치를 살펴보는 것은 오늘 한반도를 이해하기 위해 매우 중요하다.

〈이승만의 한국〉

친미 반공의 이념 수립은 일제 식민지 청산 실패와 같이 간다.

대한민국의 헌법적 정체는 자유민주주의 공화국이지만, 사실상의 이념은 친미 반공이다. 물론 1945년 해방 당시 한반도 이남 지역이 처음부터 미군이 장악하고 주권을 행사했기에 친미 반공적 한국의 형성은 자연스럽다. 그러나 그중 이승만의 역할이 거의 절대적이다. 그는 40여 년 동안 미국에 거주하며 미국 정계와 맥아더 등 거물급 인사와 교류하던 힘을 바탕으로 귀국 직후부터 불모지나 다름없던 조국에서 빠르게 권력을 쟁취해 갔다. 그의 정치적 자산이 바로 미국을 등에 업은 강력한 반공 체제의 수립이었다. 미국도 처음에는 그의 지나친 권력 지향성으로 이승만을 신뢰하지 않았지만, 이미 소련과 세계 이념 대립이 굳어진 마당에 결국 그를 지지할 수밖에 없었다.

문제는 대한민국 역사에서 친미 반공의 이념은 항상 일제 식민지 청산의 부정과 동전의 양면처럼 짝을 이뤄 진행되었다는 점이다. 왜 그런가? 2차 대전 종전 후 소련, 중국 등 현실 사회주의와 대결하는 냉전체제 아래 미국의 동아시아 전략은 일본의 재건을 축으로 진행되었기 때문이다. 그래서 미국의 동아시아 전략에서 한국과 일본의 화해는 절실했고, 당연히 일제 식민지 청산 과제는 불필요한 과거 들추기로 여겨졌다. 1948년 악질 친일 행위자를 척결하기 위한 '반민특위'는 이승만 정부에 의해 강제 해산되어 공식적으로 막을 내렸다. 이를 통해 다시 복권된 친일파들은 자신들의 정당성 확보를 위해서도 더욱 친미 반공주의자로 변신해 갔다. 70여 년에 지난 지금 친일파도, 독립운동가도 본인은 없지만, 여전히 한미동맹을 내세워 일본의 식민범죄 행위를 누누며 이제는 한미일 외교/군사동맹으로까지 발전하고 있나. 이승만이 만든 체제다.

제왕적 대통령제의 기초를 만들어 30년 군부독재의 씨앗을 심다.

'이승만' 하면, 1960년 3.15 부정 선거와 4.19 혁명과 함께 자유당 독재를 떠올리지만, 사실 그의 권위주의적, 독재적 정치행태는 훨씬 오랜 이력을 갖고 있다. 그는 모든 것을 자신이 결정하지 않으면 누구와도 함께 협력할 수 없는 기질로 유명했다. 한국 정치에는 삼김 시대 때부터 '대통령병 환자'라는 비아냥이 떠돌았지만, 이승만은 소위 제왕적 대통령제라는 한국형K 대통령제를 처음 구상하고 실행한 인물이다.

1919년 3.1 운동 이후 온 세계에 한민족의 독립 열망을 알리려는 임시정부의 국무총리 신분으로 그는 각국 지도자들에게 편지를 보냈다. 그런데 거기서 그는 당시 존재하지도 않던 대한민국 대통령으로 자신을 소개하였다. 나중에 이를 알게 된 임시정부의 거센 항의를 받았지만, 오히려 그는 지금 와서 이를 취소하면 국제적 위신이 떨어질 것이라고 압박하여 아예 대통령직을 받아내고야 만다.

해방 후 1948년 대한민국 정부를 수립하면서 그의 고질병은 더 크게 도졌다. 5.10 선거로 구성된 제헌국회 최대의 관심은 대한민국을 이끌 행정부 구성을 어떤 제도로 할 것인가의 문제였다. 헌법기초위원회는 정치 안정과 독재 방지를 위해 상징적 대통령과 실권형 총리에 의한 내각제를 제안했고 대부분의 지지를 받았다. 그러나 대통령에 대한 목표 의식이 분명했던 이승만이 여러 차례 반대했다. 그래도 뜻을 이루지 못하자, 이 헌법에서라면 자신은 어떤 직책도 맡지 않고 민간 국민운동에 전념하겠다고 전격 선언했다. 이승만은 북한보다 앞선 벼랑 끝 전술의 원조다. 이미 민족지도자 김구, 김규식 등이 참여하지 않은 상태에서 이승만마저 빠진다면 첫 정부 구성이 위태로워질 것을 우려한 국회는 마침내 그의 요구를 수용해야 했다. 대한민국은 민주공화국이다, 박찬승, 돌베개, 2013년, 326~328쪽 참조

그러나 이승만의 독재적 성향을 우려하여 최소한의 견제 장치만은 담아두려고 했다. 제헌의회는 대통령의 국무총리 임명은 국회의 동의를 구하고, 나

머지 국무위원은 대통령이 직접 임명하는 것으로 했다. 그러나 우리나라 대통령제 실제 운영에서 국무총리는 철저히 대통령에 종속되어 움직인다. 유신 시대에는 각종 행사에서 대통령 대신 축사를 읽는 역할만 수행한다는 의미로 '대독代讀 총리'라는 말까지 나왔을 정도다. 예외적인 인물이 있다면 김영삼 대통령 시절 이회창 총리, 김대중 대통령 시절 김종필 총리, 노무현 대통령 시절에는 이해찬, 고건 총리 정도가 나름의 실세 총리 역할을 했다.

또 국무원 제도는 '대통령과 국무총리, 그리고 기타 국무위원으로 조직되는 합의체로서' '대통령에게 결정권이 일임되는 대통령제와 달리 국무위원들까지 함께 참여하여 표결로써 중요 국책을 의결하는' '의원내각제의 내각과 각의에 해당하는 제도인데', '제헌 헌법이 최종적으로 대통령제로 수정될 때 삭제되지 않고 대통령제와 내각책임제를 절충한 제도로써 국무원이 제헌 헌법에 남게 되었다.' 대한민국 국무원, 나무위키, 2023 • 06 • 07 최종수정

이승만은 미국과 같은 자유민주주의를 대한민국의 정당성으로 내세웠지만, 실제 그의 국정 운영은 선거마다 부정으로 일관하고, 공권력을 동원하여 압박하고, 전제군주 같은 절대권을 행사하며 12년의 독재를 이어가다가 쫓겨났다. 이는 후임 대통령들의 역설적 본보기가 되었다. 이승만에 의해 도입되고 실행된 독특한 K • 대통령제는 원조인 미국보다 더 강력한 권한을 행사하면서 원하면 언제든 대통령 독재와 전횡이 가능하도록 지금도 운영되고 있다.

분단체제를 내세우며 정적을 제거하다.

그러나 뭐라 해도 이승만 대통령의 가장 치명적인 죄악은 미소에 의한 냉전체제를 더욱 강화하여 극단적 남북 분단체제를 만든 것과 그것을 빌미로

수많은 정적政敵을 제거하고 무고한 국민조차 죽이기를 서슴지 않았다는 것이다. 제도적으로나 실질적으로 반공을 명분으로 빨갱이, 친북의 의심만으로 숙청하고, 살해할 수 있는 첫 기초를 놓았다. 1949년 김구 선생 암살에 분명히 개입, 방조한 정황은 너무 분명하다. 독립운동가였고 경찰의 친일청산 등을 주장하며 이승만과 맞섰던 최능진을 전쟁 중이던 1951년 이적죄로 처형하였다. 초대 농림부 장관과 국회 부의장을 두 번이나 역임했고, 1956년 대통령선거에 나가 이승만 대통령과 맞섰던 조봉암도 1959년 간첩죄와 국가보안법 혐의로 처형했다. 제주 4.3 사건이나 여순사건에서 재판없이 학살되거나 수감된 사람은 얼마나 많은가? 무엇보다 한국전쟁이 일어나자 본인은 이미 대전으로 피난 간 상태에서 시민들은 염려 말고 서울에 머물라고 거짓 방송하고 한강 다리를 폭파하여 많은 사람이 죽었다. 서울수복 이후에는 피난 못 간 시민 중에 좌익협력의 의심만으로도 죽이는 일이 일어났지만, 이를 알면서도 방조하였다.

이승만 대통령은 뒤따른 박정희, 전두환 등 군부 독재정권이 수많은 거짓 정치 사건, 간첩 사건을 만들어 정적과 시민을 숙청하고, 구금하고, 고문하고, 처형하는 좋은 본보기가 되었다. 4.19로 하야할 때까지 그는 사실상 중요한 결정을 혼자 다 결정하였다. 그런데도 이승만주의자들은 업적은 그에게 돌리고 국부, 건국 대통령, 잘못은 모두 이기붕, 최인규 같은 측근들에게 돌리고 있다. 마치 패전 후 모든 책임을 군부와 내각에 돌리고 천황만은 살려내려던 일본과 같다. 그들이 이제 이승만 기념관까지 세우려고 한다. 박정희 대통령은 치적과 과오가 엇갈리며 얼마든지 논란이 가능하다. 그러나 대통령 이승만은 다르다. 국부, 기독교 대통령이라는 말은 어불성설이다.

〈김일성의 조선〉

한국남과 조선북은 자유민주주의와 사회주의, 자유시장경제와 통제경제 등 모든 면에서 다른 체제를 선택하였다. 그러나 국가 운영과 통치 방식, 국민인민 동원 방식 같은 실제 운영 면에서 상당 기간 놀랍게도 닮은 점이 많았다. 지금까지 이어지는 그 모델의 기초는 이승만과 김일성이 놓았다. 이제 〈주체사상 • 우리식 사회주의〉로 틀 지워진 김일성의 조선이다.

김일성 장군 신화로 독립운동사를 바꾸고 국가 정통성을 세우다.

불과 30년 전만 해도 우리나라에서 북한을 세운 김일성의 항일운동은 새빨간 거짓말로 가르쳤다. 그러나 1990년대 냉전 시대가 끝나고 소련, 중국 등 사회주의권 문서들도 잇따라 공개되면서, 그것에 대한 논란은 끝났다. 그러나 북한이 내세우듯이 김일성의 활약이 다른 독립운동 및 무장투쟁을 압도할 만큼 대단한 것은 결코 아니었다.

축지법을 쓰며 날아다니고, 솔방울로 폭탄을 만들고, 모래알로 쌀을 만들었다는 김일성 장군 신화의 바탕이 바로 보천보 전투다. 역사적 사실을 확인해 보자. 1937년 김일성이 이끄는 동북항일연군 150여 명이 함경북도 보천보의 주재소를 습격하여 순사와 보조원 9명을 죽이고 10여 명을 부상시킨 게 전부다. 더구나 그 보복으로 일본군은 동북항일연군을 와해시켜 버린다. 다만, 한반도를 완전히 장악했다고 믿었던 때 무장 습격을 벌였다는 점과 김일성의 이름이 역사에 처음으로 기록하였다는 점은 평가할 수 있겠다.

그러나 이러한 김일성 장군 신화는 북한 성립 후 더욱 확대되고 날조되어 그의 유일 독주 체제를 정당화하는 근거가 되었다. 북한 정권 수립 후 박헌영을 비롯한 국내 사회주의 운동은 물론 만주, 연해주, 중국 내륙 등 해외 무장

투쟁, 그리고 아예 공산주의 소련과 중국에 합류하여 운동했던 수많은 독립운동과 사회주의 운동은 무시되고, 핵심인물들은 차례차례 제거된다. 심지어 1980년대 남한 학생운동 주류였던 '민족해방파'NL 중에서도 김일성 장군신화와 그의 항일운동 주도를 굳게 믿던 이들이 있을 정도였다. 그러므로 북한 정권은 김일성이 주도한 강력한 항일운동의 정통성 위에서 수립된 게 결코 아니다. 김일성은 민족해방운동의 주역이 결코 아니었다.

주체사상을 통해 수령독재 왕조를 세우다.

사회공산주의 이념으로서의 마르크스주의는 모든 역사와 사상, 제도는 물질적 생산 관계하부구조의 변화에 따라 결정된다는 역사 유물론에 뿌리내리고 있다. 그러나 주체사상은 이러한 경제결정론을 비판하며 오히려 역사발전을 이끄는 힘은 인민대중의 주체적 역량에 달렸다고 한다. 또 인민대중을 대표하는 것은 노동 계급이며, 노동 계급을 옹호하는 세력은 당조선노동당이며, 당을 영도할 책임과 능력은 수령에게 있다. 또 수령의 영도력이 시대와 환경변화에도 불구하고 흔들림 없이 이어지려면 수령의 뜻을 가장 잘 받들 수 있는 세대의 계승이 필수적이다.

북한은 한국전쟁을 거치고 1960년대를 지나면서 이미 다른 경쟁자 없는 김일성의 나라가 되었다. 또 1970년대 초에는 김일성의 동생인 김영주를 제치고 아들 김정일의 후계 구도가 이미 굳어졌고 이때 주체사상이 북한의 지도이념이 되었다. 박정희가 유신독재를 시작한 1972년 10월 즈음에 북한에서 김일성도 사회주의 헌법을 만들어 주석이 됨으로써 영구 독재의 발판을 마련하였다. 1994년 김일성이 죽은 뒤에는 그의 장남 김정일이, 2011년 김정일이 죽은 후에는 다시 김정은이 백두혈통을 이은 북한의 영도자가 되었다.

결국 북한 주체사상은 사회주의 지도이념이라기보다는 〈인민대중→노동계급→당→수령→세습〉으로 이어지는 검증 불가능한 신화적 연관 논리에 따라 김일성 가문의 세습 독재를 영구화하는 이데올로기로 작용하고 있다. 김일성 혈통에 의해 존재하는 나라이므로 그 혈통의 불안은 곧 국가 존망의 위기로 직결된다. 주체사상의 그럴듯한 논리에 속지 말자.

조국 통일을 내세워 전쟁을 일으키고 분단체제를 더 깊게 뿌리 내리다.

한국현대사에서 이승만과 김일성은 서로 다른 방향을 바라보고 같은 역할을 수행한 동지 같은 생각이 든다. 분단과 전쟁, 독재적 남북과 여전한 냉전적 한반도 체제를 만드는 데 두 사람의 역할은 결정적이었다. 민족과 온 겨레 앞에 김일성의 가장 큰 죄는 역시 한국전쟁이다. 전쟁 발발 전부터 양측 모두 38선을 중심으로 수많은 총격 사건이 있었고, 서로 무력 공격의 으름장을 놓았다 해도 전쟁을 일으킨 그의 책임을 피할 수 없다.

전쟁 피해자에 대한 통계들이 워낙 달라 정확하지 않으나 남북한 모두 300~500만 명으로 추산된다. 포격이나 폭격 등 전투 과정에서뿐 아니라 양측 모두가 벌인 집단학살이 곳곳에 벌어져 비전투원인 민간인 피해자가 훨씬 많다. 당시 한반도 전체 인구 약 3,000만 명 중 1/10이 넘는 어마어마한 희생이다. 김일성은 집권 초부터 소련과 중국으로부터 지속적으로 전쟁 무기와 병력을 지원받아 순식간에 한반도 전역을 무력 점령할 계획을 세우고 전쟁을 일으켰다. 한국전쟁은 아무도 알지 못하던 동아시아의 작은 반도를 세계에서 가장 위험하고, 치열한 냉전의 무대로 뒤바꾸어 버렸다.

그리고 자신이 일으킨 전쟁을 빌미로 온 인민의 당연한 삶의 욕구를 억제하고 상시적 동원체제로 내몰았다. 또 미제와 남조선 침략 저지와 조국 통일,

간첩 색출과 소탕을 앞세워 항일운동, 한국전쟁의 동지들까지 숙청하고, 처형한 사례들로 넘쳐난다. 김일성이 만들어 놓은 전시체제 비인도적 독재 통치는 70년이 지난 지금까지 이어지고 있다.

6.4. 한국 정치의 현주소

우리가 지난 역사를 열심히 살펴보는 이유는 더 나은 길을 모색하기 위해서이다. 그러므로 20세기의 사람들의 공과를 넘어 21세기도 20여 년이 더 지난 지금의 과제를 찾아야 한다. 21세기 들어와 세계는 이미 너무 많이 변했다. 이전 세기만 해도 이념 중심의 냉전체제, 인종, 민족, 종교 등 한 개인을 뛰어넘는 거대과제들로 몸살을 앓았다. 지금이라고 그런 과제들이 다 해결된 것은 물론 아니다. 그러나 1990년대 냉전체제가 깨어진 것을 시작으로, 거대구조 앞에 침묵해 왔던 개인이 이제 자유와 행복의 권리를 새롭게 표출하기 시작했다. 젠더 갈등, 가정 • 결혼 • 출산 갈등, 세대 갈등, 차별과 공정에 대한 사회적 갈등이 두드러진 이유다.

그러나 그게 전부가 아니다. 오히려 한 개인, 단체, 나라가 어찌할 수 없는 전 지구적 보편과제도 더 중요해졌다. 기후 위기로 대변되는 심각한 지구환경, 훨씬 실용적 전쟁수단이 된 핵 위협, 여전한 한반도 전쟁 위기도 반드시 해결해야 한다. 새롭게 제기된 과제에 응답하면서도, 여전한 보편과제를 한국 정치는 어떻게 대응할 것인가? 그러나 결론부터 말하면, 지금 한국 정치는 이러한 다양하고 더욱 새로워진 과제들을 제대로 다룰 의지도, 능력도 없다. 문제를 몰라서나 해법이 없어서가 아니다. 이유는 단 하나, 문제를 풀 수 있는 상태가 아니기 때문이다.

이를 대변하는 한 사건을 보자. 대선을 앞둔 2022년 2월, 가슴이 타들어 가던 당시 여당 민주당 소속 172명 의원 전원은 선거 후 정치개혁을 약속하며 지지를 호소했다. 그들이 스스로 고백한 정치개혁의 이유는 벌써 30년째 앓고 있는 한국 정치의 고질병 때문이다. 고질병의 증상들은 이렇다. '기득권 양당정치, 진영정치, 승패정치, 승자독식정치, 내로남불정치, 소모적 대결정치.' 그들은 답을 알고 있지만 30년째 고칠 마음이 없었다.

한국 정치는 상대 정당을 적으로 규정한다.(소모적 대결 정치, 진영정치)

정치는 장난이 아니다. 국민으로부터 권력을 위임받아 한 나라의 방향과 그 경영을 책임지는 것이기 때문이다. 그러므로 정당, 정치인은 기본적으로 자신의 정책을 펼치기 위해 상대 정당과 정치인과 피 말리는 경쟁을 한다. 그렇다고 정치적 경쟁자가 적은 아니다. 그러나 한국 정치에서 상대 정당과 정치인은 없애야 할 전쟁터의 적으로 여겨진다. 내가 선이고, 상대가 악이기 때문이다.

물론 이렇게까지 된 데는 앞서 살펴본 대로 깊은 사연과 오랜 과정이 있다. 어떤 사람들은 전쟁 등 해묵은 북한에 대한 증오심과 두려움을 바탕으로 오직 반공만 살길이라 주장했다. 반대의 사람들은 오랜 독재의 폭압을 목격하고 직접 경험하며 오직 민주화만이 진리라고 주장했다. 그래서 상대 당은 정치적 경쟁자가 아니라 적이다. 그래서 정답은 처음부터 정해져 있었다. 그게 무엇이든, 상대 정당의 딱 반대가 정답이다. 그러니 정치의 기본인 협상이나 타협, 조정이란 의미 없는 것이다. 타협을 시도하는 순간 배신이며, 이적행위다. 슬프지만 사실이었다.

문제는 2020년대가 지나는 지금껏 그런 적대적 이분법 투쟁을 벗어나지 못한다는 것이다. 정치가 아무 것도 하지 못한다는 것이다. 그래서 상대 당과 유력정치인의 흠집을 매일 찾아내느라, 시급한 기후 위기도, 한반도 평화와 안보도, 갈수록 커가는 빈부격차도, 지방소멸 위기와 다음 세대 과제도 아무 것도 논의할 의지도, 시간도 없다.

나는 위에서 서로 다른 체제를 가지고 실제 전쟁까지 치르며 원수 관계를 맺은 북한과도 무조건 대화하고 작은 협상 창구라도 만들어야 한다고 주장했다. 같은 한반도에 붙어사는 한 그것만이 함께 살 수 있는 길이기 때문이다. 똑같은 맥락이다. 아무리 한국 정치의 여야의 맺힌 사연이 많고 길어도 대화하고 조정하여 길을 찾지 못하면 우리나라는 길이 없다. 대한민국에서 함께 살기 위해서는 반드시 그렇게 해야 한다. 정치적 이해관계로 한없이 대치만 하기엔 우리 앞의 과제가 너무 크다. 그게 그들을 정치인으로 세운 국민의 뜻이다.

딱 한 표 차이로 모든 것을 얻고, 잃는다.(승패 정치, 승자독식 정치, 내로남불 정치, 제왕적 대통령제)

지금 우리나라 헌법과 정치제도의 기본 틀은 1987년 민주화운동 이후 쟁취한 대통령 직선제와 소선거구제 국회의원 선거 방식을 바탕으로 한다. 물론 그렇게 된 데에는 다 이유가 있다. 1948년 대한민국이 성립한 이후 대부분의 기간 강력한 독재 정부 여당과 이에 맞서는 투쟁적인 제1야당의 견제구조였다. 1987년 민주화운동의 결론은 비합법적 민중혁명을 포기하고 합법적인 정치혁명을 택한 것이다. 그래서 만들어진 게 1987년 현행 선거제도다. 당시 유력한 정치세력 모두 이미 영호남, 충청 등에 강력한 지지기반이 있었기에, 자신들에게 유리한 소선거구제를 만들었다. 10명이 출마해 최고 득표자가 겨우 20%를 얻었다 해도 그 후보만 당선되고 나머지 80%의 유권자는 '죽

은 표'死票가 된다. 그래도 영, 호남 중심의 뚜렷한 지역 구도로 치러지는 총선
과 지방선거에서 거대양당은 자기에게 유리한 지역을 거의 확보했으므로 소
선거구제를 좋아한다.

대통령선거 역시 아무리 반대자가 많아도 단지 최고 득표자라는 자격만으
로 5년 전권을 행사한다. 20대 대선 역시 윤석열, 이재명 후보 모두 지지자보
다 비지지자가 훨씬 많았다. 그러나 일단 대선에서 이겨 여당이 되면 행정부
를 책임지는 것은 물론 대한민국 국정 전반을 장악할 수 있다. 심지어 국회에
서 합의해 통과한 법률이라도 대통령이 거부권을 행사하거나 대통령령으로
다른 시행안을 만들어 국회 입법권을 무효로 만들 수도 있다. 그래서 한국 대
통령제는 '제왕적 대통령제'라는 말이 나온다.

직책은 대한민국의 통합의 상징인 공화국 대통령이지만, 사실상 자기 지지
자들만을 대변하는 편향 정치를 하게 된다. 이기면 모든 것을 얻으며 합법화
되고, 지면 다 잃고 정치보복까지 염려해야 하니 집권과 승리만 목표가 되고
져도 승복할 수 없다. 대의민주주의를 택한 나라에서 서로 원치 않는 정권퇴
진운동은 늘 50% 싸움이다. 김대중 대통령 이후 20년 동안 노무현탄핵 시도, 이
명박광우병 촛불, 박근혜퇴진, 문재인 정부도 코로나 2년으로 대중이 못 모여서
그렇지 그게 없었다면 무슨 일이 났을지 모른다. 누가 되어도 서로 50% 대통
령 몰아내기 위해 계속 헌정이 마비되고 정책실현을 위한 정치는 하지 못하
게 된다. 한국 정치의 고질병이다.

그러니 '정치는 소신이 아니라 현실이 중요하다. 무조건 승리하고, 집권해
야 뭐든 할 수 있다.'는 말이 나오게 된다. 당연히 정치가 전쟁이 되고 명분과
절차, 정당성은 뒷전이다. 무조건 '적'을 이겨야 하기에 똑같은 사안도 상대
당이 하면 폐륜이고, 우리 동지가 했다면 그냥 감싸야 한다. 한국 정치가 '내

로남불 정치'가 된 이유다.

양당은 아무리 못해도 각자 믿는 구석이 있다.(기득권 양당정치)

여러 번 얘기했지만, 한국 정치는 기본적으로 굳건한 영호남 지역 기반을 중심으로 양당이 최소 저지선을 확보하고 하는 경기다. 잘하면 집권^{다수당}이고 못해도 제1당은 아무런 문제 없다. 제3당은 아무런 의미가 없다. 그래서 '기득권 양당정치'다.

현재 21대 국회^{2022.5.30.~} 의석 분포를 살펴보자^{2023년 7월 7일 기준} 더불어민주당 168석^{56.19%}, 국민의힘 112석^{37.46%}, 정의당 6석^{2.01%}, 진보당 1명^{0.33%}, 기본소득당 1명^{0.33%}, 시대전환 1명^{0.33%}, 무소속 10명^{3.34%}이다. 그러니 더욱 양당의 목소리 외에는 들을 필요도 없다. 사실 우리나라 국민 중 상당수는 지나친 양당정치에 대한 깊은 회의와 피로감을 느끼고 있다. 변화를 원한다. 그러나 실제 정치판 구성이 이렇게 되니 어쩔 수 없다고 체념하고 만다.

그러나 원래 그런 게 아니다. 지금 선거제도가 국민의 실제 표심을 왜곡한 것이다. 지난 2020년 21대 총선에서 미래한국당^{현 국민의 힘 위성정당}은 33.8%, 더불어시민당^{현 더불어민주당의 위성정당}은 33.4%의 지지를 받았다. 그러나 오히려 국민의 힘은 34.3%^{103석}, 민주당은 60%^{180석}을 가져갔다. 미래한국당이 더 낮은 득표율을 받은 더불어시민당에 훨씬 적은 의석을 받은 것은 선거 막판까지 정치개혁안을 거부한 그들의 자업자득이다. 중요한 것은 표심의 왜곡이다.

그러나 더 심각한 것이 있다. 국민이 두 정당에 준 표는 67.2%이지만, 전체의석의 무려 94.3%^{283석}를 가져간 것이다. 그 말은 거대양당을 지지하지 않은 32%가 넘는 유권자의 표심은 겨우 6%로 계산되었다는 말이다. 우리나라 유권자 중 1/3이 양당과는 다른 선택을 했음에도 현행 선거제도는 그것까지 어떻게든 두 당에 몰아넣는 것이다. 그러니 두 당과는 다른 정치적 견해는 아예 반영될 통로가 없게 된다. 영역별, 직능별, 세대별, 성별로 훨씬 다양한 국민적 관심과 참여 욕구가 표현되지만, 선거만 치르면 이를 거의 반영하지 못한다. 결국 지금처럼 국민의 소리보다는 자기 당 주류의 이해관계만 대변하는 기득권 정치가 계속되는 것이다. 국민은 갈수록 선거의 필요성에 회의를 느끼게 된다.

한국 정치는 정책 중심의 정당정치가 아니다.

우리는 정치에 대해 생각하면 특정 정치인에 대한 호불호가 먼저 떠오른다. 그리고 정치인 개인의 능력과 선의에 기대하는 바가 크다. 그러나 의회제든 대통령제이든, 현대정치는 기본적으로 정당정치다. 정당은 정치를 목적으로 설립한 전문 결사체다. 그러므로 정당은 정치인 개인이 정치활동을 잘 할 수 있도록 돕기도 하지만, 반대로 정치인의 역량과 양심을 제한하기도 한다. 물론 정당의 배경 없이 출마하고 정치활동을 하는 무소속 정치인도 있으나 우리나라에서는 앞서 말한 이유로 큰 영향력을 발휘하기는 힘들다. 그러므로 단순화하면 한국 정치를 말한다는 것은 곧 한국 정당을 말한다는 것과 같다.

한국 정당을 말할 때마다 보수우와 진보좌의 이념적 간극이 너무 크다고들 한다. 그러나 사실은 그렇지 않다. 이데올로기의 본고장 유럽과 비교하면 우리나라 정당의 이념적 스펙트럼은 별로 크지 않다. 우리나라는 아무리 보수적인 정당이라도 이민이나 난민을 원천적으로 거부하지 않으며 민족주의를 자극하거나 혈통주의를 표방하지도 않는다. 그러나 유럽 각국에는 그런 배타적 민족주의, 혈통주의 정당이 얼마든지 있다. 또 우리나라의 어떤 진보정당도 사회주의 체제를 공개적으로 지지하거나 체제변혁을 목표로 내세우지 않는다. 그러나 유럽에는 얼마든지 가능하다. 또 국가 체제나 공권력의 기능을 불신하는 무정부주의 정파도 한국에서는 찾아볼 수 없다.

한국 정치를 대표하는 두 정당인 국민의 힘과 민주당은 하나부터 열까지 사사건건 부딪치며 마치 이념적 차이가 '큰 것처럼 보인다.' 그러나 국민의 힘은 물론 민주당도 기본적으로 보수정당이다. 두 정당 모두 특정 이념이나 정책, 지지층을 선명하게 표방하지 않는다. 그때마다 표에 도움만 된다면 모두 다 끌어 담을 수 있는 두루뭉술한 강령을 갖는다. 유럽식 스펙트럼으로 보자면 정의당 정도가 중도좌파 정당이며, 녹색당 정도가 이념 정당일 것이다.

정치와 정당의 본질을 생각하면 정당은 정치 목표와 지지 세력이 분명한 게 좋다. 영국의 보수당과 노동당, 독일의 기민당, 기사당과 사민당, 자민당, 녹색당, 좌파당, 프랑스의 신민중생태사회연합좌파연합, 공화당, 국민연합 등은 그 이름들에서 대충 그 성향과 색깔이 드러난다. 그래서 정책을 만들기도 쉽고, 공동목표를 위해 필요한 정치연대를 구성하기도 쉽다. 그러므로 지금 한국 정당들이 서로 무엇도 함께할 수 없는 듯이 싸우는 것은 정치 색깔의 차이가 아니라 정치적 다름을 조정할 마음과 역량이 부족한 것이다. 우리도 대통령의 입만 바라보며 받아쓰기 바쁜 장관이 아니라 자신의 신념과 다르면 과감히 사표를 던질 수 있는 유럽 각료 같은 정치인을 볼 수 없을까? 정책 정당이 아니라면 거의 힘들다.

6.5. 지금 정치를 개혁해야 한국이 산다.

사람의 정치는 하나님의 정치를 구현하는 매우 중요한 수단이다. 또, 한 나라의 정치는 그 나라가 갈 길을 구현하는 가장 중요한 수단이다. 우리는 20세기로부터 부여받은, 그리고 21세기에 새롭게 부여받은 수많은 난제 앞에 서 있다. 그러나 그것을 풀어야 할 한국 정치는 온갖 기득권을 부여잡고 부패한 데다가 무엇 하나 해소하지 못하는 무능함에 깊이 빠져 있다. 이런 상황에서는 독일을 넘어 유럽정치를 살렸다는 메르켈이 온다 해도 아무 일도 못한다. 그러므로 단지 한국 정치만이 아니라 한국을 위해서 반드시 정치개혁 해야 한다.

정치개혁의 취지를 가장 설득력 있게 표현한 사람은 노회찬 전 의원이다. 그는 2004년 TV 토론회에 나와 '오랫동안 바꾸지 않아 시커메진 정치 불판을 이제는 갈아야 한다.'고 말했다. 그 비유를 받아 이렇게 설명해 보자. 이 불판이 처음부터 불량이었나? 그렇지 않다. 1987년에 처음 샀을 때만 해도 상당히 좋은 불판대통령 직선제, 소선거구제이었다. 그때는 고기후보만 좋으면 됐다. 그러나 30년 넘게 쓰다 보니 이제는 꽃등심 한우를 구워도 금세 타고, 다 들러붙는다. 원래부터 불판이 나쁜 게 아니라, 불판 갈 때가 지난 것이다. 그런데, 우리는 자꾸 '이 고기후보가 더 좋다, 저 마트정당가 더 싸다'며 고기와 마트 바꿀 타령만 한다. 물론 고기도 좋아야 한다. 곰팡이 하얗게 핀 3년 된 고기를 올리면 안 된다. 그런데 지금 이 불판은 방금 출고된 꽃등심 한우도 탄다는 게 문제다. 그러니 불판을 바꿔야 한다. 바꾸지 않으면 우리는 앞으로도 계속 탄 고기를 먹고, 병이 악화되는 일만 남았다. 그러면 어떻게 정치개혁을 해야 할까?

제왕적 대통령제와 지역 분할 선거제도를 바꿔라.
대표성과 능력이 없어도 권한은 제왕이다.

대통령제 자체를 폄하할 마음이 없다. 대통령제든 의회중심제든 군주제든, 무엇은 다 옳거나 좋고, 무엇은 전부 틀리거나 나쁜 게 아니다. 중요한 건 지금 우리 사정에 맞는지의 적합성이다. 유럽의 주요 국가는 이념과 정책 중심 지답게 일찍부터 정당정치가 강했기에 자연스럽게 의회 중심 체제를 선택했다. 미국은 영국으로부터 독립을 유지하고 주변 외세로부터 나라를 지켜야 하기에 통합 리더십과 주의 자치와 특성을 존중하는 연방의 토대 위에서 공화제 대통령제를 선택했다.

우리도 대부분의 시기 동안1960년대 초만 빼고 대통령 중심제를 선택해왔고 어려운 여건 가운데서도 경제발전과 민주화 시대에 지도력을 행사해 왔다. 무엇보다 선이 굵고 강력한 리더십을 가진 거물 정치인이 많아 대통령제가 잘 맞았다. 그러나 지금 우리는 국민의 일반적 수준보다 무능하거나, 매우 위험한 대통령을 계속 만나고 있다. 우선 위험하다. 국민통합은커녕 자기 정당에서조차 열성 지지자만 바라보고 정치하는 현상이 거듭되고 있다. 한국 대통령은 20~30%의 지지율에 메어 있어도 마음만 먹으면 합법과 관행의 테두리 안에서 얼마든지 삼권분립을 무시하고 독단적 권력을 행사할 수 있다. 한국 대통령제가 가진 합법, 비합법의 숨겨진 힘은 정말 막강하다. 마음에 들지 않는 인물이 있으면 어떤 구실을 붙여서라도 쫓아내고 구속한다. 문제는 위험만 아니라 무능에도 있다. 친인척이나 심지어 점술인이 자문해 주는 정치를 거듭 보게 된다. 그러나 대통령직을 제대로 수행하기 어려울 정도로 경륜과 능력이 부족해도 그가 행사할 수 있는 권력만은 여전히 막강하다. 이게 무슨 일인가? 언제까지 그래야 할까? 그러므로 이제는 서둘러 전환을 모색해야 한다.

우선, 대통령제를 의원내각제로 바꿀 수 있다. 우리나라는 4.19혁명 뒤 1년여 짧은 기간 동안 경험한 게 전부이고 두드러진 인상이 없어, 내각제는 허약하고 비효율적이라는 생각을 많이 갖는다. 그러나 그것은 우리에게 낯설고 세계 여러 나라 곳곳의 성공사례를 제대로 검토하지 않은 상태에서 갖는 편견이 많다. 내각제로는 국민통합과 사회안정이 어렵다? 그렇다면 지금 한국 대통령제가 국민통합과 국가 안정을 가져다주는가? 내각제는 국정의 연속성을 위해 안된다? 독일 등 앞선 내각제 나라는 정권이 바뀌어도 자신들과 성향이 다른 정부의 정책을 계승하는 경우가 매우 많다. 한국 대통령제야말로 '전부 아니면 전무'의 게임이라서 권력을 잃으면 그동안 준비해왔던 국내외 정책이 다 뒤집히는 경우가 얼마나 많은가? 내각제의 가장 큰 장점은 한 정당이나 정파의 권력 독점이 어려워 국민의 다양한 의견을 수렴하려는 노력을 기울이게 된다는 것이다. 일본의 자민당 장기독재는 아주 독특한 현상이고, 이를 일본 침체의 원인으로 보는 시각이 많다. 특히 이는 북한과의 정치적 교류와 협력, 통합을 위해서도 좋은 경험이 될 수 있다.

그러나 내각제 말고도 한국 대통령제의 대안은 있다. 다양한 정당과의 협력을 통한 연립내각, 연합정부는 얼마든지 구성할 수 있다. 김대중 정부 출범의 기반이 되었던 자유민주연합과의 DJP연합, 노무현 정부가 다수당에게 총리 지명권을 주려했던 것이나 몇몇 진보정당 정치인을 내각에 임명하려 했던 노력 등이 좋은 사례다. 물론 당시에는 충분한 공감대를 얻지 못해 실패했지만, 국회의 합의만 얻는다면 얼마든지 가능하다. 이러한 다양한 실험을 통해 최악의 후보, 막장 정치를 걸러내고 다수가 합의할 수 있는 공통분모의 생산적 정치를 발전시켜야 한다.

지역 분할 기반의 선거구제를 바꿔라.
우리나라 현행 선거제도가 지역 분할 구도를 통해 양당이 정치 기득권을 누려온 기반임은 앞서 설명했다. 국회에서도 이를 대체할 도농복합 중대선거구제국민의힘, 개방명부식 대선거구제민주당 등이 논의되었지만, 현역 기득권에 막혀 번번이 좌초된다. 정쟁에 가려진 약자를 대변하고 정책 전문성을 높이기 위해 비례대표제를 강화할 필요도 있다. 농민을 대표하는 비례대표로 결국 당 대표까지 된 강기갑 의원, 이주민 출신으로 이주민과 다문화 정책에 힘썼던 이자스민 의원, 그리고 2023년 4월 상정된 간호법 제정안에 대해 당 방침을 어기고 찬성 발언과 소신투표를 했던 간호사 출신 최연숙 의원과 장애인 김예지 의원 등이 좋은 예가 될 것이다. 그러나 이 경우 전체 의원 숫자가 늘어나게 되는데, 국회에 대한 국민의 불신이 커서 정원 증가를 받아들이지 않는 어려움이 있다.

그러나 중요한 것은 의지와 실행이다. 노무현 대통령은 자신의 정치생명을 걸고 여러 차례 국민통합을 위한 정치연합을 제안했다. 그러나 상대 당은 물론 자기 당마저 기득권의 욕망을 버리지 못하고 대통령의 손을 뿌리쳤다. 방향이나 내용이 없어서가 아니라 실행 의지가 없어 실패했다. 이제는 정말 시작하자.

정치소멸시대, 정치에도 전문가가 필요하다.

어제까지 학교에서 저명한 교수요, 박사라도 다른 업종에 취업했다면 처음부터 다시 배워야 한다. 작년까지 사장님, 선생님 하던 분들이라도 중화요리집에 취직했다면, 양파 까는 일부터 시작해야 한다. 당연하다. 그런데 이상하게도 한국 정치는 가장 중요하고 위험한 권력을 사용하는 일인데도 갈수록 전문성과 아무 상관이 없다. 정치와 상관없이 살던 사람이 어느 날 고위정치인이 되어 경제를 주문하고, 문화의 방향을 지도한다. 반면, 일찍부터 정치에

꿈을 두고 바닥을 다지는 많은 예비 정치인들은 더는 버틸 수가 없어 꿈을 접는다. 이런 일이 익숙하게 벌어지는 곳이 있다면 바로 북한이다. 그 분야의 아무것도 모르는 수령이 현장을 돌며 이것, 저것 지시하면, 모든 전문가, 책임자는 열심히 받아 적으며 지금껏 잘해오던 것도 다 바꾼다.

현 윤석열 대통령도 최근까지 다른 분야에 눈길 한번 주지 않고 오직 검사의 외길을 걸었다. 국회의원, 행정관료 한 번 한 적 없다.검찰총장은 검사의 연장이지 행정관료로 볼 수 없다 그런데 대통령이 된 후 정치경력 수십 년의 선배들을 제치고 당과 의회를 지도하고, 그의 한마디로 각계 전문 관료와 전공 학자들이 이 정책, 저 프로그램으로 우르르 몰려다닌다. 권력이 많다는 것 외에 경력도, 식견도, 능력도 검증된 바 없는데도 한국 정치는 가능하다. 그러나 이게 어찌 윤 대통령만의 일인가? 북한을 비판하는 우리나라 정치가 꼭 이렇게 닮아간다.

한국 정치에서 기본기와 전문성이 무시되니 실제 정치는 비정치인들이 하고최순실, 천공, 전광훈, 진보의 펜 덤 정치, 유튜버나 평론가 정치도 비슷하다, 대통령은 권력 행사만 하는 엉터리 정치판이 이어진다. 그러나 본래 정치는 고도의 전문영역이다. 아니, 정치야말로 최고의 전문직이다. 마땅히 그래야 한다. 하나님 나라 차원에서도 정치는 하나님의 다스림이 위임된 고도의 신성 영역이다.롬 13:1~4 사회 제도적 차원에도 나라의 주인인 국민이 위임한 권력과 권한을 대리 사용하는 것이다. 위험하고 중요할수록 고도의 전문성과 책임성이 필요하고, 그 준비가 철저해야 하는 건 사회 모든 영역에서 적용되는 당연한 상식 아닌가?

팔굽혀펴기 열 번도 못하면서 그저 멋있어서 지원했다는 사람이 소방관 되기도 힘들 텐데, 어느 날 갑자기 소방 대장이 될 수 있을까? 그러나 한국 정치는 가능하다. 정치가로서의 기본소양이 무시되기 때문이다. 편 가르고 싸우는 법, 여론조작, 상대의 약점 공략법 같은 실전 잡기만이 중요시된다. 그러다보니 아무나 다 정치한다는 말이 나온다. 시대적 이해와 전문성이 부족해 정확한 근거와 논지를 가지고 설득하기보다는 트집 잡고 소리치고 화를 냄으로써 존재감을 과시하려고 한다. 그래서 정치를 오래 해도 무식하고 무례함을 벗지 못한다.

이제 우리는 독일정치 얘기를 해 보자. 독일 정치인은 한 마디로 정치전문가이다. 정치전문가란 기본적인 역사의식, 정치의 기본의미와 각 분야의 정책적 쟁점 등에 대한 이해는 물론 문제해결의 대안적 능력, 그리고 대화술과설득력까지 직업정치인의 당연한 자질을 갖춘 사람이다. 독일 정치인은 직업정치인이 되는 순간 이를 위해 노력하는 것이 사회적 관습이며 개인적 관행이 된다.

어떻게 가능할까? 우선 긴 역사와 정책 능력을 갖춘 탄탄한 정당이 있다.독일은 지방분권 국가로 시골까지 정당조직이 깊이 뿌리내려 있어 예비 정치인을 발굴하고, 그들이 지역 현안들을 조정하고 해결하는 경험을 쌓아가도록 한다. "실제 독일의 역대 총리들은 모두 일찍 정치에 입문하여 단계적으로총리 자리까지 올랐다. … 정치 입문이 다소 늦은 편인 헬무트 슈미트 5대 총리도 28세에 사민당에 입당하여 서베를린 시장, 외무장관, 사민당 총재를 지냈다. … 앙겔라 메르켈 현 총리는 17세에 독일 사회주의통일당의 청소년 조직인 자유 독일 청년단 회원으로 정치에 입문했다. 이후 통일 독일에서 연방의회 의원, 여성·청소년부 장관, 환경부 장관, 기민당 원내 총무 등을 거쳐 연방 총리가 되었다. 이들은 모두 젊은 시절부터 의회와 행정부를 오가면서 정치력을 키우고 리더십을 인정받았다."기본에 충실한 나라, 독일에서 배운다, 양돈선, 미래

의 창, 2018년, 33~34쪽

독일은 어떻게 가능했고, 우리는 왜 여전히 불가능한가? 민족성이나 국민적 탁월성 같은 문제가 아니다. 다만, 그들은 선택했고 우리는 선택하지 않은 것이다. 그들은 히틀러의 나치 독일1933~45년이나 동서독이 함께 망하는 냉전 독일1949~90년 대신 통합 독일1990~현재을 선택했다. 지금 우리도 선택한 대로 가고 있다. 내 자식에게는 부모의 가난을 물려줄 수 없다고 선택한 결과 경제를 일으켰다. 500년 이씨의 독재, 일본의 강제 점령, 초대 대통령의 12년 독재와 군부 대통령들의 30년 독재를 겪으며 더는 독재의 나라로 살 수 없다고 선택한 결과 민주주의도 뿌리내려가고 있다.

그러나 평화가 간절하다면서도 평화를 선택하지 않으니 한반도 평화는 갈수록 멀다. 마찬가지로 한국 정치에 질렸다면서도 정치개혁을 선택하지 않으니 지금도 막장 정치시대를 살아가고 있다. 선택한 것은 얻고, 선택하지 않는 것은 얻지 못한다. 전환을 선택하고, 시도하지 않는다면 정치는 대한민국의 모든 잠재력과 성과를 다 잠식하고 망칠 것이다.

예전의 여야는 잡아 죽일 듯 싸우다가도 꼭 풀어야 할 것은 나서서 해결했다. 그러나 지금은 아무리 문제가 쌓여도 하나도 풀지 못한다. 문제를 풀어야 할 정치가 거대양당의 기득권 싸움 앞에 아예 사라졌다. 30년 정치했다는 중진들도 제 자리만 연연할 뿐 결단이 필요한 자리에서 책임지겠다며 나서지 않는다. 여당 의원은 대통령 입만 바라보고, 야당 의원은 자기 금배지만 바라본다. 문제를 풀어야 할 정치가 거대양당의 기득권 싸움 앞에 아예 사라졌다. 정치평론, 정치 상인만 난무하고, 전문정치인은 사라졌다. 한국 정치가 소멸되었다.

정치평론은 정치의 중심이 아니다.

정치 '문화'라고 하니, 있으면 좋고 없어도 되는 추상적인 개념처럼 이해하지 말기 바란다. 이게 정치의 목적이요, 핵심이다. 우리가 그리스도를 믿는다는 것은 주일에 빠짐없이 예배에 출석하고, 종교란에 '기독교개신교'라고 써넣는 것을 포함하겠지만, 그걸 확인하는 것은 그리스도로 인해 변한 내 삶이다. 곧, 삶의 문화다. 하나님도 "헛된 제물을 다시 가져오지 말라. 분향은 내가 가증히 여기는 바요 월삭과 안식일과 대회로 모이는 것도 그러하니 성회와 아울러 악을 행하는 것을 내가 견디지 못하겠노라."사 1:13고 탄식하셨다.

이미 살펴봤듯이 대한민국은 이제 군대를 동원한 쿠데타로 정권이 바뀌거나5.16와 12.12 군사 반란, 정부 여당이 선발한 사람들이 국민 대신 대통령을 뽑는 통일주체국민회의 나라가 아니다. 고질적인 관건3.15 부정 선거, 금권선거밀가루, 고무신 선거도 거의 보기 어렵다. 입법, 사법, 행정 기관은 일상적으로 작동되고 있고, 선거 때가 되면 온갖 행정 서비스와 편의 제공도 넘쳐난다. 그러나 실제 국민의 필요는 정치에서 거의 다뤄지지 않고 선거를 해도 민의가 제대로 반영되지 못한다. 한 마디로, 국민시민을 위해 정치인가 있는 게 아니라, 정치인를 위해 국민시민이 존재한다.

그러므로 우리는 정치가 존재하는 근본 의미목적와 허우대는 멀쩡하나 작동되지 않는 현실 사이의 차이가 무엇인지 계속 따져 묻고 바꿔가야 한다. 특히 종교와 시민사회가 더욱 근본적인 질문을 멈추지 말아야 한다. 수많은 언론과 유튜브 채널을 장식하는 정치 뉴스들을 보자. 국민 실생활과 거의 관계없는 정치인의 이해관계나 사소한 실수조차 대역죄처럼 만드는 게 과연 국민의 알권리인가? 진영으로 선명하게 양분된 수많은 정치 관련 프로그램, 유튜브 방송은 매일 상대 진영 유력 정치인의 일거수 일투족의 잘못만 찾아낸다.

말재주 좋은 정치평론가들이 정치를 대신한다. 국민은 걸러지지 않은 수많은 정치평론을 들으며 '좋다, 나쁘다' 댓글을 갖다 붙이며 하루를 산다. 매일 매사 유력정치인의 하루 24시간을 밀착취재해 보도하는 게 정말 민주주의이며 국민의 알권리 충족인가? 정치인은 연예인이 아니다.

반대로 너무나 분명하게 드러난 정치인의 위선과 거짓말을 알면서도 같은 편이기에 거듭 속아주는 게 책임 있는 정치인가? 거짓말, 속임수, 허풍, 쑈, 위선, 자기과시로 뒤덮인 정치문화를 정상인 것처럼 "정치는 원래 그래!"하고 만다면 그런 정치는 아이들이 보고 배울까 두려운 19금 정치다. 홍수가 나서 온 천지에 물이 넘쳐나는데 정작 마실 물은 없는 것처럼, 모든 곳에 넘쳐나는 정치 과잉 홍수에 정작 '정치'는 찾아볼 수가 없다. 모든 곳에 정치 관련 뉴스가 넘쳐나지만, 지금은 틀림없는 정치소멸시대다.

나는 대통령과 유력정치인들의 매 순간 지지율보다 병원의 모든 일을 다 챙기다가 코로나로 더욱 탈진했던 간호사들의 눈물이 정치권에 어떻게 반영되었는지 그 뒷얘기를 듣고 싶다. 정치인이 어떤 튀는 옷을 입고 나타났는지보다 천안함 사건, 세월호와 이태원 참사의 희생자와 대책이 국회에서 지금 어떻게 논의되고 있는지 알고 싶다. 외교부, 통일부, 행정안전부, 교육부, 기획재정부가 지금 하는 일이 무엇이고, 국회에 상정된 법안이 무엇인지 뉴스에서 보고 싶다. 기후 위기. 평화 위기, 인구소멸과 지역소멸의 시대에 대통령과 정부가 지금 무슨 대책을 마련하고 있는지 느끼고 싶다.

이게 정치문화다. 현존 정치세력의 파워게임에 일일이 댓글만 붙이는 방식을 넘어야 한다. 정치가 과연 무엇인지, 무엇이야 하는지 같은 좀 더 근본적인 질문에 착수해야 한다. 그렇지 않으면 영원히 정치꾼과 정치 상인에게 우리의 소중한 정치를 빼앗긴다. 참된 정치운동이 하나님 나라를 믿는 우리 그리스도인으로부터 시작되면 좋겠다.

〈참고한 도서 및 자료〉

• 대한민국은 민주공화국이다 (박찬승, 돌베개, 2013년)

• 좀비정치 (강준만, 인물과사상사, 2023년)

• 독일은 어떻게 1등 국가가 되었나 (김종인, 오늘산책, 2023년)

7장. 하나님 나라와 한국경제

기독교 세계관 운동이 시작된 지 벌써 수십 년! 기독교 세계관은 모든 삶의 영역, 관심, 심지어 무의식을 통해서도 일하시는 하나님을 고백한다. 그러나 실제로는 다르다. 지극히 제한적인 종교 생활을 벗어난 대부분의 인생과 일상은 내가 좋을 대로 살아간다. 가장 대표적인 게 경제생활이다. 그러나 돈은 나와 내 삶, 내 믿음을 검증할 수 있는 가장 정확한 척도다.

우리의 직업 선택, 취업, 재테크와 소비, 경제의 관점에 예수님을 의식하는 고민이 있는가? 경제는 단지 사회 현상을 뛰어넘는 영적인 문제다. 그러나 사회적 상식으로서의 '경제'는 그저 '돈 많이 벌어 부자 되는 것'이다. 세상 모든 일과 마찬가지로 경제경기도 오르락내리락한다. 그러나 우리의 경제 인식은 늘 호황과 성장만 바라보며, 그렇지 않으면 실패라고 생각한다. 불행의 씨앗을 스스로 심는 것이다. 경제는 모두를 유토피아로 인도하는 마법의 원리가 아니다. 추상적 성경 원리, 희망 사항을 넘어 현실을 바로 보아야 한다.

우선, 경제가 무엇인가? 인터넷 국어사전에서 찾아보니 '인간의 생활에 필요한 재화나 용역을 생산·분배·소비하는 모든 활동 또는 그것을 통하여 이루어지는 사회적 관계.'라고 정의한다. 지극히 당연한 말 같은데 잘 와닿지 않는다. 그러나 중요한 한 가지는 눈에 띈다. 경제는 그저 '돈 문제'나 '돈벌이'가 아니라, '사회적 관계'다. 이 책은 경제학 개론이나 원론, 또는 재테크 방법을 논하지 않는다. 경제에 대한 추상적 신학 강의를 할 생각도 없다. 다만, 흘러온 과정과 지금의 현실을 보며, 경제가 위치해야 할 제 자리와 그 역할사회적 관계을 새삼 성찰하고 제안하고자 한다.

예수님은 '사람이 떡으로만 살 것이 아니요, 하나님의 입으로부터 나오는 모든 말씀으로 살 것'마 4:4, 신 8:3임을 확인하심으로 경제의 바른 자리를 가르치셨다. 우선, 떡경제의 문제는 너무 중요하다. 기도만 하면 살 수 있는 게 아니다. 그러나 하나님의 말씀으로 그 의미와 가치, 능력과 한계를 깨우쳐야 먹는 떡이 생명과 행복이 된다. 사람은 잘 먹었다는 것만으로 행복한 존재가 아니기 때문이다. 지금부터 그 얘기를 나눠보자.

7.1. 성경의 경제윤리

먹고 살아가는 현실을 제외하고서는 어떤 종교, 사상, 제도, 문화도 생각할 수도 없다. 성경은 당연히 먹고 살아가는 우리 현실에 관심이 많다. 그렇다고 해서 성경이 구체적 경제 원리와 법칙 등을 적어놓은 경제학 교과서는 아니다. 하지만 우리는 그 속에서 경제에 대한 일관된 정신과 독특한 문화와 제도를 만날 수 있다.

우선 성경은 세상을 다스리시는 하나님의 원대한 구상과 섭리를 '경륜'이라고 부른다.엡 3:2, 9/Okonomie 근대에 이르러 신학적 배경이 탈색되면서 현재 사용하는 경제economy라는 단어가 파생된다. 이처럼 서구 기독교권에서 '경제'라는 말에는 그저 먹고 살아가는 일 이전에 세상을 다스리시는 하나님의 우주적 구상경륜이 숨어 있다. 그러므로 그리스도인의 경제는 단순한 돈벌이를 넘어 온 세계를 경영하시는 하나님의 의도에 합치한 길을 찾아 마땅하다. 하나님의 경륜으로 선하게 경영되는 나라가 곧 하나님 나라다.

하나님 나라의 모델하우스 이스라엘

땅은 네 것이 아니니, 사고 팔 수 없다.

구약 이스라엘은 완성될 하나님 나라를 미리 보고 느끼고 만질 수 있는 모델하우스다. 그래서 이스라엘을 세워가는 과정과 방식은 그 자체로 매우 중요하다. 이스라엘이 가나안을 정복한 후수 6~12장, 하나님은 땅의 분배를 명하셨다.수 13~22장 약속의 땅은 각자 '원하는 대로'나 '힘센 대로' 쟁취하는 게 아니다. 지파별로, 씨족별, 가문별로 하나님 앞에서 제비뽑아 분배되었다. 독특한 것은 이렇게 한번 분배된 땅은 개인적 필요로 사고팔거나 맘대로 **빼앗을** 수 없다. 이스라엘이 공산사회였다거나 사유재산을 금했다는 말이 결코 아니다. 사유재산을 갖고 모으기도 하고 장사도, 이윤도 얻을 수 있었다. 그러나 유독 땅만은 사고팔지 못했다. 심지어 분배된 땅의 경계를 아예 확정 짓기 위해 경계표를 만들어 세우라고 명하셨다.신 19:14

하나님은 왜 유독 땅에 대해서 이토록 강하게 집착하실까? 땅이 갖는 특징을 생각해 보면 금세 알 수 있다. 동서고금, 남녀노소, 빈부귀천, 신앙유무와 상관없이 모든 사람은 땅을 기반으로 살아간다. 벤츠 자가용을 몰거나 값비싼 귀금속을 두르지 못해도, 아쉬움은 있으나 살아가는 데는 문제가 없다. 그러나 땅이 없으면 살 수가 없다. 그렇다고 땅이 사람 마음대로 만들어낼 수 있는 생산품도 아니다. 땅은 사람뿐 아니라 모든 만물이 함께 살아갈 수 있는 무대로 하나님이 모두에게 주신 것이다. 그래서 하나님의 것이다. 그러므로 결국 땅은 생명이다. 땅이 있으면 살고 땅이 없으면 죽는다. 그래서 하나님은 땅을 모두에게 주시고 그걸 지키라 하셨다.

• 〈안식일 · 안식년 · 희년 제도〉로 이스라엘을 지키셨다.

그러나 세월이 흐르면서 이스라엘에서도 땅을 사고파는 일이 생겨났다. 가사를 책임질 젊은 장정들이 전쟁으로 죽었든지, 사고나 병이 들어 노동력을 상실했든지 다양한 사정들이 있었다. 때로는 먹고 놀며 즐기다가 탕진한 사람도 있었을 것이다.눅 15:13, 14 그러다 보니 분배받은 땅을 사거나 팔게 되었다. 있을 수 없는 일이 일어난 것이다.

하나님은 뜻밖의 사태 가운데서도 이스라엘 사회의 기본뼈대가 무너지는 것을 원치 않으셨다. 하나님은 안식일 • 안식년 • 희년의 원리로 이스라엘의 회복을 준비하셨다. 아무리 한 주간 내내 세상에 찌들고 믿음을 잊고 살아도 하루만은 하나님의 선한 창조출 31:14 • 17와 해방신 5:12 • 15을 맛보며 회복을 소망하는 날로 정하셨다. 바로 안식일이다. 이날만은 왕족, 귀족만 아니라 평민, 종, 임시 거류민외국인 노동자, 여행자, 심지어 가축들까지도 일에서 해방되어 쉬며 하나님을 예배하는 날로 삼았다. 마찬가지로 안식일의 하루를 일년으로 계산해 지키는 안식년도 종, 거류민, 가축과 들짐승들에게 쉼과 해방을 누리게 해야 한다.레 25:3~7 안식년을 다시 완전수 7로 곱한 49년이 지난 이듬해 50년이 되면 더 큰 해방과 안식의 대잔치가 벌어진다. 바로 희년이다.레 25:8~10 희년이 되면 오랫동안 조금씩, 또는 급격하게 무너졌던 사회경제적 기초와 인간 존엄성을 무조건 회복시킨다.

① 피치 못해 팔았던 땅이 원주인에게 다시 돌아간다.레 25:28 갚을 능력이 있고 없고 상관없다. 물론 희년이 오기 전에라도 원주인이나 그의 친족이 찾아와 물러 달라고 돈을 가져오면 언제든 두말없이 물러 주어야 했다.레 25:24~27 인간적 이해관계가 아니라, 하나님이 처음 주신 은혜토지분배가 우선이었다.

② 집도 희년법의 영향을 받는다. 그러나 집은 차등이 있다. 성벽이 둘린 성 안의 집은 1년 안에 되 무르기를 할 수 있지만 1년이 지나면 완전히 산 사람 의 소유가 되고 희년이 되어도 돌려받지 못한다.레 25:29~30 재산 가치로 여 긴다. 그러나 성 밖에 있는 시골촌락집은 토지와 같은 것으로 취급되어 희 년법의 적용을 받는다.레 25:31 얼마나 세심한가?

③ 사람은 더욱 중요하다. 어떤 경우에도 이스라엘은 자기 동족을 종으로 사 거나 팔 수 없지만, 혹시 종이 되었더라도 희년이 되면 무조건 해방된다.레 25:39~41 사람은 다른 사람의 재산이 아니라 하나님께 속한다.

안식일 • 안식년 • 희년 제도는 땅세상이 구제불능한 악순환에 빠지지 않고, 주기적으로 되살아날 수 있도록 만든 하나님의 선순환 대책이다.

희년을 통해 경제를 배운다.

• 정의가 무너지면 여호와 신앙도 무너진다.

하나님이 정의를 그토록 강조하셨던 더 근본적인 이유가 있다. 인간사회 의 공의가 무너지면 하나님을 믿는 신앙도 무너지기 때문이다. 어떤 이유로 든 최소한의 생존기반을 스스로 얻지 못하고 누군가에게 절대 의존하게 되 면, 그는 그저 생활만 아니라, 생각, 감정, 신앙 등 모든 게 종속되고 만다.삿 6:2~6→6:30~31 자신과 가족의 생사여탈을 쥔 사람을 하나님 대신 섬기게 된다. 눈에 보이지 않는 하나님보다 당장 눈앞의 주인이 진짜 하나님이 되는 것이 다. 고대 시대에는 땅이 절대적이었다. 땅을 잃으면 인신이 예속되고 신앙도 지킬 수 없었다.삿 17:9~12, 18:18~20, 대하 31:4, 느 5:1~13 그래서 이스라엘은 분배한 땅을 어떻게든 지켜주려 한 것이다. 땅을 빼앗기면 그에게는 하나님도 없게 되는 것이다.

이는 현대도 다르지 않다. 벤츠를 타든 경차를 타든 걸어 다니든, 자존심은 상해도 사람이 예속되지는 않는다. 최신형 에어컨을 가졌든 선풍기를 가졌든 부채질하며 여름을 나든, 그것으로 속박되지 않는다. 그러나 월세도 내기 힘든 사람은 집주인에게 휘둘려 살게 된다. 그래서 선지자는 몰인정한 대지주들에게 사정없이 하나님의 저주를 퍼붓는다.사 5:8, 9 땅을 사사로이 사고파는 지도층 인사들에게 진노한다.호 5:10 땅은 모두를 위한 선물이며, 하나님은 토지공개념을 말씀하신다.전 5:8 그래서 선지자들은 한편에선 '오직 하나님만 섬기라'수 24:14, 23고 절대 신앙을 부르짖었지만, 다른 한편 공평과 정의를 지킬 것을 외쳤다.사 58:6, 7, 암 5:21~24 둘은 하나로 통한다.

사실 제도로 뒷받침되지 않는 말만의 해방은 헛소리다.약 2:14~17 남북전쟁을 승리로 이끈 링컨이 법적으로는 노예해방을 선언했지만, 땅도, 재산도, 소득도 부족했던 흑인들은 다시 남부 목화농장의 옛 주인이나 북부 산업현장의 새 주인을 섬겨야 했다. 풍요와 자유를 찾아 남으로 찾아온 탈북인들이 곧 2등 국민이 되어 남쪽 사람들의 눈치를 보게 되는 것도 같은 이치다.

희년 제도가 작동하는 여부는 하늘과 땅 차이였다. 나봇은 하나님의 법희년법을 근거로 자기들에게 분배된 토지를 팔 수 없다며 감히 왕의 제안을 거절했다. 아합이 아무리 못된 왕이라도 이스라엘에서는 남의 땅을 함부로 빼앗을 수 없었다. 그래서 그는 속을 끓이며 앓아 누웠다.왕상 21:1~4 그러나 바알을 섬기는 시돈 공주 출신 이세벨에게 희년 법 따위는 아무런 문제가 되지 않았다. 그녀는 간단히 나봇을 죽이고 포도원을 빼앗아 남편에게 주어 버린다.21:7~16

선지자 예레미야도 희년법에 근거 해 친족 땅을 되사주는 권리를 행사했다.렘 32:6~15 또 희년법에 근거해 종 된 동포들을 풀어주라며 백성들을 강하게 질책하였다.렘 34:8~17 포로 귀환 후 느헤미야도 이스라엘 사회를 재건하면서 본래 그들에게 주셨던 안식일·안식년·희년법의 근거 위에 사회기초를 다시 놓을 것을 서약시켰다.느 10:31 만약 희년법의 배경이 없었다면 다윗과 예수님의 조상이 되는 룻와 보아스의 극적인 이야기는 결코 일어날 수 없었을 것이다.룻 2:20, 3:9~13, 4:1~10 예수님도 가난한 자들을 먹이고 입히고 고치고 죄를 용서하신 게 구약에서 약속한 희년법의 구현임을 분명히 밝히셨다.눅 4:16~21

그러므로 하나님 나라에 대한 분명한 믿음이 흐려질 때 사회적 불의가 난무하고, 정의와 공평이 깨어진다.왕상 21:5~14 그러므로 희년 정신은 단지 사회정의에서 그치지 않는, 절대 신앙의 영적인 원리이기도 하다. 하나님 나라의 공의 선언은 동시에 신앙선언이다.

헌금은 하나님께 드려 이웃의 필요를 채우는 것이다.

우리는 하나님께 헌금을 드린다고 생각하지만, 사실 하나님 자신은 한 푼도 받지 않으신다. 교회 운영에 쓰든, 이웃을 위해 사용하든, 모두 사람에게 돌아간다. 그 특징이 가장 두드러지게 나타나는 것이 이스라엘 십일조였다. 그것은 하나님을 하나님으로 모시는 신앙의 고백이었지만, 실제로는 사회보장제도로 기능했다.신 14:22~29, 26:12, 13 당시 이스라엘 사회에서 사각지대에 살았던 떠돌이, 외국인노동자, 고아, 과부, 그리고 레위인땅을 분배받지 못하고 다른 지파에 붙어살아야 했으니 이들도 생활보호 대상자다은 어김없이 십일조를 받을 수 있었다. 이스라엘은 그 인애와 공평의 제도를 지킨다는 사실로 하나님의 복을 기대할 수 있었다.신 26:14, 15

신약도 마찬가지다. 바울은 '성도를 위하는 연보'고전 16:1라는 표현으로 헌금이 결국 사람에게 돌아간다는 것을 말하고 있다. 다른 곳에서도 바울은 분명히 '연보'를 성도와 공동체에서 나눌평균케 할 하나님 나라의 대책으로 말하고 있다.고후 8:4, 12~14 그러므로 성도들이 서로 필요와 물질을 나누는 것은 지극히 영적인 일이며, 하나님이 통치하시는 증거다. 그것은 하나님께 드리는 것이며, 그걸 하나님이 받으신다.고후 9:7, 11, 12

유명한 종교개혁자 칼뱅도 그렇게 말한다.

교회 재산은 토지든 돈이든 전부 빈민을 위한 재산이라는 생각을 우리는 교회 회의의 결정과 고대의 저술에서 종종 발견한다. 그래서 감독들과 집사들에게, 그들이 자기 소유를 처리하고 있는 것이 아니라 빈민을 돕기 위해서 임명되었다는 것을 잊지 말라는 말이 자주 나온다. 그리고 만일 그들이 악한 마음으로 교회 재산을 감추거나 낭비하는 배신행위를 저지른다면 그들은 살인죄를 범한 것이라고 했다. 따라서 그들은 교회 재산을 마땅히 받아야 할 사람들에게 분배하되 마치 하나님 앞에서와 같이 최대의 경외와 공경으로 편벽됨이 없이 해야 한다는 경고를 받는다.기독교강요 4 4 5, 칼뱅

7.2. 경제에서 신화와 거품 빼기

경제에 '윈윈(win win)'은 없다.

비물리적정신적, 영적 세계는 얼마든지 '윈윈'이 가능하다. 내가 하나님의 큰 은혜를 맛보며 살아간다고 다른 사람이 자기 몫의 은혜를 빼앗기거나 손해 보는 일은 없다. 남편이 아내를 깊이 사랑한다고 해서 이웃이 손해 볼 일이 아니다. 행복, 기쁨, 배려, 감사, 영광 등 모든 것이 다 그렇다. 맘껏 욕심을 내도

되는 원원의 세계, 블루오션이다. "그의 영광의 풍성함을 따라 … 강건하게 하시오며 믿음으로 말미암아 … 뿌리가 박히고 터가 굳어져서 능히 모든 성도와 함께 지식에 넘치는 그리스도의 사랑을 알고 … 어떠함을 깨달아 하나님의 모든 충만하신 것으로 너희에게 충만하게 하시기를 구하노라. 우리 가운데서 역사하시는 능력대로 … 더 넘치도록 능히 하실 이에게 … 영광이 대대로 영원무궁하기를 원하노라 아멘."엡 3:16~19

바울은 '영광의 풍성함' '지식에 넘치는' '모든 충만하신 것으로 … 충만하게 하시기를' '더 넘치도록' '영원무궁하기를'이라는 표현들로 주체할 수 없이 차고 넘치는 하나님 세계의 영광과 기쁨의 감격을 폭포수처럼 쏟아낸다. 그리고 이것은 그저 말 잔치가 아니라 하나님의 사실들이다. 그런데 누군가 그 은혜를 깊이 누린다고, 다른 이에게 갈 것이 부족해지지 않는다.

반면, 물질적 이해관계를 바탕으로 하는 물리적 영역에는 사실상 '원원'이 없다. 한정된 자원을 누구에게, 어떻게 나눌 것인가의 문제이기에 누군가 많이 가지면 반드시 누군가 적게 가진다. 누군가 이득을 보면 반드시 누군가는 손해를 본다. 그래서 하나님의 영광과 사랑은 누구나 풍성하게, 넘치도록 다 받으라던 바울도 물질만은 서로 나누고 지금 부족함을 나눠보충하여 나중에는 너도 받을 수 있기균등하게 하려 함를 기약하라고 권한다. "이 은혜와 성도 섬기는 일에 참여함에 대하여 … 하나님의 뜻을 따라 우리에게 주었도다. … 이제 너희의 넉넉한 것으로 그들의 부족한 것을 보충함은 후에 그들의 넉넉한 것으로 너희의 부족한 것을 보충하여 균등하게 하려 함이라."고후 8:4, 5, 14

원하기만 하면 집도 생기고, 차도 생기고, 산해진미도 넘쳐나기를 축복하지 않는다. 불가능하기 때문이다. 그래서 바울은 힘써 나누라고 권한다. 우리가 '마음으로는'비물리적 서울이든 워싱턴이든 평양이든, 못 갈 곳이 없다. 그러나 '몸으로는'물리적 서울에 있다면 평양에는 없다. 경제도 철저히 물리적 세계의 관계다. 그러나 물질이 아니라도 같은 경제영역인 서비스 공급도 마찬가지다. 예전 어느 학습지 광고에서 이런 선전 문구를 날렸다. '400만 초등학생이 모두 우등생이 되는 그날을 위해서!' 그러나 사실상 그런 날은 없다. 성적과 등수, 우열을 가리는 물리적 교육 현장에서 우등생이 있으면 반드시 열등생이 있다. 그것은 '모든 수험생이 다 합격하기를' 기대한다는 말처럼 불가능한 신기루다. 정치의 세계도 그렇다. 모든 후보자가 열심히 노력했다고 모두가 당선되고, 모두가 집권하고, 모두가 여당이 될 수 없다. 결국 한쪽이 올라가면 반드시 한쪽은 내려가는 시소게임이다. 레드오션이다.

그러므로 경제를 생각할 때 가장 먼저 기억해야 한다. 경제는 웃는 사람이 있으면 반드시 우는 사람이 있다. 모두가 동시에 웃는 경제란 없다. 누군가 더 많은 소득을 얻었다면 반드시 그만큼 더 손해 본 사람이 있다. 우등생의 혜택도, 금배지의 기쁨도, 결국 경제에 있어 재화나 서비스도 총량은 항상 한정되어 있기에 시소게임에 가깝다.

그러므로 경제는 반드시 분배의 문제로 연결된다. 한 사람에게 많이 분배되었다면 다른 사람에게는 그만큼 더 빠져나갔다는 말이다. 그래서 경제는 필연적으로 공평의 문제, 정의의 문제로 연결된다. 공평과 정의 같은 가치를 경제에 들이대지 말라는 주장은 신기루와 같은 말이다. 사회주의 경제학, 마르크스 경제학은 공평과 정의가 중요할지라도 자본주의 경제학은 알아서 잘 돌아가니 그게 필요 없다는 말은 거짓말이다. 그건 마치 사회주의 인민은 공기를 마시며 살지만, 자본주의 시민은 밥을 먹고 산다는 말처럼 웃긴 말이다.

목마른 사람의 식수가 비데의 물보다 가치 있게 평가되지 않는다.

경제에서 두 번째 기억할 사실은 경제 값어치와 실제 가치가 다르다는 것이다. 남부 아프리카 아이들은 몇 시간 거리의 공동우물에서 날마다 식수를 길어와야 한다. 반면, 부자 나라에서는 같은 물을 가지고 용변 후 비데를 한다. 같은 양의 물이지만 같은 값어치라고 할 수 없다.

그러나 실물경제에서는 생명수의 절실함과 간절함 때문에 비데 물을 희생시키지 않는다. 경제학에서는 그 재화가 누구에게 더 긴요하고 필요한지의 가치판단이 아니라, 오직 수요와 공급, 시장가격만 중요할 뿐이다. 그래서 경제는 자선이 아니다. 일단은 맞다. 그러나 착각과 오해도 있다. 경제는 절대불변의 수학 값이나 객관적이고 중립적이고 투명한 과학 법칙도 결코 아니다. 누가 일부러 의도하지 않아도 마치 보이지 않는 손처럼 가장 합리적이고 현명한 결과를 낼 것이라는 고전 경제학의 설명도 경제가 사회적 관계라는 원리를 놓쳤다.

경제는 도덕이나 종교처럼 자비심이나 은혜의 원리로 움직이는 것은 분명 아니다. 그러나 공평과 정의가 개입되는 합리적 분배의 문제이기도 하다. 그래서 짐승의 생존 원리는 경제가 아니지만, 사람의 재화 원리는 경제라고 부른다. 사람에게는 사회적 관계에 따라 얼마든지 변할 수 있는 판단이 작용하기 때문이다.

단적인 예를 들자. 노사정 사이의 긴 줄다리기 끝에 2024년 최저시급이 9,860원2.5% 인상으로 결정되었다. 자유민주주의 시장경제에서 최저시급이라니? 회사마다, 가게마다 시간당 5,000원을 주든, 10,000원을 주든, 각각 보이지 않는 합리적인 시장의 손에 맡겨야 하는 게 아닌가? 그러나 대한민국 노동자, 아니 국민이라면 받아야 할 최저하한선을 보장한다는 말이다. 그래서 당사자인 노동자, 사용사 외에 정부가 함께 만난다. 자본주의에 사는 누구도 이를 이상하게 여기긴커녕 마땅하다고 생각한다. 경제에 합리적 분배를 향한 공평과 정의의 사회적 고려가 작동하고 있다는 증거다. 그렇다면 분명히 식수와 비데 물의 사회적 값어치도 분명히 다르게 평가되어야 하지 않을까? 경제는 마땅히 그것을 고려해야 할 '사람의 관계'이기 때문이다.

보이지 않는 손'에 가려진 역할을 찾아라.

그러면 이처럼 중요한 분배를 결정하는 기준은 과연 무엇인가? 경제학자들은 재화서비스를 누구에게, 얼마에, 어떻게 공급할 것인지 등 모든 문제를 결정하는 기준은 시장市場이라고 한다. 자본주의 사회에서 사람을 포함한 모든 상품의 가치는 가격으로 측정되고, 시장에서 확인되기 때문이다. 그리고 시장은 아담 스미스가 '보이지 않는 손'이라고 표현할 만큼 분명히 신비스럽고, 전능한 힘을 가진 것처럼 보인다. 그러나 말에 속으면 안 된다. 그것은 사람의 계획, 판단, 의지와 상관없이 전적으로 중립적이고, 객관적이고, 자율적으로'만' 작동하는 게 아니다.

가장 특별한 상품인 사람노동 시장을 생각해 보자.

'시장 평가'의 객관성, 중립성의 신화를 믿는 이들은 각기 다른 노동가격임금은 각 노동에 대한 시장의 선호도평가가 다르기 때문이라고 설명한다. 실제 사람들은 재벌회사 총수의 경영 능력을 건물 청소 노동자의 노동보다 훨씬 높게 평가해 준다. 일단 좋다. 그러나 단순하게 알려진 연봉의 차이를 보자. 2022년 1위 CJ 이재현 회장 연봉이 221억 원인데 비해, 청소원의 경우 많이 잡아도 3,000만 원을 넘기기 힘들다. 그렇다면 이 회장의 연봉은 청소원보다 무려 730배가 넘는다. 그러나 이런 고위 인사의 경우 공식 연봉 외에 각종 배당금, 상여금이 그에 못지않게 커서 일반 노동자와의 격차를 더욱 크게 벌린다. 그런데 연봉만 730배가 넘는 엄청난 시장가격의 차이가 객관적이고 중립적인 시장이 스스로 결정한 것일까? 결코 아니다. 그 결정을 좌우할 힘을 가진 사람들이 주도면밀한 의도와 계획을 가지고, 노동가격임금을 만들어 낸 것이다.

경제개혁연구소의 보고서에 의하면 김동관 한화솔루션 부회장의 보수는 2020년 약 7억 5,000만원에서 2022년 약 31억 1,000만원으로 올랐다. 2년 만에 무려 313% 오른 것이다. 중립적이고 객관적인 시장이 자율적으로 그의 보수를 올렸다? 그럴만한 근거가 전혀 없다. 그 기간 그의 활약이 두드러지거나 경영 능력이 향상되었다고 볼 근거가 없다. 유일한 보수 상승 이유는 그가 그 짧은 기간에 사내이사 부사장에서, 대표이사로, 다시 부회장으로 승진했다는 것뿐이다. 그는 어떻게 해서 고속 승진할 수 있었을까? 김승연 회장의 장남으로 한화그룹의 차기 승계 1순위라는 사실뿐이다.무조건 올라가는 '슈퍼급여'…

총수 이가 보수체계의 코미디, 이창민 한양대 교수, 한겨레신문, 2023년 8월 9일 자 참조

심지어 박찬구 금호석유화학 회장, 조현준 효성 회장, 장세주 동국 홀딩스 회장, 이해욱 DL 회장, 박태영 하이트진로 사장 같은 경영자들은 다양한 혐의로 재판 중이거나 취업제한 기간인데도 수십억에 달하는 연봉을 받았다.취업제한·횡령 재판중에도, 회장님들은 수십억씩 보수 챙겼다, 옥기원 기자, 한겨레신문, 2023년 8월 10일 자 참조 재벌가의 급격한 소득상승은 시장의 객관적이고, 중립적인 손에 의해서가 아니라 유력 재벌 후손이라는 판단의 '개입' 때문에 생긴 일이다.

우리가 시장경제를 인정한다면, 개인 능력의 차이나 성실성, 심지어 개인을 있게 한 배경까지 포함한 모든 차등적 요소가 시장에 적용되는 것은 당연하다. 그로 인해 얼마든지 노동 가격임금 차이가 발생할 수 있다. 그러나 단지 수요와 공급의 함수 이외에 엄청나게 다양한 이해관계와 특히 당사자들 사

이의 힘 관계, 사회적 설득력이 작용하고 있음을 함께 인정해야 한다. 경제학은 한정된 財貨와 서비스에 대한 합리적 분배의 사회적 관계다. '한정된'이라는 원초적 제약과 '합리적'이라는 현실적 판단 사이에 경제학가 자리하고 있다. 그러므로 우리는 구체적 상황마다 구체적인 관계들 사이에서 공공적인 갈등과 합의를 통해 더 공정하고, 합리적인 경제 결과를 만들어 가야 한다. 처음에 말했듯이 절대적 '윈윈'은 없다. 좀 더 공정하거나 불공정한 경제가 존재할 뿐이다. 다양한 갈등과 조정의 과정세계↔국가↔기업↔개인을 거치는 것은 당연하다.

7.3. 파란만장한 자본주의의 여정

전통적 자본주의(상품시장경제, 복지 자본주의)

하나님 나라로 산다는 것은 현실은 잊고 성경만 들여다보는 게 아니다. 지금 우리는 자본주의 시대에 시장경제 사회를 살고 있다. 자본주의는 우리의 모든 영역, 온 생애에 깊이 뿌리내려 있다. 그러므로 우리는 마땅히 자본주의를 알아야 한다.

자본주의는 상품서비스 포함을 팔아 이윤을 남길 '목적으로' 노동자를 고용하는 체제사회다. 그런데 여기서 가장 중요한 것은 '상품'이다. 좋은 물건, 편안한 서비스를 당장 자기가 누리기 위해서 만들어내는 사회는 자본주의가 아니다. 자본주의는 다른 사람에게 팔아 이윤을 얻으려는 목적으로 상품을 만들어내는 사회다. 그래서 자본주의 사회에서는 모든 게 상품이 될 수 있고, 또 상품으로 만들고 싶어 한다. 중세라면 종교를 비방하는 책은 교황청이 용납하지 않겠고, 왕실을 비판하는 문서라면 관리가 잡아갈 것이다. 그러나 자본주의 사회에서는 자본주의를 욕하고 비판하는 책, 영화, 드라마를 얼마든지 제작할 수 있다. 상품이기 때문이다. 종교 역시 얼마든지 상품이 될 수 있다. 그래서 자본주의를 '상품시장경제'라고도 부른다.

자본가는 팔 상품을 만들기 위해 노동자를 고용한다. 노동자는 자신의 노동을 상품으로 팔기 위해 자본가에게 고용된다. 그러므로 우리가 필요로 하는 '물건'도 상품이고, 자기를 팔아 살아가는 '사람'노동자도 상품이다. 그런데 누구나 더 많은 돈을 벌어 풍요롭게 살기 원한다. 그러므로 자본가는 싼값에 노동을 사서 비싼 값에 상품을 만들어 팔고 싶어 한다. 반대로 노동자는 더 비싼 값에 자기 노동을 팔고임금 싶을 것이다. 그래서 모든 시장에서는 가격을 두고 신경전이 벌어진다.

그렇다면 가격값어치은 어디서 생겨나고, 어떻게 유지될까? 크게 두 가지 설명방식이 있다. 하나는 '재화의 가치가 소비자의 주관적 효용에 의해서 결정된다'다음 어학사전는 '효용가치론'이다. 복잡할 게 없다. 어떤 상품을 사려는 사람이 많거나 더 간절하게 여겨진다면 당연히 가격이 비싸질 것이다. 반대로 아무리 멋지게 진열해 놓아도 누구도 눈여겨보지 않는다면 자연히 헐값이 될 것이다. 곧, 사람들이 느끼는 그 물건의 쓸모의 크기정도가 그 가치를 결정한다는 말이다. 그게 상품이든 서비스든, 임금도 그렇다. 그런데 문제가 있다. 효용가치론은 사람들이 어떤 상품을 얼마나 사기 원하는지에 따른 가격의 오르내림은 설명할 수 있지만, 본래의 그 상품의 가치가 어디서 생겨났는지는 설명하기 어렵다.

그래서 다른 설명이 나왔다. 어떤 상품이 만들어져 값어치가 있다면 그것은 당연히 그것을 만드는데 들어간 사람의 노동이 아니겠는가? 너무 당연하다. 그래서 '노동가치설'이다. 그리고 그 상품의 가격은 기본적으로 그것을 생산하는데 들어간 노동량의 크기, 곧 노동시간으로 측정된다고 한다. 이것도 당연하다. 같은 상품이라도 1시간쯤 대충 뚝딱거리며 만든 상품보다 이틀 밤을 새워가며 정성껏 만든 상품은 아무래도 보기도 쓰기도 더 좋을 것이다. 그러니 더 비싼 대접가격을 받게 될 것이다.

사람도 마찬가지다. 어떤 분야의 업무수행을 위해 들인 시간나이, 경력과 능력학력, 자격증, 상장 등으로 증명할 수 있다면 노동시장에서 더 비싸게 팔릴 것이다. 그런데 마르크스는 같은 노동가치설을 받아들이면서도 한 걸음 더 나간다. 모든 가치는 오직 노동으로부터만 생겨나는데, 노동 가운데 노동자에게 제대로 지불하지 않은 숨겨진 가치가 있다는 것이다. 그게 자본가가 이윤의 원천경영의 몫이라는 것이다. 그래서 마르크스는 노동자에게 돌아갈 몫을 제대로 지불하지 않고 사용자가 가져갔으니 '착취'라고 불렀다. 그리고 이를 '잉여가치설'이라고 한다. 자본가는 이렇게 만들어진 이윤제대로 지불되지 않은 노동가격의 일부를 자신이 가져가고, 또 상당 부분은 기업을 운영하기 위해 자본으로 사용한다. 그는 이렇게 해서 자본주의가 굴러간다고 주장했다.

그러나 앞에서도 말했듯이 물건 가격도, 임금도 물리법칙이나 수학 공식처럼 자동적으로 계산되어 나오는 게 아니다. 시대 분위기나 사회구성원 사이의 밀당을 통해 올라가기도, 내려가기도 한다. 당연히 처음부터 결정된 상품가격, 임금은 없다는 것이다.

그런데도 오늘날 자본주의 사회에서 일상화된 하늘과 땅 차이의 임금 격차는 도대체 누가, 언제, 어떻게 만들어 낸 것일까? "평범하게 일해서 록펠러만큼 재산을 모으려면 몇 년이 걸리는가? 셀러리맨의 꿈이 연봉 1억 원인데, 이 정도 임금을 받는 사람이 1년 동안 한 푼도 쓰지 않고 모아도 350만 년이 넘게 걸린다. … 아무리 록펠러가 부지런해도 일반인보다 수십만 배 열심히 일할 수는 없다. 그가 그 정도의 재산을 모은 것은 타인의 생산물을 합법적으로 소유했기 때문이다." "1980년 이래 노동자계급의 실질임금은 정체된 반면, 자본가계급의 소득인 주주의 배당금과 최고관리자의 급여는 기하급수적으로 증가했다. … 사실 이들의 연봉을 이윤, 즉 노동자계급에 대한 착취의 결과로 간주하면 논쟁은 쉽게 해결된다. 최고 관리자의 연봉이 노동자 평균임금의 2천, 3천 배가 아니라 2만, 3만 배 증가해도 그리 놀라운 일이 아닌데," 현대의 경계에서, 윤종희, 생각의 힘, 2015년, 145쪽, 500쪽

이러한 문제점을 알기에 전통적 자본주의도 자유시장경제를 넘어 국가의 개입과 조절을 통해 지나친 임금 및 빈부의 격차를 줄이고 사회 통합성을 높이는 방향의 제도를 발전시켰다. 2차 대전 이후 서구가 만들어낸 다양한 사회보장제도의 도입과 복지국가형 자본주의가 대표적이다.

후기 자본주의 체제(법인자본주의, 신자유주의)

그러나 이조차 아직은 낭만적인 시대 이야기다. 모든 제도가 그렇듯이, 자본주의도 시대변화를 뒤따라가거나 이끌어가며 계속 변해간다. 자본가는 이윤이 생겨야 기업활동을 하며 고용도 할 테니, 이윤이 자본주의 주동력인 것은 틀림없다. 18~19세기는 공장에서 물건을 만들어 팔아 사회가 급속도로 성장했던 제조업 중심의 전통적 산업자본주의 시대였다. 우리나라도 1990년대까지 가발, 신발, 옷, 가전제품 등의 상품을 공장에서 대량으로 만들어 팔아 경제를 일으킨 시대였다.

그러나 발전이 커질수록 기업 간 경쟁도 치열해지고 노동자들의 저항도 커지면서 자본과 기업의 이윤획득도 갈수록 힘들어진다. 그러다 보니 기업들 사이에도 부익부 빈익빈이 커지고 기업 사이에 먹고 먹힘에 따라 독점자본도 늘어갔다. 기업규모가 커지고 생산력이 늘어나 상품이 넘쳐나는데 한 나라의

상품시장은 이제 한계에 이르렀다. 물건을 만들어도 팔 곳이 없게 된 것이다. 경제 규모가 커지고 기술이 발전할수록 불황은 주기적으로 찾아오고 그 규모도 커지는 한계를 맞게 되었다.

이제 서구제국들은 국내시장에서 벗어나 상품시장 확대를 위해 해외 식민지를 만들고 빼앗기 쟁탈전에 적극적으로 나서게 된다. 독점자본주의가 제국주의시대를 불러온 것이다. 동맹과 적대의 조합이 조금씩 달라지기는 했지만, 크게 보면 영국, 프랑스 같은 전통 유럽 강국, 그리고 그들의 우방인 미국과 이들에 맞서며 새롭게 주도권을 쥐려 했던 독일, 그의 혈족 오스트리아, 이탈리아, 일본 등이 첨예하게 맞섰다. 강대국 사이의 식민지 쟁탈은 서로 양보할 수 없었고 마침내 세계 1~2차 세계대전을 불러온다.

세계대전을 치르며 온 지구촌은 개별국가만으로는 살아갈 수 없는 진정한 하나의 세계가 되었다. 자본주의도 이제는 자기 나라나 이웃 나라와만 겨우 교류하는 제한적 규모가 아니다. 갈수록 모든 나라를 아우르는 기준, 구조로 통일된 전 세계의 표준화된 체제의 자본주의로 발전해 갔다. 2차 대전 이후 체제로서의 자본주의는 밖으로는 사회주의, 공산주의 체제를 막는 커다란 블록을 만들어 방어했다. 안으로는 노동자를 체제 내로 흡수하기 위해서 그들의 임금과 복지를 최대한 보장하며 성장하려는 수정 자본주의로 변모했다.

자본의 자유를 향한 자본주의의 창의력과 상상력은 무궁무진하다. '돈만 벌면 되지, 자본가의 얼굴이 사람이든 아니든 무슨 상관이냐'는 엄청난 착상이 사람 아닌 전문 자본 그룹의 자본주의, 곧 법인 자본주의 시대로 이끌었다. 이제는 그저 상품을 잘 만들어 많이 파는 것보다 경영기법과 운영의 혁신을 통해 더 큰 이윤을 얻으려는 초국가적세계적 전문적 자본주의 시대가 되었다. 상품 만들어 파는 것만으로는 이미 이윤 창출에 한계에 다다랐기 때문이다. 자본주의의 국제화, 세계화, 전문화, 다양화가 가속화되었다.

그러나 자본주의는 20세기 후반 이후 한 번 더 크게 변했다. 결정적인 계기는 물론 1990년대 사회주의 • 공산권의 몰락이다. 체제 경쟁은 끝났다. 자본주의는 경쟁 상대가 없어졌고, 승리한 유일한 대안으로 선언했다. 1980년대~2010년대까지 전 세계를 휩쓴 신자유주의와 자유무역협정FTA 확산은 공산권 몰락 이후 유일한 현존체제인 자본주의가 더욱 세계화, 다양화한 모습이다. 이는 지금이 더는 물건을 많이 팔아 경쟁하는 시대가 아니라 금융과 지식, 첨단 기술 등 지적재산, 심지어 국가 공공시설, 기간산업까지 돈 되면 무엇이든 팔고 살 수 있는 자본 만능시대임을 알리는 표시다. 근대국가 성립 이후 지금껏 국가 주권의 성역이던 기반시설, 국민의 안전과 치안, 보건, 정보까지 이제는 세계 자본의 상품이 된 것이다. 각국 정상은 정치인에서 세일즈맨으로 변신하였다.

이것은 아주 중대한 변화다. '자유민주주의의 자유'는 '자본의 무한한 자유'로 귀착된 것이다. 근대 이후 개별국가와 민족의 정당성을 국민의 발전에서 찾으며 성장한 세계가 아주 다른 시대를 맞이했다. 지난 30년 동안 국가와 민족, 국경선을 뛰어넘는 진정한 지구촌이 되어 왔다. 문제는 세계화가 지구적 기후/환경위기나 여전히 심각한 국제평화와 기근, 식량난, 난민 등 함께 살기 위한 연대와 협력과제보다 자본의 무차별적 자유를 위해 더 활발히 활용된다는 사실이다.

21세기 • 투기 자본주의 시대

다시 말하지만, 자본주의도 살아있는 생명체처럼 시대와 상황에 따라 더 유리한 모습으로 끊임없이 변화, 발전한다. 그러면 법인자본주의와 신자유주의로 무장한 21세기 자본주의의 가장 큰 특징은 무엇일까? 투기성이다. 다시 한번 자본주의의 역사를 되짚어보자.

전통적인 자본주의는 공장에서 대량으로 만든 물건을 파는 제조중심의 산업자본주의다. 그리고 자본주의 운영의 동력인 이윤은 인간의 노동으로부터만 나온다. 그런데 경제학이 말하는 노동은 우리가 그저 땀 흘려 일한다는 일반적 개념이 아니다. 물건을 만들어 내거나 서비스를 제공함으로써 매매^{상품}할 수 있는 가치를 창출하는 것이다. 그러므로 자본주의에서는 아무리 고상하고 훌륭한 수고를 했어도 사고파는 상품이 없다면 의미가 없다.

우선, 억울한 노동이 있다. 가사노동이다. 자본주의는 가사노동을 노동으로 보지 않는다. 상품으로서의 서비스를 매매하는 노동이 아니기 때문이다. 그래서 전업주부들은 매일 먹이고 입히고 돌보고 양육해도 '집에서 놀고 먹는다'는 조롱을 당해왔다. 남편이 회사에서 돈을 벌어온 경제활동만 노동이기 때문이다.

그런데 반대사례도 있다. 가사노동처럼 경제적 노동이 아닌데도, 돈이 생겨난다. 롯또 1등 당첨금 30억 원은 도대체 어디서 나오는 돈인가? 롯또를 맞추기 위해 내가 아무리 많은 전략과 공부와 수고를 들였을지라도 그건 상품 또는 서비스를 제공하는 노동이 아니다. 그러나 이상하게도 정당한 노동이 아닌 롯또를 잘 맞추면 갑자기 대박이 터진다. 도대체 그 돈이 어디서 나온 것일까?

예를 바꿔보면 더 쉽게 이해된다. 불의한 사장이 있다. 정당한 임금도 떼먹고, 노동시간은 아주 길고, 작업조건도 나쁘다. 노동자들은 한결같이 사장을 욕한다. 그런데 이상하게도 스스로 그만두는 사람이 없다. 왜 그럴까? 사장은 매년 한 번씩 10명을 무작위 추첨하여 1,000~100만 원씩 공짜로 돈을 준다. 그걸 보며 노동자들은 박봉에 험한 일을 하면서도 언제고 터질지 모를 희망을 안고 묵묵히 일한다. 그렇다면 사장이 주는 당첨금은 어디서 나온 것인가? 물으나 마나 노동자들이 정당하게 더 받았어야 할 몫이다. 그러므로 사장은 당첨금이 아니라 1,000명의 노동자에게 합당한 임금인상과 노동조건을 개선해 주어야 한다. 그러나 사장에게는 임금인상보다 매년 당첨금이 훨씬 쉽고 돈도 절약된다. 그러나 이런 정도 행운은 아무것도 아니다. 현대 자본주의에는 이런 성격의 노동가치 창출 없는 대박, 눈먼 돈들이 넘쳐난다.

우선, 부동산이다. 당연하지만 땅은 사람이 생산해 낸 상품이 아니다. 그러나 자본주의에서는 땅의 배타적 소유권에 엄청난 프레미엄을 붙여 사고, 팔 수 있다. 집건물은 분명히 땅을 파고, 자재를 쓰고, 온갖 장식을 덧붙이며, 또 노동자를 고용해서 만들어 낸 상품이다. 당연히 사거나 팔 수 있다. 그러나 '땅값에 비하면 건축비는 얼마 안 된다'는 말처럼 집값도 결국 땅값이 거의 결정한다. 부동산은 자신이 생산한 것도 아닌 땅에 배타적 소유권을 부여함으로써 엄청난 프리미엄이 가능한 대표적 투기성 상품이 된다.

둘째, 주식이다. 주식이나 채권은 현대산업사회 당사자 모두의 필요를 위해 고안된 금융상품이다. 기업의 규모가 갈수록 커지니 자금조달이 어려운데다가 규모만큼 부도의 위험도 크니 원활한 자금조달과 위험 분산을 위해 주식이 생겨났다. 물론 투자자에게도 투자금액에 따른 수익이 돌아가니 원원이다. 그런 면에서 주식회사는 현대 기업형태의 기본이다. 그러나 갈수록 자본시장이 커지고 전문화, 독자화되면서 오늘날 주식은 회사 운영과 따로 움직일 때가 많다. 때로는 회사의 필요에 역행할 때도 대주주의 이익을 위해 폭등하고 폭락하는 투기판이 되었다. 마치 금이나 석유, 심지어 식량까지도 실 수

요자의 필요보다 투자자의 입김에 놀아나는 투기상품이 된 것과 같다.

예를 들자. 지금 서울13%, 인천30%, 대전14% 상당수의 시내버스가 먹튀로 유명한 투자전문회사 맥쿼리 관련자와 관련된 '차파트너스자산운용'에 넘어가 있다. 이들은 버스 준공영제 정책으로 서울시에서 막대한 지원금을 받고 있다. 그들은 사모펀드사답게 버스 운영을 통한 정상적 수익보다는 있던 차고지는 팔아 주주에게 배당하고 지자체에는 다시 새 차고지를 매입해 달라고 요구하는 등 공공사업을 '호갱' 취급하고 있다. 이 회사는 '투자금의 연 11.2% 배당, 최종수익률 12.2%'를 제시하며 투자자를 유치해 그 돈으로 버스회사들을 사들였다. 그리고서 실제 매해 8~15%의 현금 배당을 해왔고, 2027년에는 버스회사 지분을 1,548억 원에 팔고 떠날 것이라고 한다. 전형적인 '먹튀'다. 그 피해는 고스란히 정부 및 지자체, 회사뿐 아니라 무엇보다 버스를 이용하는 서민들에게 돌아갈 것이다.준공영제 버스 삼킨 사모펀드 '상' '중' 편, 한겨레신문, 2023년 6월 19일, 21일 자 참조

아무리 무능한 기업주라도 회사를 소유하는 한 경영에 힘쓴다. 그러나 이들에게는 버스회사나 승객이 중요한 게 아니다. 그래서 그들은 회사 수익 및 건강성과 상관없이 자기 몫배당금만 챙기고 팔아버리면 그뿐이다. 현대 주주자본주의가 위험해지는 이유다.

셋째, 코인가상통화이다. 사실 코인은 생성역사가 길지 않아 개념도, 부르는 이름도, 각 나라의 대응 방식도 통일된 게 없다. 아직은 대중적이지 않다. 세계 통화 달러와 각국 화폐가 있는데도 굳이 코인이 생겨난 것도 현대 금융자본주의의 폐해 때문이다. 세계 통화인 달러의 유일한 발행국인 미국과 각국 정부, 통화당국이 자의적 필요에 따라 통화정책을 멋대로 뒤흔드는 일들이 많다. 코인은 이에 반발한 사람들이 합의한 방식에 따라 별개로 통용되는 새

로운 유통화폐다. 그러나 여전히 완성된, 통일된 운용방식이 없다.

취지야 어떻든, 중요한 건 특징이다. 안정적인 운영토대나 일관된 통제기구가 없다 보니 더욱 변칙적인 운영과 투기적 성격이 커진다. 몇 년 전 우리나라도 개념도 잘 알지 못하면서 빚내가며 코인에 올인한 사람들이 적지 않았다. 대박에 대한 유혹이다. 그러나 상당수는 대박이 아닌 쪽박을 차게 되었다. 코인은 투자하는 본인에게도 대박과 쪽박의 예측 불가능성이 가장 높다.

부동산, 모험적 펀드, 코인은 은행, 투자은행, 보험 등 제도 금융권과 긴밀하게 연결되어 금융자본주의를 계속 확대한다. 그 기능을 부정하거나 이런 상품에 투자하는 개인을 비난하려는 게 전혀 아니다. 다만, 이것들이 현대 투기 자본주의를 대표하는 상징이 되어 간다는 엄연한 사실을 지적하는 것이다. 산업자본주의는 노동자의 정당한 몫을 제대로 나누는 과제가 필요하다. 그러나 금융자본주의는 아예 가치 창출과 상관없는 이들이 가치 창출의 관계자들^{노동자, 자본가}보다 훨씬 큰 몫을 가져가는 부당한 수익 때문에 문제를 더 키우고 있다. 열심히 기업 운영하고 일해서 벌어들이는 소득보다 땅 투기, 돈놀이의 수익이 훨씬 많다면 누가 힘들여 기업을 하겠나? 이게 현대 금융자본주의의 놀라운 확장 능력이면서도 위험을 키우는 결정적인 한계다.

투기적 금융자본의 무기는 '돈의 변신술'이다.

모든 사람은 돈을 좋아한다. 그러나 사람에게 진짜 필요한 것은 한낱 종이 쪼가리_돈가 아니라 사과_{상품}와 편의_{서비스}다. 억만장자가 무인도에 갇히면 금세 알 수 있다. 그래서 거듭 강조하지만, 경제는 결국 상품과 서비스를 공정하고 합리적인 분배의 문제로 모인다. 그러나 값어치 측정, 교환, 저장 등의 필요로 만들어진 후 화폐는 실제 상품과 서비스, 곧 노동을 지배하는 힘이 되었다. 화폐는 실제가 아닌데 실제처럼 보이게 하거나 실제보다 크게 보이게 하는 엄청난 힘이 있다. 남의 것을 가지고 내 것처럼 느끼게 만드는 다양한 기술도 있다. 돈의 변신술이다.

실물화폐금, 쌀에서 상징 화폐동전, 지폐로, 이제는 가상암호화폐로까지 확장되면서 모두에게 모든 가능성을 열어주는 것 같은 착각에 빠지게 만든다. 재화와 서비스는 눈에 보이는 실재이므로 제한된 가치들이 어디에 쌓이고 고이며 비어가는지를 보여준다. 그러나 돈은 상징이고 가상이므로 숫자만으로 마치 모두가 부자가 되고, '윈윈'이 가능한 것처럼 착각하게 만든다. 금융화는 이를 원활하게 무한 반복하며 착각을 늘려주고, 빈익빈 부익부는 키운다.

물론 현대 금융자본주의도 이러한 은폐가 얼마나 위험한지 알고 있다. 그래서 더 많은 이들이 금융에 참여하여 위험을 분산시키는 다양한 금융상품들을 만들어냈다. 문제는 위험을 잘게 쪼개 여러 곳에 흩어놓다 보니 어디서 문제가 생길지 예측하기 힘들고, 책임도 모호하게 된 것이다. '자산담보부증권'ABS이니, '자산담보부기업어음'ABCP니, '주택담보부증권'MBS 같은 알아듣기도 힘든 금융상품들이 바로 그것이다. 사람들은 뭔지 잘 몰라도 수익률만 보며 참여했지만, 사실은 시한폭탄이다. 언제고 폭탄은 터지게 되고, 너무 여러 사람, 여러 과정에 연결되어 있기에 연쇄 폭발이 계속 일어난다. 더구나 국내외 경제 전체에 미치는 파급력이 너무 커서 아무런 상관도 없는 사람에게도 불똥이 튄다. 2008년 국제금융위기가 대표적이다. 정작 책임이 큰 대자본금융 및 부동산 전문회사은 경제를 안정시키려는 각국 정부의 지원을 받아 기사회생하지만, 잔챙이 투자자들은 가산을 탕진하고 가정까지 깨지는 경우가 허다하다.

그래서 다시 물어야 한다. 금융 자본에게 돌아가는 대박의 정체는 무엇인가? 다른 누군가 만들어 놓은 가치가 부당하게 공짜로, 과도하게 옮겨진 것이다. 지금은 세계 자본주의 시대이므로 국경을 넘어 세계 누군가의 공짜 노동, 헐값노동의 몫을 대신 가져온 것이다. 이처럼 가치를 창출하지 않는 부문에 너무 과도한 혜택이 일방적으로 돌아가고 있다. 그래서 투기 자본주의 시대다. 이럴 때 그나마 균형을 잡아 줄 수 있는 게 국가의 세금 및 복지정책이다. 부당하게 많은 소득이 있는 곳에 비례적 세금을 거둬 부당하게 적은 소득자의 혜택을 늘리는 것이다.

우리나라도 이제 실질 면세자였던 종교인 과세까지 시행할 정도로 '소득있는 곳에 세금 있다'는 세금 보편주의가 굳어지고 있다. 그러나 부동산, 금융, 주식 등은 훨씬 많은 소득이 생겨남에도 불구하고 여전히 사각지대가 적지 않다. 이게 굳어지면 힘들여 노동하고, 피곤하게 기업할 의지를 잃게 된다. 근로의욕, 기업 의욕이 사라지면 대박도박심리만 난무한다. 이렇게 해서, 현대 자본주의는 투기적 성격이 강화된다. 지금 우리의 현주소다. 결국 자본주의도 무너진다.

2023년 6월, 100여 년 전 침몰한 타이타닉호 관광을 위한 잠수정이 깊은 수압을 못 견디고 파괴돼 승객 전원이 사망하는 사고가 일어났다. 여기에 참가한 승객들은 1인당 3억 원이 넘는 돈을 냈다. 일반인은 꿈도 못 꿀 비용을 내고 가는 우주여행, 오지 관광의 한 예다. 같은 시대를 사는 지구촌 인류인데도 최첨단 21세기, 20세기, 근대문명, 중세문명, 고대문명, 원시시대의 각각 다른 모습으로 살아간다는 사실을 확인하는 비극이다.

그러나 그건 바다 건너 남의 나라 일만은 아니다. 대한민국 안에서도 영화에서나 볼 법한 어마어마한 부유층의 세계가 있는가 하면, 생활 수준은 높아진 것 같은데 미래는 보이지 않는 다수 국민도 있다. 또, 사랑하고 결혼하고 아이 낳아 가정 꾸리는 '당연한 인생 여정'조차 사치처럼 느끼는 젊은이들도 있으며, 한여름에도 덜덜대는 선풍기 한 대만으로 작열하는 햇볕을 피하며 겨우겨우 생존하는 쪽방 노인도 있다.

우리가 자본주의라는 배를 함께 타고 있다면, 이 배가 좀 더 공정하고 평화로운 항해를 할 수 있도록 애쓰는 것은 모두의 일이다. 이제 그걸 생각해 보자.

더 나은 자본주의는 가능한가?

종교가 모든 것을 결정하던 시대가 있었다.중세 정치가 가장 중요하던 시대가 있었다.근대 우리가 살아가는 현대는 단연코 경제돈가 모든 것을 결정하는 시대다. 그 경제적 세계체제의 이름이 바로 자본주의다. 자본주의는 단지 경제시스템이나 제도 정도가 아니라 현대의 모든 것을 움직이는 실체다. 우리 신앙도 자본주의 현실을 떠나서는 말할 수 없다. 그러므로 지금 자본주의를 말하는 것은 지구촌과 인류 전체를 말하는 것이다.

자본주의의 미래는 자본주의人자본주의 시대를 살고 있는 바로 우리들의 선택에 달렸다. 어떤 이유로든 공동체의 생명과 안전을 보호하고, 정의롭고 공정한 삶의 기대를 충족시켜주지 못하면 결국 구성원에게 배척받게 된다. 자본주의도 마찬가지다. 16세기 이래 부르주아 민주주의 • 자본주의자유민주주의 체제의 조합은 유럽에서 미국을 거쳐, 이제 가장 보편적인 질서가 되었다. 이 조합은 개인의 자유와 번영에 대한 인류의 욕구를 잘 충족시켜 왔다. 수많은 우여곡절과 논란이 있었지만 20세기까지 대의대중 민주주의와 시장경제의 조합은 인류발전의 동력이 되어왔다.

그러나 오랫동안 잘 작동해 온 이 조합은 최근 여러 곳에서 심각한 균열을 보이고 있다. 세계 곳곳에서 민주주의와 자본주의가 쉽게 공존하기 어려운 파열음이 확산되고 있다. 왜 그럴까? 대중 민주주의가 너무 커진 자본의 힘을 더는 방어해내지 못하는 것이다. 자본주의의 영원한 숙제인 커지는 불평등과 빈부격차를 제대로 막아내지 못하니 절망과 분노에 쌓인 대중들이 권위주의에 기울기 시작하는 것이다. 히틀러가 등장하던 때의 독일과 비슷하다. 민주주의와 자본주의 조합의 대표인 미국과 유럽에서 도널드 트럼프 현상과 극우 정치의 현실화로 표출되고 있다.

저명한 미래학자 제러미 리프킨은 '한계비용 제로사회'제러미 리프킨, 안진환 옮김, 민음사, 2014에서 자본주의의 미래로 낙관과 비관을 함께 제시한다. 무한 성장을 가능하게 했던 기술발전이 오히려 자본의 독점적 기술•생산 메카니즘을 붕괴시켜 자본주의를 대신한 '협력적 공유사회'로 이끌 것이라고 한다. "한계비용 제로사회는 전반적 복지를 증진하는 최적의 효율 상태로서 자본주의의 궁극적 승리를 상징한다. 그렇지만 그 승리의 순간은 또한 자본주의가 세계 무대의 중앙에서 불가피하게 물러날 수밖에 없음을 의미한다."위의 책, 20쪽 그 중심에 '사물인터넷'과 '공유경제'가 있다. 실제 우리 사회에서도 이제 낯설지 않다. 그러나 낙관적 미래로 이끌지는 더 두고 볼 일이다.

보다 큰 인류로서 호모 사피엔스의 미래에 집중하는 유발 하라리의 전망은 훨씬 비관적이다. 그는 인공지능AI의 발전은 인류를 극소수의 '초인류 엘리트 집단'과 다수의 '무용 계급'으로 나누어 민주주의, 인권, 자본주의 같은 문명 도구들이 순식간에 무익해질 것을 전망한다. 그러나 낙관적이든 비관적이든, 그들의 제안은 하나다. 현실 자본주의에 대한 매우 근본적이고, 심각한 성찰, 수정, 개혁이 필요하다는 것이다.

자본주의가 근본적인 문제에 도달했다면 사회주의로 갈아타면 되는가?

그건 어리석은 순환논리다. 마르크스의 중요한 통찰과 20세기 사회주의 실험은 의미 있었지만, 체제로서의 사회/공산주의는 이미 대안성을 상실했다. 우선, 인간론으로 볼 때 그렇다. 인간은 체제로서의 사회/공산주의를 자발적으로 실현하기 어렵다. 그래서 사회/공산주의 체제를 실현하려면 강제와 구속이 불가피해진다. 또, 현실적으로 중국, 베트남, 쿠바 등 사회주의 국가들도 이미 자본주의 체제의 문법 안에 포섭되어 있다. 거의 유일한 예외가 북한인데, 그들이 21세기 세계체제의 대안이라고 할 사람이 과연 있을까?

자본주의가 영원할 것이라고 말할 수는 없으나 지금 현실적인 것은 사실이다. 문제는 더 많이 갖고 싶고, 더 편하게 살고 싶은 사람의 욕망에 한계가 없다는 것이다. '적당히'가 없다. 그러나 이윤에 대한 끝없는 욕망이 없으면 자본주의가 발전하기 어렵다. 그렇다고 욕망을 아예 방치하면 자본주의가 망한다. 근본적인 역설이다. 이건 도덕적, 종교적 판단이 아니라 과학적 사실이다. 더구나 자본주의는 경제적 질문만 아니라 기후생태 위기, 핵 재앙의 위기 등 인류와 지구촌의 지속가능성에 대한 더 근본적인 질문에 답해야 한다.

7.4. 대안적 경제를 향하여

지속가능한 경제

인류의 무한성장을 꿈꾸던 시절, 서유럽 지도급 인사들이 인류문명을 다시 성찰하기 위해 만든 「로마 클럽」은 1972년 《성장의 한계》라는 놀라운 보고서를 발표한다. 유한한 자원을 한없이 끌어모아 일으키는 무한성장을 지구 자체가 감당할 수 없으므로 제로성장의 전환을 모색해야 한다는 파격적인 주장이다. 당시만 해도 비관적인 전망을 너무 과장하는 것 아니냐는 비판이 많았다. 그러나 얼마 지나지 않아 우려가 속속 사실로 드러나게 되었다. 특히 무한성장 경제는 인류의 지속 가능한 생존과 맞선다는 게 확인되었다. 그래서 이제 사회 모든 분야에 지속가능성의 과제가 부여되었다. 과연 '지속가능한 성장'이란 무엇인가?

• 생명, 생태를 살리는 경제다.

사람에게 다른 생명과 생태는 주어져 있는 배경이나 재료, 도구 정도의 인식을 벗어나지 못하고 있다. 우리 기독교인에게도 하나님이 함께 살도록 보내신 풍성함의 동반자가 아니라 당장 편의를 위해 이래도, 저래도 좋은 소유물 정도로 여겨진다. 당장 성장에 도움이 된다면 법이 정한 규정마저 무시하며 무한 개발해 온 결과, 지구촌은 미래를 예측하기 힘든 거대한 환경재앙 앞에 노출되어 있다. 한국 정부와 지자체도 여전히 성장세를 끌어올리고 지적을 세우기 위해 수요도 불분명한 묻지마 개발을 남발한다. 이미 전국 곳곳에 미분양 주택이 넘쳐나도 신도시 건설 및 아파트 중복공급은 계속된다. 수요도 없는 지방 공항 건설은 남발되고, 대체 에너지 개발은 소홀하면서 화석에너지 발전도 다시 일으킨다.

이제는 정말 시간이 많지 않다. 얼마 전까지만 해도 우리는 매년 가축, 가금류의 전염병으로 수십만의 생명을 산채로 쓸어 넣었던 참혹한 기억이 있다. 지구 온난화로 빙하가 녹아 북극곰이 익사하고 낮은 해안지대가 침수되고 있다는 국제뉴스도 들었다. 그러나 미안하지만, 그것은 여전히 남의 문제, 다른 동물들 얘기처럼 들렸다. 그러나 2019년, 봄철 황사와는 비교할 수 없는 '유례없는' 미세먼지로 우리는 일년내내 마스크를 쓰고 살았다. 그게 예고편이라도 되듯이 2020년 벽두부터 들이닥친 전 지구적 코로나 확산은 우리의 모든 생활을 바꿔놓고도 여전히 우리 곁을 완전히 떠나지 않고 있다. 지금 우리는 임박한 종말의 때를 아무리 경고해도 농담처럼 여기며 시집 장가가고, 논밭 사던 노아 시절 사람들눅 17:27과 같아 보인다.

무엇보다 이것은 젊은 세대, 다음 세대들이 고스란히 떠안아야 할 재앙이다. 젊은 세대가 지구환경과 기후 문제를 더 민감하게 여기는 이유다. '자식을 사랑한다, 애 낳아라' 말만 할 게 아니라, 다음 세대가 누려야 할 자원과 삶의 기반을 미리 탕진해 버리는 지속 불가능한 성장계획을 이제는 멈춰야 한다. 지속가능한 경제 과제의 첫 번째는 지구환경, 생태의 생존과 유지와 부합하는 녹색경제로 전환하는 것이다.

• 국가와 사회의 지속가능성을 위한 경제다.

미국을 보자. 미국은 세계 최강대국이며 세계화폐인 달러를 유통하는 유일한 나라다. 그러다 보니 자주 국민도, 나라도 빚 무서운 줄 모르고 경제 규모를 키우다가 계산하기도 힘든 만성적 재정적자를 달고 산다. 2019년 9천8백억 달러 적자, 2020년 3조1325억 달러 적자, 2021년 2조7756억 달러 적자, 2022년 1조3759억 달러 적자 등 매년 천문학적 적자를 기록하며 계속 누적되고 있다. 미국이 이 지경이 된 데에는 1980년대 신자유주의를 이끈 레이건 대통령의 대규모 감세가 있다. 그러나 1990년대 이후 냉전시대가 끝났음에도 Pax Americana를 유지하기 위해 쏟아부은 군사 재정도 큰 몫을 했다. 결국 눈덩이처럼 불어난 국가재정적자는 다음 세대 미국인들이 고스란히 짊어져야 할 부채이다.

우리나라는 미국과는 사정이 다르다. 국가부채 문제보다도 국가의 부가 국민에게 고루 분배되지 못하는 돈맥경화가 더 문제다. 우선 우리나라는 국민연금 고갈의 문제가 심각하다. 2023년 1월 국민연금 재정추계전문위원회가 발표한 5차 재정추계에 따르면 2024년까지 17년 동안은 연금이 계속 늘어나다가 이후 줄어들고, 2055년에는 완전고갈 될 것으로 전망했다. 가장 큰 변수는 저출산과 고령화 속도인데 그럴 경우 고갈 속도는 이보다도 빨라질 것이다. 속히 대책을 마련하지 않으면, 다음 세대는 젊어서도 늙어서도 여유를 누리지 못하는 첫 세대가 될 가능성이 있다.

• 농업과 농촌, 농민의 가치를 살리는 경제

농업이란 농사를 주업으로 삼는 산업 형태다. 농촌은 농업을 주업으로 삼는 촌락이다. 농민은 농업을 주업으로 하는 사람이다. 그러나 현대사회에서 그 개념은 모두 바뀌었다. 농업은 사회에 뒤떨어진 후진 업종이다. 농촌은 아직도 도시화 되지 못한 미개발 지역이다. 농민은 배운 것 없고 능력도 부족하여 떠나지 못한 뒤떨어진 사람이다. 그래서 정부의 농업, 농촌, 농민 정책도 사실상 탈농업, 농업포기 정책으로 방향 튼지 오래되었다.

그나마 식품 가공 산업으로 연결될 품목을 제외한 대부분은 경쟁력을 상실했기 때문에 퇴출 대상이다. 경쟁력 없는 농업에 종사하는 인구는 이주금과 보조금 주어 하루빨리 탈농脫農시키고 필요한 농산물은 수입하면 된다. 필요 없어진 농지는 서둘러 개발해서 집 짓거나 관광지, 골프장 만들어 수입이나 늘려주면 된다. 농업 부문 관료나 국회 농수산 상임위원은 전문성과 상관없이 계파나 지역, 이해관계에 따라 대충 갈라먹는 전리품으로 전락한다. 우리나라에는 여전히 농촌을 지역구로 하는 정치인들이 많지만, 그들 대부분은 이미 그곳에 살지 않는다. 기껏 지역구 행사나 선거 때 표밭갈이를 위해서만 존재하는 농촌이다. 우리나라가 지방소멸의 지경까지 간 심각한 수도권 독식 사회가 된 것도 그런 배경이 숨어 있다.

그러나 요즘이야말로 농업 부문의 미래적 의미, 대안적 가치가 새롭게 부각된다.

우선, 건강한 먹거리, 삶의 질에 대한 도시민의 관심 농업은 더 고부가가치 산업이 될 배경이다. 그러나 더 현실적인 이유가 있다. 식량주권, 식량안보의 문제는 갈수록 국가적, 민족적 생존권에 직결된다. 21세기는 환경, 식량, 자원특히 물과 에너지의 확보 전쟁이 될 것이라는 게 세계적 공통인식이다. 이는 서구 선진국들이 더 잘 알고 있다. 국가분쟁, 내전, 기후 위기와 자연재해 등이 빈발하는 지구촌에서 식량자급이 미진한 나라들은 큰 고통을 당한다. 러시아 • 우크라이나 전쟁으로 두 나라 곡창지대가 파괴되고 식량수출이 어려워지자 국제 곡물가가 폭등하고 다른 자원가격까지 차례로 올랐다. 전쟁 1년 만에 국제 밀 가격과 옥수수가격이 각각 63%, 32.9% 올랐다.

그래서 우리는 농업을 쉽게 사양산업으로 몰아붙이지만, 미국은 물론 프랑스, 영국, 독일 등 서유럽국가와 풍요한 북유럽국가도 각종 보조금 등을 줘가면서 자국의 농업을 지키려고 한다. 농촌, 농민을 살리는 것은 적당히 소득이나 맞춰주는 것이 아니라 농업의 자리를 무시하지 않는 것이다. 농업을 포기한 농촌, 농민 정책은 살농정책殺農政策이다. 유난히 농사짓는 것을 통해 하나님 나라를 많이 설명하셨던 예수님의 마음마 13장을 생각한다면 '농자천하지대본'은 하나님의 마음이다. 농업과 농촌, 농민 가치의 재발견, 이제는 그게 선진화다.

• 통일시대를 담는 경제

정치적 사건으로서의 통일은 요원해 보이며, 우리로서도 서두를 이유가 없다. 정치적 통일보다 평화와 공존이 우선이다. 그러나 평화와 공존은 통일의 긴 그림자 안에 있다. 그래서 지금은 이미 '통일시대'다. 평화의 전제조건은 상대방남에게 북, 북에게 남의 생존보장이다. 상대의 생존을 보장하지 않는 그 어떤 노력도 적대적 공격으로 여겨질 것이다.

우선, 북한경제의 회생은 분단비용을 줄인다. 통일과 화해 비용이 아무리 커도 분단과 냉전유지비용보다 훨씬 싸고 안전하다. 그러나 전자인도적 지원, 경제협력, 교류 비용, 화해 정책을 추진하는 정치적 대가 등는 금세 눈에 드러나 실제보다 커 보인다. 반면, 후자필요 이상의 국방비, 안보유지비용, 체제대결의 국제적 손실, 분쟁의 총체적 비용는 오랫동안 우리 사회에 스며들어 있어 인식하기도, 찾아내기도 어려워 쉽게 무시된다. 그러나 우리의 통일 및 평화비용이 전쟁과 분쟁이 일어났을 때의 비용과 비교할 수 있을까? 평화를 통해 북한이 군사부분의 부담을 줄이면 북한경제도 회생하기 쉽다. 분단비용을 줄이는 게 남북한 경제 회생에 큰 도움이 된다.

둘째, 화해된다면, 한국경제는 북한경제와 얼마든지 상생할 수 있다. 북한의 사회적, 환경적, 산업적 특성과 장점을 육성하도록 돕고, 남북 산업이 유기적으로 연결되어 서로 필요를 채울 수 있다.

셋째, 한반도 평화시대를 내다보고 심각한 우리 식량자급률을 다시 끌어올려야 한다. 유엔식량농업기구 FAO 곡물자급률 데이터를 분석해 보면 우리나라 식량자급률은 2020년 기준 19.3%에 불과하다. 국내 소비 곡물 80% 이상이 해외에서 수입되고 있다는 말이다. 또한 이는 경제협력개발기구 OECD 38개국 가운데 최하위다. 곡물자급률 20% 첫 붕괴…식량안보 위기, 매일경제신문 김정환, 송광섭 기자, 2022 • 04 • 07 참조

그러나 이조차 92.8%2020년 쌀 자급률을 보탠 덕분인데, 우리나라의 쌀 자급률도 갈수록 낮아진다. 농민단체는 남는 쌀을 북한에 무상 제공하도록 권

하고 있지만, 남북관계의 악화로 아예 논의마저 중단된 상태다. 여러모로 분단재앙이 크다.

〈참고한 도서 및 자료〉

- 현대의 경계에서 (윤종희, 생각의 힘, 2015년)
- 10일만에 배우는 경제학 (김경훈, 새로운 사람들, 1995년)
- 맑스주의 역사강의 (한형식, 그린비, 2022년)
- 한국 자본주의 모델 (이병천, 책세상, 2014년)

제4부
한국 사회 쟁점과 하나님 나라_{포스트모던 시대의 과제}

시대마다 사람들의 관심사가 바뀐다. 그저 유행을 말하는 게 아니다. 자기 시대에 반드시 이루어야 한다고 생각하는 주요관심을 말한다. 뉴스의 빈도 수가 높아지고 사람들이 앉아서 잡담을 주고받으면서도 무심코 노출된다. 그리고 그것은 그때마다 자기 인생을 불행하게 만들고 삶을 옭아맨다고 느끼는, 어떻게든 극복하고 싶은 그 무엇과 관련된다. 그래서 이를 '시대정신'이라고 부른다.

1945년 해방 이전 만백성의 관심은 일제 강점과 관련되어 있었다. 그건 모든 백성이 늘 해방을 꿈꾸며 독립운동을 했다는 뜻이 아니다. 공출, 학병, 정신대 등 그들의 일상사가 모두가 식민지 수탈과 연결되어 있었기 때문이다. 해방과 더불어 강요된 이념과 더불어 분단이 일어났고 5년 만에 전쟁이 터졌다. 3년 만에 전쟁이 끝났지만, 잿더미 위에서 생존의 과제는 엄혹했다. 어떻게든 먹고 살아야 했다. 자유를 포기하고 독재를 용인하면서까지 '우리도 한번 잘살아보세'라는 새마을 운동 구호가 국민들 마음에 파고들었다. 경제성장이 우선됐다. 그러나 이승만 독재 12년1948~60년에 더해 군부독재 30년1963~93은 해도 해도 너무했다. 국민들은 '독재타도'와 민주화를 외쳤다. 1990년대 세계냉전시대가 종말을 고해 한반도에도 분단을 끝내고 통일을 맞이할 수 있을 것으로 믿고 '민족통일'을 외쳤다. 그러나 통일은커녕 화해와 평화도 요원한 여전한 숙제로 남겨져 있다.

그런데 21세기의 20여 년을 보낸 지금 우리는 뭔가 이전과 많이 달라졌다는 것을 확연히 느낀다. 단순히 이슈나 뉴스의 변화 정도가 아니라 분위기가 바뀌었다. 커가는 한반도의 전쟁 위험, 정치의 실종과 새로운 민주주의 위기, 경제 불평등의 심화 등 20세기에 해결하지 못한 과제들이 여전하다. 그러나 21세기의 대부분을 살아갈 세대는 이보다 자기 주변과 일상에서 경험하는 부당함, 차별, 불공정에 분노하며 개인의 자유와 권리를 외친다.

이러한 변화는 떠오르는 열쇠말을 통해서 직감할 수 있다. 한국과학기술 기획평가원KISTEP는 '대한민국 미래이슈 2019' 보고서에서 2029년까지 한국 사회의 가장 중요한 이슈가 될 10가지 의제를 예상했다. 그것은 ▲ 저출산·초고령화 ▲ 격차 심화로 인한 사회불안정 ▲ 저성장과 성장전략 전환 ▲ 남북관계 변화 ▲ 고용불안 ▲ 기후변화 적응 실패 ▲ 제조혁명 ▲ 건강수명 증대 ▲ 자연재난 ▲ 산업구조의 양극화 등이다. 저출산, 초고령화, 저성장, 기후변화, 건강수명, 자연재난 등 예전에는 찾아보기 힘든 항목들이 주요 의제로 떠올랐다.

2019년 7월 한국여성정책연구원이 2017년 8월~2019년 5월 31일까지 게시된 청와대 국민청원 중 20만 명 이상 동의로 답변이 이뤄진 청원을 살펴보니 총 98개 중 무려 39개39.8%가 젠더 이슈 관련 청원이었다. 범위를 넓혀 1만 명 이상 동의를 받은 청원 882개 중 224개25.4%도 역시 젠더 이슈였다.연합뉴스 참조, 2019. 7. 5

그러나 이는 우리나라만의 현상이 아니다. 아니, 오히려 서구 선진국에서는 20세기 후반부터 벌써 진행되어 온 일들이다. 그들 역시 20세기 대부분에는 이념, 인종, 민족, 국가 등 거대구조의 문제들과 싸웠다. 그러나 1990년대 동구권 몰락으로 그동안 거대한 이념구조에 가려 느끼지 못했던 삶의 과제들이 한꺼번에 터져 나왔다. 바로 포스트모던 시대탈근대주의가 온 것이다.

협성대 홍순원 교수기독교 윤리학는 포스트모더니즘의 특징을 다음과 같이 요약했다.합리성의 종말 • 포스트모더니즘, 홍순원 인문학연구소 유튜브 방송, 2021년 1월 29일

	모더니즘	포스트모더니즘
불확정성	구체적, 명확성, 현실적, 합리성, 상식, 일반적	비현실적, 상상세계, 불명확성, 비상식, 특수적
단편화	종합성, 큰 그림, 대표적	평범함, 소수, 피지배자, 약자, 작은 그림
탈경전화	캐논, 규범, 전통, 권위	자율성, 상황
혼성모방 (절충주의)	명확한 경계설정, 자기 자리, 구별	경계 허물기, 절충, 융합, 혼합

우리나라에서 이러한 변화가 가장 확연히 드러난 계기는 2008년 광우병 촛불집회였다. 광우병이 의심되는 미국산 쇠고기에 대한 제한 없는 수입에 대한 국민적 분노로 촉발되었다. 그런데 여기에는 다양한 계층과 세대의 관심 주제들이 한꺼번에 다 다뤄졌다. 40대 이상 기성세대는 정치, 통일, 노동의 이슈를, 30세 젊은 부모들은 건강과 환경을, 심지어 10대 청소년들도 학교 급식과 야간자율학습의 주제로 촛불을 들었다. 건강, 환경, 자유로운 삶이 집회의 주제가 될 수 있음을 처음으로 보여준 계기였다.

그 이후 개인이 누릴 자유, 권리에 대한 욕구가 더욱 확산되었고, 이제 젠더, 낙태, 성소수자 인권 등의 이슈로 큰 갈등을 겪고 있다. 이에 대해 기성세대와 보수진영은 전면적인 거부감을 표출하며 사사건건 대립하고 있다. 한국교회 주류도 격한 반발을 보인다. 특히 이는 시대가 달라졌다고 성경의 기록과 다른 주장을 용납할 수 있느냐는 반감이 크다. 그러다 보니 감정과 논쟁은 격화되었지만, 막상 서로의 입장과 생각을 경청하고 쟁점을 확인하는 자리조차 갖지 못하고 있다.

각각의 특징과 장단점을 이해하는 것은 시대와 세대를 이해하는 데 매우 중요하다. 권위, 순종, 복종, 도리, 책임을 앞세우는 전통주의는 자칫 독재, 억압, 타율로 빠질 우려가 있었고 20세기 내내 경험했다. 그러므로 포스트모더니즘은 그럴듯한 명분 뒤에 감추어진 강제와 억압에 대한 정당한 반발에서 일어났기에 자유, 권리, 나다움의 특별함을 강조한다.

그러나 이것 역시 지나치면 욕망의 숭배, 무책임, 개별주의에 빠질 우려도 있다. 이 책에서는 21세기의 다양한 이슈 중에서 사회와 교회에 큰 과제로 떠오른 몇 가지를 살펴보려고 한다.

8장. 출산과 임신 중단낙태 문제해결의 핵심은 여성

출산임신은 여성의 가장 독특한 역할이다. 물론 남성 없는 임신은 불가능하지만정자 공여도 남성의 몫이다, 그 중요도는 여성에 비교할 수 없다. 이는 가축 농장에서 몇 마리의 우수한 씨종을 제외하면 대부분의 수컷은 고기로 팔아넘기는 이유다. 여성은 40년 안팎의 긴 가임기간에 주기적으로 생리를 겪어야 한다. 또, 임신 후 자신의 자양분으로 새 생명을 기르며, 출산 후에도 상당 기간 아이와 결속되어 있다. 여성만이 임신하고 자궁에서 기르며, 여성만이 출산할 수 있다. 출산 후에도 주로 여성이 아이를 키우고, 교육 여건을 만들어 준다. 그가 성인이 되고, 세대가 다음으로 이어지며 한 순환이 진행된다. 그러므로 세상이 존재하고 인류가 생존하는 한 출산임신이야말로 여성암컷의 가장 독특하고 결정적인 공헌임이 틀림없다.

문제는 거의 여성을 통해 진행되는 이 생명의 순환구조를 우리 남성들이 지배하려 한다는 것이다. '낳아라' '낳지 말아라'뿐 아니라 '몇 명 낳아라'까지 남성모든 국민이 아니다이 지시해 왔다. 여성에게 우선된 과제임에도 남성이 주도하고, 결정해 온 게 사실이다. 만약 군 복무기간을 늘리고 줄이고, 군대 운영에 대해 여성이 담론을 만들고 결정한다면, 남성은 크게 반발할 것이다. 그러나 여성에게 가장 중요하고 결정적인 영역인 임신, 출산, 양육에 대한 담론과 결정은 주로 남성이 장악해 왔다. 더구나 그것을 사소하고 당연한 '집안일'로 취급하면서 말이다.

그런데 최근 엄청난 변화가 일어났다. 우리가 당연하게 여겼던 결혼도, 임신과 출산도 더는 자연스럽지 않게 된 것이다. 저출산과 고령화가 맞물리면서 사회의 활력은 떨어지고 미래도 불투명해 보인다. 당연한 일이라고 생각했던 선순환이 멈추니 우리 사회가 큰 충격에 빠졌다. 이러한 분위기는 벌써 수십 년 전부터 감지되어 정부도, 사회도 이를 극복하기 위해 수많은 대책을 쏟아내 왔다. 신혼부부에게 혜택을 늘리고, 출산장려금과 양육비, 교육비 등 온갖 대책을 마련했다.

그러나 백약이 무효다. 왜 그럴까? 경제 이전에 여성문제라는 사실을 모르기 때문이다. 나는 이 글을 통해 한국 사회의 중요과제인 비혼 선호, 저출산, 임신 중단낙태의 가장 큰 요인이 여성 과제임을 말하려고 한다. 지금 다른 부분이 충족되어도 이를 무시하면 크게 기대하기 어렵다는 말이다. 이제 구체적인 내용을 확인해 보자.

8.1. 저출산 문제

우리나라 출산율은 매년 최저치를 갱신한다. 우선, 결혼 적령기의 비혼자 비율이 매우 높다. 2022년 35세인 1988년생 비혼율이 남자 72.9%, 여자 52.1%에 달한다. 비혼은 저출산으로 이어진다. 통계청이 발표한 '2022년 인구동향 조사 출생·사망통계'에 따른 출생아는 24만 9천명으로 1년 전에 비해 무려 1만 1500명이나 줄었다. 연간 출생아 수는 1970년대에는 100만 명 대에 이르렀는데, 2001년에는 50만 명 대, 2002년은 40만 명 대, 2017년 30만 명 대, 2020년부터는 20만 명 대로 떨어졌고, 지금도 가파르게 줄고 있다. 합계출산율은 0.78명으로 OECD 회원국 평균1.59명, 2020년 기준의 절반도 되지 못하고, 회원국 중 유일한 1명 이하다. 한국의 합계출산율은 세계 198개국 가운데 3년 연속 최하위다. 이런 추세로 가면 2020년 이후 50년 동안 1,418만 명이 줄어 2070년경에는 3,766만 명이 될 전망이다.작년 출산율 0.78명 세계 최저치 또 갱신, 이지혜 기자, 한겨레 2023년 2월 23일자 참조

이는 최근 10년간 청년 의식변화를 살펴봐도 확인된다. 통계청이 발표한 '사회조사로 살펴본 청년 의식변화'를 보면 〈결혼해도 자녀를 가질 필요가 없다〉는 응답이 2018년 46.4%에서 2022년 53.5%로 크게 뛰었다. 이중 여성 65%이 남성43.3%보다 훨씬 높게 동의했다.2022년 이는 결혼에 대한 부정적인 인식 증가에서 비롯된다. 결혼에 대한 긍정 비율이 2012년 56.5%에서 2022년 36.4%로 크게 줄었다. 같은 기간 여성은 46.9&에서 28%로, 남성은 66.1%에서 43.8%로 여성은 10명 중 3명, 남성은 10명 중 4명 정도만 결혼을 긍정했다.'저출생 사회' 더욱 가팔라지나 53% "결혼해도 자녀 필요없어", 조계완 기자, 한겨레신문, 2023년 8월 29일 자

물론 인구가 계속 늘어난다고 좋은 것은 아니며 줄어드는 게 꼭 나쁜 것도 아니다. 그러나 한 사회가 선순환하는데 필요한 적정한 인구가 있다. 그게 유지되지 못하면 경제뿐 아니라 사회 전반의 활력이 떨어져 무엇인가를 시도하기가 쉽지 않다. 더구나 우리나라는 2025년이면 65세 이상 노인이 전체 인구 중 20%에 이르러 초고령사회가 될 전망이다. 저출산과 초고령화가 함께 높아지는 게 진정한 문제다. 저출산의 부담은 수십 년 후 지금 젊은 세대에게 고스란히 전가될 것이다. 안타까운 악순환이다.

한국 정부도 저출산과 인구감소를 막기 위해 2006년부터 무려 280여조 원의 예산을 투입해, 지원과 우대정책을 쏟아 왔지만 큰 효과가 없다. 그러면 그 많은 지원에도 불구하고 왜 결혼과 출산을 꺼릴까? 우선, 입시, 취업에 쏟아붓는 엄청난 노력에 비해 얻을 수 있는 양질의 일자리 자체가 부족하다. 대학을 졸업하고 자격증을 쌓아도 한번 낙오되면 재기하지 못한다는 불안감이

크다. 남성은 여전히 결혼 후 가족부양의 책임을 크게 느끼지만, 자신이 없다. 여성은 겨우 일자리를 얻어도 출산, 육아로 경력이 단절되었을 때 인생에서 낙오된다는 불안이 크다. 젊은이들도 저출산 초고령화 사회의 미래를 염려한다. 그러나 지금을 생각하면 미래를 염려할 엄두가 나지 않는 것이다. 심지어 가상의 자기 자녀들도 불행한 미래를 이어갈 것을 생각하면 차라리 낳지 않는 게 좋다고 생각하는 경향도 보인다. 그러므로 급할수록 정권과 상관없는 중장기적이고, 근본적인 국가와 사회의 관심과 대책이 필요하다.

8.2. 임신 중단낙태은 왜 일어나는가?

2019년 4월 11일 헌법재판소는 낙태가 확인되면 해당 여성과 의료진을 처벌하도록 한 형법이 '여성의 자기 결정권'을 침해한다며 헌법불합치 판결로 폐기하였다. 2016년에도 같은 건을 헌재가 다뤘을 때는 4 대 4로 갈려 가까스로 존치되었다. 그러나 다시 3년 만에 7위헌 대 2합헌의 압도적인 차이로 위헌 판정이 내려진 것이다. 기독교 등 주요 단체들은 반대의견을 표명했고, 대다수 여성계는 환호를 보냈다.

물론 이는 낙태를 처벌하지 않겠다는 것이지, 어떤 경우라도 허용한다는 전면 허용은 아니다. 태아가 엄마 몸 밖에서 생존할 수 있는 시점을 임신 22주로 보고 그전까지는 여성의 판단으로 임신 중단이 가능하다. 그러나 그 이후에는 엄마와 상관없이 생존 가능한 생명이라 보고 몇 가지 예외가 아니면 여전히 낙태를 허용하지 않는다. 주요 여성계는 이러한 제한을 반대하며 여성이 자유롭게 선택할 수 있어야 한다고 주장한다.

왜 그럴까? 가장 먼저 우리는 여성의 누적된 울분을 이해해야 한다. 임신은 남녀가 함께 관여하여 일어나는 일이다. 그러나 그동안 임신, 출산, 육아 과정에서 남자는 잘 보이지 않았다. 결혼했든 안 했든, 어떤 이유로 임신했든, 낳아도 낳지 않아도 여성들만 일방적으로 책임져야 했다.[17]

특히 '원치 않는 아이'를 가졌을 때 낳든 떼든, 기르든 입양하든, 남자가 연락을 끊고 도망가는 경우가 적지 않다. 임신이 되는 순간부터 여성은 부담도, 책임도, 처벌도 혼자 당해왔다. 임신하면 "임신할 줄 몰랐냐? 여자가 몸을 어떻게 함부로 굴렸기에."라고 손가락질한다. 모든 난관을 뚫고 낳으면 "아이기를 능력도 없으면서 여자가 무슨 수로 키우려 하느냐?"라며 무책임하다고 비난받고 때로는 가족에게 버림받기도 한다. 그러나 떼면 "하나님이 주신 소중한 생명을 여자가 어떻게 죽이려 하느냐?"고 또 욕을 먹는다.

"사실 저도 한때는 성당에서 배운 대로 태아의 생명이 세상에서 제일 무고하고 귀하다고 생각했었고, '낙태'하는 사람들은 나쁜 사람이라고, 큰 벌을 받게 될 거라고 생각했었어요. … 신을 만난다면 물어보고 싶어요. 왜 임신과 출산의 책임을 모두 여성에게 다 주었느냐고. 그게 정말 그렇게나 큰 축복이라면 왜 당신이 '사랑하는 아들'에게 주거나, 랜덤으로 결정되게 만들지 않았느냐고요. 여자들은 그것도 모자라서 낙태죄까지 감당해야 하다니, 혹시 신도 성차별주의자 아니냐고요. … 저는 천주교 신자입니다. 그리고 낙태죄 폐지에 찬성합니다." 율리아나 • [천주교신자x페미니스트] 낙태죄 폐지를 지지하는 교회 내 목소리를 기다립니다! 에서 발췌

가정사와 관련된 책임의 자리에서 남자는 보이지 않을 때가 많다. '여자의 일'로만 여기기 때문이다. 뭔가 문제가 생기면 더욱 그렇다. 우리는 간음 현장에서 붙들려 주님 앞에 온 여자 이야기를 잘 안다.요 8:1~11 그런데 이상한 것은, 간음한 여자는 있지만 간음한 남자가 보이지 않는다.3~4절 여자를 잡아 온 종교지도자들에게는 '여자의 간음'이 중요하다. 그런데 살기등등하고 긴장

된 이 분위기에서 주님은 한가롭게 땅바닥 낙서를 즐기고 계신다.6절 그들은 더욱 애가 타서 거듭 답변을 요구한다. 이윽고 주님은 "너희 중에 죄 없는 자가 먼저 돌로 치라."고 하셨다.7절 그리고 이 말씀을 듣고 슬그머니 모두 흩어져 버렸다. 우리가 잘 아는 말씀이다.

그런데 나는 쉽게 수긍이 안 간다. 복음서를 살펴보면 서기관과 바리새인은 그저 '우리 모두가 죄인'이라는 아주 원론적인 지적에 양심의 가책을 느껴 도망갈 사람들이 아니다. 종교적 외피를 철갑처럼 두르고 있었기에 웬만한 가책 정도로 '순진하게' 물러났다는 게 별로 자연스럽지 않다. 나는 주님의 그 질책이 "함께 간음한 남자는 어디 갔느냐? 혹시 네가 그 남자 아니냐?"는 지적처럼 느껴졌기 때문이 아닐까 생각해 본다. 아무튼 간음한 남자는 사라졌다.

이번에는 사마리아 수가 성에서 우물 긷던 여인과 만난 예수님 이야기다.요 4:5~42 목마른 주님과 물길으러 온 여인 사이에 생수에 대한 긴 이야기7~15절 끝에 주님은 "네 남편을 불러오라."16절고 하신다. 참, 뜬금없는 말씀이다. 자칫 우리는 이 여인을 남자 여섯 명과 바꿔가며 살아온 현대적 음란녀처럼 보기 쉽다. 그러나 당시 중근동 지방 문화에서 여자가 감히 남편을 여섯 명씩이나 바꿔가며 살 수 있었을까?

천만에다. 당시는 어떤 이유로든 이혼증서 하나만 달랑 써주면 여자를 마음대로 버릴 수 있었던 절대 가부장 시대였다.마 19:3, 7, 10 오히려 그녀는 이미 다섯 남편에게 버림받았던 신세였을 가능성이 높다. 그렇게 보면 그녀는 '바람기 많은 여자'라기 보다 '박복한 여자'일 것이다. 믿었던 남편들에게 거듭 쫓겨나며 혼자서만 모든 비난을 뒤집어썼던 그녀의 고달픈 인생을 예수님은 아시고 "도대체 네 남편들은 다 어디 갔느냐?"라고 물으신 것은 아닐까? 이

제 그녀는 다른 남편, 진짜 남편 예수를 만나게 된다.29절

그동안 남편은 바깥일 하는 '바깥주인', 아내는 집안일 하는 '집안사람'이라고 불렸다. 남편이 밖에서 일해서 가족 부양하니 아내는 집에서 살림을 도맡아 한다는 호칭이다. 무엇보다 똑같이 일하는데도 값어치가 달랐다. 주로 남편이 해 왔던 직장 일은 월급으로 환산되는 생산적인 노동이었다. 반면, 아내가 해 온 가사일은 돈으로 환산되지 않는 당연히 해야 할 집안일이었다. 그래서 '도대체 여자가 집에서 하는 일이 뭐야?'라는 말이 통했다. 그러나 이제는 그것도 많이 달라졌다. 많은 부부가 맞벌이가 당연하다. 물론 그래도 출산, 육아, 가사 시간은 여전히 여성이 훨씬 길다.

지금 여성이 결혼을 기피하고, 출산을 원치 않고, 임신 중단낙태의 자유로운 선택을 주장하는 이면에는 더는 일방적이고 억울한 권력관계를 참지 않겠다는 뜻이 숨어 있다. 그동안 가정에서 여성아내을 통해 받아온 값싼무료 노동이 멈추니 우리 사회 전체의 현재와 미래까지 멈출 지경이 된 것이다. 나는 지금 특정 남성과 여성의 잘, 잘못이 아니라 한국 사회에서 지금까지 성별 차이가 어떻게 작동돼왔는지의 현실을 말하려는 것이다.

20여 년 전 내가 어느 교회 중등부 목사로 있을 때였다. 또래 중 유난히 크고, 성숙했던 중1 여학생이 있었다. 흔히 말하는 '노는 애'였다. 반년 정도 지나니 나와도 꽤 친해졌다. 어느 날 그 아이가 찾아와 자기가 임신했는데 아기를 떼려고 하니 돈 좀 빌려 달라고 했다. 나를 믿고 말해 준 아이가 고마웠지만, 임신중절을 도울 수는 없으니 일단 낳으면 내가 책임지고 함께 돕겠다고 출산을 권했다. 아이는 생각해 보겠다고 돌아가더니 다시는 나타나지 않았다. 임신을 함께 책임져야 할 남자는 없이 중학교 1학년인 여자아이 혼자 책임져야 하는 게 자신 없고 무서웠을 것이다. 되돌아보면 참 미안하다.

더구나 우리나라의 임신, 출산은 국가목표 및 정부 정책을 위해 봉사하는 도구처럼 들쭉날쭉했다. 한때는 '책임지지도 못하면서 무식하게 애나 낳아 댄다'며 '둘만!' '하나만!' 낳으라고 산아제한을 권했다. 1990년대에도 예비군 훈련 가서 정관불임 수술하면 바로 퇴소시켜준다는 말을 들을 정도였다. 30여 년 지난 지금 저출산 고령화 사회 위기가 심각해지니 정반대의 분위기가 되었다. '나라와 사회가 망해가는데도, 자기들만 즐기려고 결혼도 하지 않고, 몸매 관리 위해 아이도 낳지 않으려는 여자들의 이기적인 짓'이라며 다시 매도한다. 더 거슬러 일제 강점기에는 정신장애인이나 한센병자를 강제 단종해온 엄연한 사실까지 생각한다면 사람의 몸과 생명을 얼마나 국가정책에 얽어매는지 알 수 있다.

지금껏 임신도, 출산도 여성 몸 안에서 일어나는 여성 일이라고 했으니, 이제 낳든 말든 상관 말라는 것이 '여성의 자유로운 선택권'낙태권이다. 정부나 사회도 큰 도움도 못 되면서 처벌만 해왔다면 더는 간섭하지 말라는 것이다. 이처럼 낙태죄 폐지 주장에는 일방적 판단과 불평등을 더는 참지 않겠다는 여성의 의지가 숨어 있다. 이 문제를 풀지 않고서 여성의 분노는 계속될 것이고 생명의 선순환은 되살아나기 힘들 것이다. 여성들의 말은 맞다. 다른 중요한 당사자 하나의 입장만 빼면 말이다. 그 당사자가 누구일까?

8.3. 태아와 여성 사이의 싸움으로 만들지 말라.

이미 살폈듯이, 임신, 출산, 양육 모든 과정에서 여성은 거의 일방적으로 희생과 책임을 감당했고, 또 다른 당사자 남성은 자주 사라졌다. 이제 여성들은 기울어진 현실을 바꾸려고 한다. 그중 하나가 여성의 자유로운 선택낙태권이다. 그러나 여기에는 남자와 여자 외에 또 다른 당사자가 있다. 태아다. 누구의 책임 더 크고, 왜 결정을 하게 되었든, 처벌하든 안 하든, 이것이 몸속 생명을 끊는 일이라는 사실에는 변함이 없다. 그러므로 '승리'라는 단어와 어울리지 않는 슬픈 일이며, '애도'할 일이다.

태아는 '누구 것'이 아니다.

여성의 행복과 태아의 생명 중 무엇이 더 중요하고, 누가 더 우선인가? 누구도 자신의 생명을 소홀히 할 수 없고, 또한 남의 인생을 함부로 할 수 없는데 그것을 누가 말할 수 있을까? 여성과 남성, 정부와 법원, 사회, 그리고 교회도 함부로 결정할 수 없다. 지금까지 우리는 오래도록 침해되어 온 여성의 자리를 살펴봤다. 그러나 여성의 정당한 권리를 되세우기 위해 태어나지 않은 생명의 선택을 여성에게 전적으로 맡겨야 할까? 그렇지 않다.

그러나 여성의 행복과 태아의 생명을 양자택일로 놓아두는 한 여성과 아이와의 싸움처럼 된다. 자칫 여성은 자기 편하려고 태아를 없애는 몰인정한 사람으로 비난받으며 여성과 태아 사이에서 남성의 책임은 또 사라진다. 지금껏 여성을 소외시킨 것은 가부장 사회이지 태아가 아니다.

사회에는 항상 '을乙'끼리의 싸움이 있다. 갑들은 을끼리 싸움을 붙이고 자신은 아무 관계 없다는 듯 빠져나갈 때가 많다. 부의 불평등은 대자본의 폭리와 서민의 폭망에 있음에도 마치 대기업노조와 비정규노동자 사이의 노노 갈등이 본질인 것처럼 오해된다. 또 최저임금제가 저임금 노동자의 안전판이라는 본래 취지는 사라지고, 편의점 사장님과 알바 사이의 싸움처럼 변질된다. 분단 기득권의 정체는 사라지고, 같은 분단의 희생자인 천안함과 세월호 희생자 사이의 싸움이 부각된다. 지금 낙태죄 폐지 논란도 이와 같다. 태아와 여성 사이의 싸움처럼 이해되면 아이도 여성도 존중받지 못한다. 여성은 자신의 정당한 권리를 태아가 아니라 가부장 사회를 대상으로 쟁취해야 한다.

의식은 말을 만들고, 말은 다시 의식을 지배한다. '원치 않는 임신아이'라는 표현이나 임신과 출산을 생산, 재생산 같은 물리적 언어로 부르는 것도 인격과 관계조차 사물화, 객관화하는 근대 자본주의의 물신적 경향처럼 느껴진다. 근원을 따지면 태아도, 자식도 '누구부모의 것'은 아니다. 과연 우리가 내 속에 있다고 해서 다른 생명에게 '원한다, 원하지 않는다'고 말할 수 있을까?

말 없는 태아의 살 권리도 들어야 한다.

'임신은 여성 몸 안에서 일어나는 일이니, 출산 여부는 여성이 자유롭게 선택할 수 있다?' 두 가지 점에서 동의하기 어렵다. 첫째, 임신은 여자만 아니라 남자의 관여를 통해서 일어나기 때문이다. 지금까지 여성의 분노는 임신에 함께 관여하고도 임신 이후에 보이는 남성의 무책임함 때문이었다. 그렇다면 이제라도 출산뿐 아니라 임신 중단의 경우에도 남성의 합당한 책임과 의무를 부여할 수 있어야 한다. 임신 이후 낳든 기르든, 여성 혼자 책임지겠다는 것은 기대와 다르게 여성을 더욱 고립시킬 뿐이다.

그러나 그보다 중요한 게 있다. 당연하지만 임신은 분명 별개의 또 다른 생명에 관한 일이다. 더구나 그 생명은 스스로 자기주장을 할 수 없고, 성인의 결정에 따를 수밖에 없는 무기력한 존재다. 우리 사회는 갈수록 개인의 자유, 복지, 안전, 인권, 행복 등에 대한 권리의식이 커지고 있다. 그러나 그것이 오직 태어난 자만 누릴 수 있는 혜택이라면 그것도 부정의하다. 출생한 자만이 사람이라는 것은 종교나 도덕을 떠나 과학과 의학상식에도 맞지 않는다. 몸속 아이와 교감을 전제로 한 태교가 일반 상식인 것만 봐도 우리는 현실에서 이미 태아를 생명으로 인정하고 있다.

그러므로 태어나지 않은 사람의 운명을 아무런 제한도 없이 먼저 태어난 사람 맘대로 결정할 수 있다는 것은 과도하다. 그것은 약자와 소수자의 권익을 더 존중하려는 지금 시대적 추세와도 맞지 않는다. 그러므로 임신 중단의 결정권을 오롯이 여성 혼자 가질 수 있다는 것은 부당하다. 또, 제대로 돌볼 수 없다면 차라리 낳지 않는 게 아이를 위해서도 좋은 일이 아니냐는 말도 있다. 그러나 그건 누군가 대신할 말이 아니다. 사실상 우리는 모두 각자 자신의 생명밖에는 말할 수 없다.

비슷한 예가 있다. 예전에는 극한적인 상황에 내몰린 부모가 어린 자녀의 목숨까지 함께 끊는 것을 '동반 자살'이라고 부르며 '슬픈 미덕'처럼 여겼다. 그러나 최근에는 어린 자녀도 자기 목숨에 대한 생명 선택은 스스로 해야 한다며 이제 '부모의 자녀 살해 후 자살 사건'으로 바꿔 부르고 있다. 그만큼 각자의 생명은 각자의 고유한 것이다. 태아는 스스로 선택할 수 없다. 그렇기에 더욱 보호받아야 한다. 출산 전 여성의 몸에서 일어나는 일은 태어난 생명과 아예 다르다고 누구도 자신 있게 주장할 수 없다.

영화 '인투 더 포레스트'Into the Forest, 2015는 문명단절상태에서 살게 된 한 가족의 생존사를 다룬 영화다. 여기서 주인공 언니가 한 남성에게 강간을 당해 '원치 않는 아기'를 밴다. 가뜩이나 생존이 쉽지 않은 상황에서 더구나 아기라니! 여동생은 떼기를 강력히 주장한다.

- 동생: 원치 않는 임신에서 벗어나야지. 중략
- 언니: 낳을 거야.
- 동생: 언니는 강간당했잖아.
- 언니: … 왜 없애? 그 사람 아기라고? … 어차피 내 아기도 아니야.

- 동생: 무슨 소리야?
- 언니: 주인은 자기 자신이니까.

나는 이 영화를 내세워 무조건 낳아야 한다고 말하려는 게 아니다. 누구도 함부로 말할 자격이 없다. 더구나 강간에 의한 임신은 우리나라에서도 합법적 중단이 가능하다. 다만, 불행?은 제거함으로써 해결하기보다 때로는 더 힘겨운 고민이 남겨져야 할 때도 있다는 말이다. 물론, 여러 가지 복합적인 요인 가운데 여성이 가장 우선적인 결정권을 가져야 하는 건 당연하다.

법으로도 낙태를 막지 못했던 현실

2019년 헌법불일치 판결을 받기 전까지 우리나라 낙태죄 규정은 다른 나라보다 엄격한 편이었다. 미국은 1973년 텍사스주에서 여성에게 낙태 권리를 인정한 로 대 웨이드 판결 이후 연방은 임신 3개월12주 이내 낙태 결정은 여성의 판단에, 실행은 의사에게 맡겼다. 각주州는 역사와 주민들 성향에 따라 더 엄격하고, 더 관대하게 운영되었다. 유럽은 이보다 훨씬 관대해서 나라마다 차이는 있지만 대체로 허용하는 경우가 많다. 중국은 일찍부터 낙태죄를 폐지했고, 일본도 1948년 일찍부터 낙태를 허용했다. 경제협력개발기구 OECD 회원국의 80% 정도가 12주, 18주, 24주 등 시기별 임신중절을 허용하고 있다.

이에 비해 2019년 이전까지 우리나라는 형법에서는 낙태를 금지하는 낙태죄를 두되, 제한적으로 낙태를 허용하는 예외 조항을 모자보건법 14조에 담았다.

모자보건법 제14조(인공임신중절수술의 허용한계)

① 의사는 다음 각호의 어느 하나에 해당되는 경우에만 본인과 배우자사실상의 혼인관계에 있는 사람을 포함한다. 이하 같다의 동의를 받아 인공임신중절수술을 할 수 있다.

1. 본인이나 배우자가 대통령령으로 정하는 우생학적優生學的 또는 유전학적 정신장애나 신체질환이 있는 경우

2. 본인이나 배우자가 대통령령으로 정하는 전염성 질환이 있는 경우

3. 강간 또는 준강간準强姦에 의하여 임신된 경우

4. 법률상 혼인할 수 없는 혈족 또는 인척 간에 임신된 경우

5. 임신의 지속이 보건의학적 이유로 모체의 건강을 심각하게 해치고 있거나 해칠 우려가 있는 경우

② 제1항의 경우에 배우자의 사망·실종·행방불명, 그 밖에 부득이한 사유로 동의를 받을 수 없으면 본인의 동의만으로 그 수술을 할 수 있다.

③ 제1항의 경우 본인이나 배우자가 심신장애로 의사표시를 할 수 없을 때에는 그 친권자나 후견인의 동의로, 친권자나 후견인이 없을 때에는 부양의무자의 동의로 각각 그 동의를 갈음할 수 있다.

이러한 낙태 허용사항은 대다수 국민과 종교계도 지지하고 있다. 그러나 우리나라에서 실제 낙태가 실행되는 사유는 이와 전혀 달랐다. 한국보건사회연구원에서 발표한 '인공임신중절 실태조사'2021년/만 15~49세 여성 8,500명 대상 온라인 조사를 살펴보자. 응답자들이 답변한 인공임신중절의 주된 이유는 다음과 같다.복수 응답

• '학업, 직장 등 사회활동에 지장이 있을 것 같아서'(35.5%)

- '경제상태상 양육이 힘들어서(고용불안정, 소득이 적어서 등)'(34%)
- '자녀계획 때문에(자녀를 원치 않아서, 터울 조절 등)'(29.0%)

대부분 모자보건법 허용범위가 아니다. 이에 비해 모자보건법이 허용한 '강간 또는 준강간으로 인한 임신'1.3% 사유는 가장 낮았다. 낙태법이 엄연히 존치되었던 2019년 이전에도, 우리나라에서 시행된 낙태 시술은 대부분 법 허용범위 밖이었다. "…지난 10년간 낙태 수술의 90% 이상은 불법으로 시술된 것으로 알려져 낙태죄 무용론이 제기되고 있다. 권인숙 더불어민주당 의원이 보건복지부 등으로부터 제출받은 낙태 수술 현황 및 낙태죄 관련 처벌 현황에 따르면 2017년 기준 낙태 수술 이력 49,764건 중 합법은 고작 4,113건이다."매일 3천명씩 낙태 수술 받는 한국…OECD서 낙태율 1위 수준, 인터넷신문 인사이트, 박상우 기자, 2020년 11월 29일 자

또, 낙태가 확인되었다고 해도 실제로는 거의 처벌되지 않았다. 대검찰청 집계 자료에 따르면 2010년 낙태 혐의로 적발된 사건은 63건인데, 이 중에 86%가 혐의없음과 기소유예 등으로 불기소 처분되었고 9건만 기소되었다. 2008년에도 전체 64건 중 9건, 2005년에도 51건 중 3건만 기소되었다. 기소된 경우도 실형을 선고받은 일은 아예 없다. 2006년 1건에 벌금형을 선고한 것이 유일했다.낙태문제 법적 규제만으로 해결 못한다, 류인하 기자, 2010년 법률신문

요약하면, 우리나라는 엄격한 낙태법을 가지고 있었지만, 사실상 낙태를 막는 데 별다른 효과가 없었다는 말이다. 그 결과 우리나라 낙태 건수는 다른 나라와 비교해 봐도 엄청나게 많다. '2017년 1월 국회에서 발표한 대한산부인과의사회 자료에 따르면 우리나라에서는 연간 110만여 건의 낙태가 이뤄지고 있다. 이는 하루 평균 약 3,000여건으로 경제협력개발기구OECD 국가 중 낙태

율 1위다. 통계청에 따르면 2019년 신생아 숫자는 30만3,100여 명으로, 신생아 숫자의 세 배가 넘는 낙태가 이뤄지고 있다.'앞의 기사, 박상우 기자, 부분 발췌

우리나라에서 낙태법은 2019년 이전에도 이미 사문화되어 있었다. 그러나 법과 현실 사이에 큰 차이가 있는 것처럼 낙태 현실과 그에 대한 해석 사이에도 차이가 크다. 어떤 차이들이 있을까?

• '낙태는 결혼하지 않고 놀기 좋아하는 요즘 젊은이들의 문화다.'

→천만에! 법 규정과 상관없이 우리나라 낙태 건수는 원래 높았다. 전통적 농업 사회에서 많은 자식은 노동력의 원천이며, 노후의 유일한 사회보장책이다. 더구나 전쟁이 끝난 후 자식에 대한 집착은 더 커졌고 그게 베이비붐이다. 그러나 도시화와 경제개발을 본격화한 이후 많은 인구는 성장에 큰 걸림돌이 되었다. 그때부터 정부는 산아제한을 주도하면서, 피임약과 피임 도구가 확산되었다. 그러나 대중적 성교육이 낯설던 시절, 적지 않은 이들에게 낙태는 피임의 한 방법이었다. 또, 적게 낳아야 하는데 대를 이을 남아 선호 사상이 강하니 여아 낙태는 더욱 늘어날 수밖에 없었다. 그러므로 지금까지 낙태는 결혼 여부와 상관없는 피임의 한 방법이었다.

• '여성들이 몸매 관리하고 놀기 좋아해서 낙태를 원한다.'

→가장 큰 왜곡이다. 옆에서 보고 들어 생명을 배우는 남성과 몸의 변화와 태동을 직접 느끼는 여성 중에 누가 더 생명을 소중히 여길지는 물을 필요가 없다. 혼외 임신의 경우도 남성 파트너가 적극 책임을 보여주면 여성은 보통 출산을 원한다. 그러나 남성 파트너의 지지와 지원 없이 여성 혼자 낳아 기를 생각은 여간해서는 하기 힘들다. 결국 '여성'이 수술대에 오른다. 만약 남성

이 임신할 수 있다면 낙태를 '남성'이 할 것이다.

창조와 자연 원리상 여성만이 임신을 할 수 있다. 그러니 모든 서사와 과정은 생략하고 '여자가 낙태한다'고 함부로 말한다. 마치 낳아주고, 먹여주고 입혀 길러놓으니 어른 되어서 "도대체 부모가 내게 해 준 게 뭐냐?"고 따지는 막된 자식과 비슷하다. 남성은 겪지 않는 오랜 기간 주기적인 생리와 임신, 출산의 서사를 무시하고 낙태의 결과만을 여성에게 들이댄다면 우리 사회의 생명 순환은 더욱 힘들어질 것이다. 여성을 편들자는 게 아니라, 엄연한 사실을 인정하자는 말이다.

8.4. 논쟁보다 실제적 대책에 집중하자.

누구도 낙태를 쉽게 여기거나 좋게 생각하는 사람은 없다. 누구나 슬프고, 안타까운 일이며 최대한 줄이고 싶어 한다. 그러나 우리 사회는 임신, 출산, 낙태가 여성 몸에서 일어나는 일이라는 한 가지 이유만으로 이기적인 여자들이 생명을 함부로 없애려 한다고 비난한다. 공자 앞에서 문자쓰는 격이다. 적어도 생명에 관한 한 남자는 여자 앞에서 할 말이 별로 없다. 남자와 여자 중 정서적, 경험적으로 누가 더 생명에 공감 능력이 있을까?

여성은 '체질적으로' 생명이 태어나고 자라고 커가는 것을 남성보다 훨씬 잘 체득한다. 직접 경험하기 때문이다. 여성은 생애의 절반가량 매달 한 번씩 자신이 생명의 근원임을 반복적으로, 지겨울 정도로 경험한다. 달거리(생리)는 남성은 상상도 할 수 없는 거듭된 생명의 경험이다. 거기에 잉태와 출산, 양육에 이르게 되면 남자는 더 할 말이 없게 된다. 그런데 현실은 남자가 여자에게 생명을 존중하라고 가르친다.

그러한 경험들 속에서 여성이 남성보다 뛰어난 종교성을 갖게 되는 게 아닐까? "실로 내가 내 영혼으로 고요하고 평온하게 하기를 젖 뗀 아이가 그의 어머니 품에 있음같게 하였나니 내 영혼이 젖 뗀 아이와 같도다."시 131:2, "여인이 어찌 그 젖 먹는 자식을 잊겠으며 자기 태에서 난 아들을 긍휼히 여기지 않겠느냐. 그들은 혹시 잊을지라도 나는 너를 잊지 아니할 것이라."사 49:15

여기서 예수님을 다시 보게 된다. 그는 사람 몸을 입어 생물학적으로는 남자였지만 깊은 여성적 감수성을 갖고 계셨다. 그 생명의 감수성은 메시아로서의 구원 사역의 바탕이었다. "가까이 오사 성을 보시고 우시며 이르시되 너도 오늘 평화에 관한 일을 알았더라면 좋을 뻔하였거니와 지금 네 눈에 숨겨졌도다."눅 19:41~42 "예수께서 돌이켜 그들을 향하여 이르시되 예루살렘의 딸들아 나를 위하여 울지 말고 너희와 너희 자녀를 위하여 울라."눅 23:28

그리고 이러한 주님의 감수성은 구약에서 이미 하나님의 여성성으로 충분히 예고되었다. "마치 독수리가 자기의 보금자리를 어지럽게 하며 자기의 새끼 위에 너풀거리며 그의 날개를 펴서 새끼를 받으며 그의 날개 위에 그것을 업는 것 같이 여호와께서 홀로 그를 인도하셨고…."신 32:11~12 "어머니가 자식을 위로함 같이 내가 너희를 위로할 것인즉 너희가 예루살렘에서 위로를 받으리니"사 66:13

남성이 여성의 생명성에 조금만 더 주의한다면 불필요한 논쟁과 적대를 줄이고 생명 과제를 함께 풀어갈 길이 더 넓어질 것이다. 가장 중요한 것은 '감당하기 어려운 임신'주: '원치 않는 임신'이라는 말 대신 제안하고 싶다이 일어나지 않도록 방지하는 것이다. 우리는 강간으로 인한 임신을 먼저 떠올리기 쉽지만, 그것은 흔한 일이 아니다. 가장 많은 경우는 역시 부부든 아니든, 부지불식간에 뜻하지 않은 임신이 일어나고 그 해결 방법으로 임신 중단을 선택하는 것이다. 그러므로 누구나 원할 때 피임에 쉽게 접근할 수 있어야 한다.

실제 여성들은 낙태의 합법화 및 전면 수용보다 오히려 구체적인 대책을 원한다. "인공임신중절과 관련해 여성만15~49세이 생각하는 정책 수요1순위로는 '원하지 않는 임신을 예방하기 위한 성교육 및 피임교육24.2%', '피임·임신·출산에 대한 남녀공동 책임의식 강화21.5%' 등이 나타났다." 한국보건사회연구원, 2021년 인공임신중절 실태조사 주요결과

무엇보다 청소년의 피임법을 포함한 성교육과 아주 구체적이고 현실적인 대책이 중요하다. "질병관리본부의 '2016 청소년건강행태온라인조사'청소년 6만8043명 대상에 따르면 청소년 100명 중 다섯 명이 성경험이 있는 것으로 나타났다. … 남자 고등학생의 경우에는 전체의 10%가 성관계를 해본 것으로 집계됐다. 성경험이 있는 청소년이 처음 성관계를 한 나이는 평균 만 13.1세로 2011년 같은 조사 때의 13.6세보다 더 어려졌다. 하지만 성 관련 지식이 전무한채로 성관계를 경험하다보니 여러 문제가 생기고 있다. … 청소년의 전체 피임 실천율은 절반 수준인 51.9%에 그쳤다. … 이는 외국 청소년에 비해서 매우 낮은 수준이다. 미국 15세~19세 여학생의 피임실천율은 98.9%에 달한다. … 우리나라 청소년들이 주로 사용하는 피임법으로는 콘돔69.3%이 꼽혔지만, 실제로 청소년들이 구매하기는 쉽지 않다. … 더 큰 문제는 청소년들이 성 관련 지식을 성교육 보다 야동음란 동영상을 통해 접하다보니 △자신의 감정을 비폭력적인 방법으로 표현하는 방법 △상대방의 입장에서 배려하며 성관계를 갖는 방법 △성관계 전후나 도중에 성적 자기결정권을 효과적으로 표현·추구하는 방법 등을 모른다는 점이다." 우리도 'XX'한다는 중딩들…"야동보고 배웠어요", 머니투데이, 남형도 기자, 2018년 10월 22일 자

이게 엄연한 현실이다. 그렇다면 원론적인 낙태 반대나 여성의 자유로운 선택권보다는 '어떻게 하면 뜻밖의 임신을 하지 않도록 할 것인지', '임신한

청소년들에게 필요한 대책은 무엇인지', '어려워도 낳으려는 사람에게 어떤 도움이 필요한지' 같은 보다 실제적인 대책에 관심을 가져야 한다.

8.5. 낳아, 기르려는 사람을 힘써 지원하자.

이제 우리의 관심과 노력의 방향을 바꿔보면 어떨까? 끝나지 않는 논쟁으로 서로를 불신하기보다 함께 공감할 수 있는 일을 찾아 더 집중하는 것이다. 그중 가장 중요한 것은 뜻하지 않은 임신이라도 낳아서, 기르려는 사람을 힘껏 돕는 것이다. 한국교회에 두 가지를 제안하고 싶다.

안전한 출산, 행복한 가정을 위한 생명의 안전망을 구축하라.

이런 역할을 충실히 감당해 온 기관들이 많다. 이들을 후원하고, 협력하자.

〈출산과 양육을 돕는 실제적인 기관들〉
• 베이비박스: 서울시 금천구 독산로 165 • 1 (02 • 864 • 4505)

가까스로 아기를 낳았지만 도저히 기를 형편이 안 돼 위기에 처한 산모들이 많다. 베이비박스는 그런 아기와 산모에게 '안전하게' 위탁할 수 있도록 만든 생명싸개 상자다. 우리나라에서 이를 최초로 만든 사람은 주사랑공동체교회 이종락 목사다. 그는 1987년 둘째 아들^{故 이은만}이 와상장애^{뇌병변 1급}로 태어나면서 비슷한 처지의 아이들에게 관심을 갖고 모두 16명의 중증장애인 아동을 입양했다. 베이비박스는 2007년 4월, 이 목사 집 대문 앞에 박스에 담긴 다운증후군 아기를 발견한 게 계기가 되었다. 그는 2009년 12월에 국내 최초의 베이비박스를 교회 한쪽 벽면에 설치하였다. 지금까지 무려 1,800여 명의 어린 생명이 이를 통해 목숨을 건졌고, 그중 30% 이상은 원가정으로 돌아갈 수 있었다.

사회는 베이비박스에 아기를 맡긴 여성을 '아기를 버린 비정한 엄마'라고 욕했지만, 그는 오히려 그녀들이 온갖 어려움에도 불구하고 생명을 지켰다고 말한다. 그는 여건상 비밀출산하게 되는 상황을 고려하여 그들을 돕는 비밀출산법을 주장하고 있다. 이종락 목사 이후 다른 지역에서도 베이비박스를 설치한 경우가 늘어나고 있다. 그러나 대책 없이 길거리나 공공장소 등에 버려지는 아기들은 여전히 많다. 키울 수 없는 형편에 있는 부모와 그 아기를 돕는 일이 더 효과적인 '생명존중'이 될 것이다.

이종락 목사는 임신중절을 반대하는 전형적인 보수 목사다. 그러나 그는 누구보다 어린 부모들이 아기 낳아, 기르는 게 얼마나 어려운 일인지 잘 안다. 그래서 비난하거나 몇 마디 말로 가르치려 하지 않고, 어떻게든 어려운 형편에 빠진 가정을 실제로 돌보는데 힘을 쏟는다. 낳았지만 어찌할 바 모르는 젊은 엄마, 아빠에게 수고했다고 등을 토닥여준다. 그렇게 10여 년 동안 무려 2,000여 명의 아이들을 돌보았다.

• 사단법인 한국미혼모지원네트워크: 서울 마포구 잔다리로 3안길 10, 101호 (02 • 734 • 5007)

25년 동안 안과의사로 일하고 2001년 은퇴한 리차드 보아스Richard Boas박사는 1988년 한국에서 여자아이를 입양해 길렀다. 그것이 계기가 되어 2005년 입양재단을 설립하여 입양가정 지원을 해왔다. 그러나 2006년 10월 한국을 방문하였을 때 미혼 임신 여성들이 낳아 기르기를 원해도 길이 없어 낙태하거나 양육을 포기하는 것을 보았다. 미국은 미혼 임신 여성이 양육을 포기하는 경우가 1%에 불과하지만, 한국은 그 비율이 무려 70%에 이르는 상황이다. 그런 여성을 돕기 위해 한국미혼모지원네트워크를 설립하게 되었다.

한국미혼모지원네트워크는 2008년 9월 서울사무소 개소와 더불어 미혼모 관련 연구 지원, 미혼모에 대한 편견 개선과 미혼모 자립을 위한 사업 지원, 관련 행사 개최, 언론 홍보, 미혼모 지원단체들과 네트워크 형성 등 미혼모 이슈를 공론화해 왔다. 미혼모의 다수는 여전히 어려운 상황에 있다. 임신한 청소년은 교육의 기회를 박탈당하고, 직장을 다니던 여성도 빈곤의 세계로 추락한다. 그러나 빈곤과 차별에 맞서 홀로 아이를 지키기 위해 고군분투하는 이들에게 돌아오는 것은 사회적 낙인과 냉대, 그리고 자립과 생존에 대한 위협이다.

2019년 동 기관이 펴낸 '2019 청소년부모 생활실태 조사 및 개선방안 연구' 보고서총 315명의 청소년 부모 응답는 청소년부모와 그 자녀의 실상을 확인할 수 있는 좋은 자료다. 현재 법적 지원 대상인 '청소년 한부모' 자격은 '혼인신고를 안 한 상태로 배우자와 별거' 상태인 경우에 한한다. 그런데 이들은 전체 대상자의 겨우 36.2%뿐이다. 나머지 64% 정도는 제도적 지원을 받기 어렵다. 청소년 부모의 50% 정도가 월 100만 원이 안 되는 수입으로 살고 있고, 거주지는 '보증금 있는 월세'가 가장 많은 140명44.4%이다. 임신 사실을 알렸을 때 가족들의 반응은 낙태 권유, 입양 권유, 방치 등이 60%였다.

이러한 실태를 놓고 볼 때 그저 낙태를 반대하거나 부모의 양육을 권장한다고 해서 해결될 일이 아니다. 청소년, 미혼 부모들의 배우자 및 가족관계, 경제적 어려움, 사회적 이해 등의 실질적 도움과 개선 대책이 시급하다.

• 양육비해결하는사람들(양해들)

2021년 이전까지 '배드파더스'Bad Fathers로 더 알려졌던 단체다. 말 그대로 임신과 출산 이후 양육책임을 지지 않고 사라져 버리는 '주로' 아버지때론 어머니의 인간적, 도의적, 법적 책임을 다하도록 돕는 활동을 한다.

'설마 자기 자식에 대한 법적 양육비마저 주지 않는 양심 없는 사람이 얼마나 많으랴' 생각할 수 있겠다. 그러나 그렇지 않다. 여성가족부의 '한부모가족 경제 상황·생활실태 조사' 결과보고서를 보면, 2021년 이혼·미혼 한부모 2,848명을 조사해 보니, 양육비를 받지 못하는 비율이 무려 80.7%2,298명에 달했다. 2018년 같은 조사를 했을 때는 78.1%였으나, 3년 만에 2%포인트 이상 미지급률이 높아져 갈수록 심각한 상황인 것을 알 수 있다.

국회입법조사처가 발간한 보고서를 봐도 상대 배우자로부터 양육비를 실제로 받는 비율은 2021년 기준 38.3%에 그쳤다.즉, 61.7%가 못 받는다 그중에서도 미혼모인 경우가 가장 심각한데 33.6%만 양육비를 받고 있다. 이는 이혼모 53.9%와 이혼부59.5%에 비해 훨씬 심각하다.양육비 준다 약속했는데…실제로 받은 미혼모 10명 중 3명, 노혜진 기자, 2022년 9월 10일자, 국민일보 참조

정부도 오랜 기간 양육비를 지급하지 않는 상대에게 출국금지, 운전면허 정지 처분 등의 불이익을 주어 양육비 지급을 압박한다. 그러나 이는 강제 효과가 약해 큰 효과가 없다. 인신구속의 감치가 필요하지만, 2019년부터 2021년까지 경찰이 받은 655건의 감치명령 중 집행이 완료된 것은 72건11%에 불과해 부담이 적다. 지금처럼 미혼 동거와 이혼율이 늘어난 시대에 양육책임 자체를 이행하지 않으니 상대 배우자는 물론 100만 명이 넘는 미성년의 자녀들에도 고통과 가난이 대물림되는 심각한 상황이다.

물론 상대에게 민사소송을 제기해 받아낼 수도 있다. 그러나 피해자 대부분은 어리고, 가난하여 변호사를 고용하여 오랜 시간 소송을 벌일 엄두를 못낸다. 형사고소를 하여도 징역형보다는 1,000만원 이하의 벌금형이 선고된

다. 이 정도 벌금은 미지급금액보다 훨씬 적어 해당자들은 차라리 벌금형을 선택하고 만다는 사실도 심각성을 더하고 있다.

남녀가 함께 관계했는데, 책임은 거의 여성에게 돌아온다고 했던 말이 이렇게 확인된다. 그래서 많은 여성은 어차피 사회도, 남성도 책임지지 않으니 임신 여성이 낳든 말든 자유롭게 결정할 수 있어야 한다고 주장하는 것이다. 한국교회가 이런 상황을 개선하고 저출산 해소에 기여하려면 원론적 '낙태 반대'보다 마음 놓고 출산할 수 있도록 도와야 한다. 어느 기독교 기관은 가정 평균 3명의 자녀를 낳게 한 어느 교회를 모범으로 하여 1,200 교회가 교회당 50명씩 낳도록 하면 매년 6만 명의 아기가 탄생할 것이라는 출산돌봄 컨퍼런스를 개최했다. 그러나 성인 남성 목회자가 중심이 되어 새마을 운동하듯 부르짖는 운동은 비인격적이고 역효과만 불러올 것이다. 최근 몇몇 주요 교단과 기독교 연합기구가 미혼 한부모 가정들을 적극적으로 돕기로 한 것은 매우 좋은 일이다.

8.6. 출산과 낙태에 대한 성경의 가르침

출산에 대한 성경의 가르침

기독교 신앙은 결혼과 출산을 성도의 당연한 도리로 가르치는가? 우리는 당연히 그럴 것이라고 믿고 있다. 그러나 성경은 어느 곳에서도 사람은 마땅히 결혼해야 하며, 반드시 출산해야 한다고 말하지 않는다. 달리 말하면 결혼이나 출산하지 않는 개인을 정죄하는 말씀을 찾을 수 없다는 말이다. 만약 그렇다면 결혼도 하지 않고, 아이도 낳지 않은 예수님부터가 큰 죄를 짓고 불행한 인생을 사신 게 된다. "축복을 받는 일창 1:28~30에서처럼은 의무가 아닌 특권으로 인식되어야 한다. 고대 세계에서는 번식 능력을 하나님의 선물로 여겼다. 그 세계에 살던 사람이라면 그 누구도 그런 기회를 놓치려 하지 않았을 것이다. 그렇다면 이 번식의 말씀을 부부가 자녀를 낳아야 한다는 명령으로 인식하는 것은 적절치 못한 생각일 것이다."존 월튼, 앞의 책, 188쪽

그러나 하나님은 사람이 혼자 사는 것을 '좋게 보시지 않아'창 2:18, 남자와 여자로 지으시고 생육하고, 번성하여 살도록 하셨다.창 1:27~28 실제로 사람은 하나님의 〈생육·번성·충만〉의 자연스러운 흐름을 생애와 역사로 담고 산다. 남자와 여자는 태어나 일정한 나이가 되면 서로에 대해 깊이 끌린다. 그 사랑의 과정에서 배필을 찾아 결혼하게 되고, 사랑의 열매로 대개 아이를 갖는다. 그래서 세상에 무수한 인간 사랑의 형태가 있다 할지라도 '내리사랑'을 통해 세대에서 세대로 이어지고, 그것을 통해 인류가 번성하여 세상을 채우고 역사가 이어졌다. 창조의 선순환 과정이다.

그러므로 결혼하고, 아이 낳고, 자손들 가운데서 늙어가는 것은 하나님이 주신 큰 복이다. "보라. 자식들은 여호와의 기업이요 태의 열매는 그의 상급이로다. 젊은 자의 자식은 장사의 수중의 화살 같으니 이것이 그의 화살통에 가득한 자는 복되도다. 그들이 성문에서 그들의 원수와 담판할 때에 수치를 당하지 아니하리로다."시 127:3~5 "네 집 안방에 있는 네 아내는 결실한 포도나무 같으며 네 식탁에 둘러 앉은 자식들은 어린 감람나무 같으리로다. 여호와를 경외하는 자는 이같이 복을 얻으리로다. … 너는 평생에 … 네 자식의 자식을 볼지어다."128:3~6 사랑하는 사람들, 특히 가족들 사이에 누리는 삶의 풍성함은 하나님 나라의 풍성함과 그 기쁨을 그려주고 있고, 당연히 하나님이 주신 큰 복이다.시 133편

그러므로 남자와 여자가 사랑하고, 결혼하고, 자녀를 낳아 또 다른 세대를 구성하는 흐름이 더는 당연하지 않게 된 지금의 세태는 결코 자연스러운 모

습이 아니다. 그것은 결혼과 출산을 하지 않는 개인의 문제라기보다는 자연스러운 선순환이 깨져가는 우리 시대의 이상징후로 봐야 한다. 인생의 가장 뜨겁고 활기찬 시절의 청춘들이 사랑도, 결혼도, 출산까지 스스로 포기하는 시대가 찾아온 것은 절대 예사로운 일이 아니다. 하나님이 주신 복기쁨을 오히려 재앙처럼 여기는 시대가 온 것이다.

한 생명의 출산은 어머니의 수고만도, 아기의 용씀만도 아니고, 호흡이 맞아야 한다.호 13:13 이제는 당사자만 아니라 사회의 호흡과 협조도 어느 때보다 중요한 시기다. 오죽하면 아이 하나를 기르는데, 온 동네가 필요하다는 말이 나올까? 그저 성경에서 몇 마디 찾아 훈계하고, 나라에서 재정지원 해주고, 기성세대는 부추겨서 해소될 일이 아니다. 좀 더 긴 호흡을 갖고 가정과 사회, 교회가 당사자인 청년들과 함께 길을 찾아야 할 것이다.

낙태에 대한 성경의 가르침

성경은 기본적으로 생명의 존재를 하나님의 선물로 믿기에 생명의 인위적인 중단인 낙태를 반대하는 것은 당연하다. 사람의 생명은 그저 남녀의 생물학적 결합 이전에 하나님의 주권적 영역임을 성경은 여러 곳에서 보여준다. 먼저 매우 여러 곳에서 사람의 출생이 하나님의 깊은 계획 가운데서 예정되었다는 사실을 기록하고 있다. 남녀의 생물학적 불임의 시기에 극적으로 일어난 이삭의 출생창 17:16, 21:1~5, 야곱의 아내들이 자식들의 있고 없음이 하나님께 달려 있음을 믿는 것창 29:31~30:24, 삼손의 출생삿 13:2~5, 이스라엘의 기업무를 전통의 표로 주신 오벳의 탄생룻 4:13~17 등 셀 수 없다. 그러나 무엇보다 주의 길을 준비할 자로 정하신 세례 요한의 탄생눅 1:13~17과 하나님의 아들 예수 그리스도의 탄생눅 1:31~33만큼 분명한 확증이 있을까?

그러므로 모든 사람은 어쩌다가 생겨나서 아무런 존재감 없이 그럭저럭 살아도 좋은 경우란 없다. 사람은 엄마와 아빠의 수고와 기대 이전에 더 근본적인 기원을 가진 존재다. 의심할 여지가 없다. "주께서 내 내장을 지으시며 나의 모태에서 나를 만드셨나이다. 내가 주께 감사하옴은 나를 지으심이 심히 기묘하심이라. 주께서 하시는 일이 기이함을 내 영혼이 잘 아나이다. 내가 은밀한 데서 지음을 받고 땅의 깊은 곳에서 기이하게 지음을 받은 때에 나의 형체가 주의 앞에 숨겨지지 못하였나이다. 내 형질이 이루어지기 전에 주의 눈이 보셨으며 나를 위하여 정한 날이 하루도 되기 전에 주의 책에 다 기록이 되었나이다."시 139:13~16

우리의 관심은 임신을 중단한 사람들에 대한 비난에 있지 않다. 낙태하지 않고 기쁘게 아이를 낳아, 기를 수 있는 세상을 만드는 게 우리의 목표가 되어야 한다. 욥은 끝도 없는 고통 속에서 차라리 낙태되어 출생하지 않았더라면 얼마나 좋았을까 한탄한다. "또는 낙태되어 땅에 묻힌 아이처럼 나는 존재하지 않았겠고 빛을 보지 못한 아이들 같았을 것이라."욥 3:16 또 "자식을 백 명이나 두고 아무리 오래 산다 할지라도 인생을 마음껏 즐기지 못하고 죽어서도 편안히 묻히지 못할 신세라면, 이것은 아예 낙태된 아이보다 못하지 않겠는가?"전 6:3라는 한탄도 성경에 기록되어 있다. 이처럼 성경은 좋은 신앙인이라도 차라리 태어나지 않은 게 더 낫다고 생각할 만큼 인생이 힘겹다는 사실을 이해한다. 그러므로 우리는 말씀을 근거로 비난하기보다는 더 안전한 출산과 더 나은 양육에 집중해야 한다.

8.7. 여성 적대적인 제도와 문화를 바꿔야 한다.

지금까지 생명의 선순환을 위한 노력의 중심에 여성의 삶이 있다고 말했다. 그것은 페미니즘이나 여성 배려 차원이 아니다. 사실에 대한 말이다. 엄마의 삶이 불안정하고 위험한데, 태중 아기가 건강할 수는 없다. 특히 한국 사회와 교회는 여성과 싸우려 하면 안 된다. 여성을 분란과 문제의 근원으로 여기면 더욱 안 된다.

한국 사회는 여성 적대적이다.

가끔 강도 앞에 무기력한 여자 경찰의 모습, 남자 군인과의 체력테스트에서 밀리는 여군의 영상이 등장하면 많은 남성이 신이 난다. '저렇게 약하면서 같은 대우를 요구하는 건 불공평하다.'라는 주장이 넘쳐난다. 심지어 여성을 사회의 불공정과 무임승차의 표본처럼 생각한다. 그래서 여자도 남자처럼 군 복무해야 한다고 주장한다. 그러나 여자도 군 복무를 해야 한다면 남자도 매달 생리하고, 출산할 수 있어야 한다. 군 복무는 공익이고, 생리와 출산은 사적인 일인데 어떻게 비교할 수 있냐고 물을지 모른다. 그렇지 않다. 오히려 군 복무는 제한적이지만, 생리와 출산이 없다면 인류 자체가 사라진다. 생리와 출산은 매우 사회적, 공공적이다.

남성이든 여성이든 함께 인정해야 할 것은 서로 정서적, 기능적으로 꽤 다르다는 사실이다. 크기와 물리력에 있어 우월한 남성에게 여성은 보통 완력이 떨어진다. 경찰과 군은 기본적으로 그런 신체적 능력을 바탕으로 작동되는 시스템이므로 그것을 유일 기준으로 내세우면 여성은 열등한 존재가 돼버린다. 그러나 같은 신체 능력이라도 차이가 있다. 한국 국가대표 성인 여자 축구팀은 고등학교 남자 축구팀을 이기기 힘들다. 남성이 유리한 신체 능력에 기반한 스포츠이기 때문이다. 반면 남자 리듬체조는 존재하기는 하지만 국제 정식종목에도 채택되지 않았지만, 여자 리듬체조는 인기종목이다. 여성에게 우선적인 신체기능에 기반한 종목이기 때문이다.

가정, 사회, 국가 모든 영역에서 남성과 여성은 자신에게 우선적이고, 유리하고, 익숙한 기능과 스타일이 있다. 물론 그것은 '남자는 이래야만 하고, 여자는 저래야만 한다'는 고정된 역할은 아니다. 다만, 우선적으로 발휘되는 기능과 능력이 다르다는 말이다. 성별 차이 자체를 모두 가부장 문화 탓으로 돌리는 것은 생물학적, 심리적, 역사적 사실과는 다르다.

문제는 성별 차이를 서로 다름을 넘어 우열과 서열, 곧 차별로 만든 것이다. 보통 남성의 우선적 관심사나 능력은 대부분 높은 평가를 받아 우월한 서열에 서게 되고, 여성의 장점이 더 많이 발휘되는 일과 역할은 하찮게 여겨진다. 여성이 주로 맡아왔던 가사 일과 돌봄 노동은 부차적인 허드렛일처럼 여겨왔던 역사를 보라. 또, 의료의 기본구조인 남성 의사와 여성 간호사 구조도 그렇다. 의사의 절대권과 고수익에 비해, 간호사의 종속성과 저수익은 당연하게 여겨진다. 단지 얼마나 더 오래 공부했느냐의 문제만은 아니다. 그래서 가부장 사회다.

반복하지만, 한국 사회 선순환의 주요 고리가 여성과 연결되어 있다. 그런데 윤석열 정부는 출범 전부터 여성부를 없애겠다고 늘 다짐해 왔다. 이유는 한국 사회가 개인적 불평등 사례는 있을지언정 구조적 차별은 이미 해소되었기 때문이라고 한다. 더는 구조적 남녀 차별이 없어 여성부를 없애도 된다는 피상적인 사고방식이야말로 결혼, 임신, 출산을 막는 가장 큰 요인임을 모르면서도 출산 장려를 외친다. 여성부와 장관이 역할을 제대로 감당하지 못한 것과 여성부 자체의 필요는 전혀 별개의 문제. 여성부가 제 역할을 못한다면 여성부를 없앨 게 아니라 능력 있는 장관으로 바꿔야 한다.

한국교회는 여성 적대적이다.

슬픈 일이지만 사실이 그렇다. 한국교회는 가부장적 남녀 인식에 더하여 몇몇 성경 구절을 인용하며 여성의 열등하고, 종속적인 이미지를 끊임없이 제공했다. 성경이 당대 사람들의 눈높이에 맞춘 성육신적 말씀이므로 현실의 자리에서 다시 적용해야 한다는 것은 3장에서 충분히 설명했다. 그러나 전통적인 기독교 여성상은 오직 남편을 내조하고 아이들을 돌보며 보일 듯 보이지 않는 현모양처에서 크게 벗어나지 않는다.

그런데 21세기 들어 그러한 여성상에 정면으로 대치되는 집단적인 신여성들을 목격한 것이다. 이에 놀란 한국교회는 페미니즘, 동성애, 낙태 등을 하나로 묶어 하나님의 창조 질서를 대항하여 사회와 가정을 뒤엎으려는 반 기독교사상으로 몰아붙였다. 그것은 중국의 문화혁명과 유럽의 68혁명 이후 성의 변혁을 통해 전통적 기독교사회를 전복하려는 사회주의 좌파 사상이 뿌리라는 것이다. 그래서 한국교회의 다수는 동성애 · 낙태 · 페미니즘을 하나로 묶어 반대하고 있다. 이는 옥석을 가리기도 전에 사회주의와 연관성이 있다면 모두 적대적으로 보는 인문사회적 문맹에서 비롯된 바 크다. 우리는 다시 상식과 합리적 신앙을 회복해야 한다.

먼저, 한국교회는 그동안 성경을 빗대어 얼마나 여성을 소외시켜 왔는지 솔직히 인정해야 한다. 그리고 할 수 있는 것부터 시작해야 한다. 일반사회는 물론 이제는 정치와 군대 같은 특수영역에서도 성차별과 성폭력에 대한 엄단이 보편화되어 간다. 그러나 목회라는 특수한 방식으로 이뤄지는 목회자의 성폭력이 적지 않은데도 해당 교회와 교단에서도 제대로 바로잡지 못하고 있다. 교회 공동체성과 신뢰 회복을 위해서도 목회자 성폭력은 분명한 기준을 갖고 엄정하게 처리되어야 한다. 이 일을 전문적으로 돕는 '기독교반성폭력

센터'http://yourvoice.or.kr/서울특별시 서대문구 충정로9길 10 • 7 2층, 02 • 364 • 1994를 돕는 것도 좋은 방법이 될 수 있다.

또한, 교회 안에서 여성 리더십을 훨씬 강화하여야 한다. 지금처럼 설거지하고 한복 입고 인사하는 여성도 상으로는 미래 한국교회에 여자 성도 보기가 더 어려울 것이다. 여자 성도가 없다면 당연히 남자 성도와 아이들을 기대하는 것도 힘들 것이다. 또, 여전히 여성 목사 안수를 막고 있는 교단들은 서둘러 그 장벽을 허물어야 한다. 단지 여성 목사를 허용하는 정도가 아니라 여성 목사가 꼭 필요한 영역들에서 소신껏 일할 수 있도록 제도적 뒷받침을 마련해야 한다. 거듭 말하지만 여성이 행복하지 못한 세상교회는 미래가 없다.

한국문화는 여성 적대적이다.

이런 말을 하면 항상 뒤따라오는 얘기가 있다. "맞다. 예전에는 분명히 그랬다. 그러나 지금 예전보다 훨씬 좋아졌는데 왜 그러냐?" 그러나 이는 강자의 사고다. 인종차별을 멈추라는 요구에, 식민 지배를 끝내라는 주장에, 장애인의 권리를 인정하라는 외침에, 강자의 사고는 '그 정도면 충분하다'고 판정한다. 심지어 서둘러 역차별을 말하기도 한다. 그래서 여성은 이미 다 사라져버린 옛일을 가지고 생떼를 쓴다고 생각하기도 한다. 정말 그럴까?

40대 아래 세대는 잘 모르겠지만, 예전에 '여성상위시대'말이 있었다. 이럴 때 쓰던 말이다. "여자가 운전도 하고 다니고, 아무 데서나 담배 피우더라. 역시 여성상위시대야." "마누라가 한 마디도 안 지고 남편한테 대드는 걸 보니 역시 여성상위시대야." 예전에는 상상도 할 수 없던 일이 벌어지니 놀란 남성들이 비아냥대던 말이다. 그러나 여성상위시대가 절정이라던 1980~90년대 영화나 드라마를 찾아보라. 부부 사이에도 남편은 반말에 폭언을 일상적으로 쓰지만, 아내는 꼬박꼬박 존대를 한다. 남자는 호탕하고 남자답게 여러 여자를 바꿔가며 즐기지만, 여자가 다른 남자에게 눈길이라도 주면 정조 없는 더러운 ×이다. 언제나 강자는 이전에 좋았던 때보다 불편해진 지금 상황에 불만이 많고 좋은 시절이 끝났다고 생각하기 쉽다.

예전보다 지금 여성의 권리 주장이 더 거세진 것은, 지금이 예전보다 더 나쁘기 때문이 아니다. 시대가 발전한 것이다. 차별이 있으면 나아져야 한다. 물론 방법과 내용은 다를 수 있지만, 우리는 항상 더 나은 것을 말할 수 있다. 다만, 한 가지 덧붙일 것이 있다. 가부장 사회의 남성 기득권은 남성 개인들이 강자로 군림하거나 의도적 전횡을 했다는 말과는 전혀 다르다. 한국 남성의, 특히 한 가장으로서의 무거운 역할과 책임은 무시되어서는 안 된다.

8.8. 결혼도, 출산도 공로가 아니다. 겸손하자.

결혼하고 출산한 것은 복일지언정 공로가 아니다. 누구도 하나님의 창조 명령이나 인류의 번영을 생각하며 결혼하지 않았다. 사랑하고 싶을 때 상대를 만났고, 평생 함께 살고 싶어 결혼했다. 누구도 한국 사회와 교회를 위해 아이를 낳은 적이 없다. 결혼도, 출산도 감사할 일이지, 누군가특히 비혼자나 아이 낳지 않은 사람에게 함부로 훈계할만한 공로를 쌓은 게 아니다. 그러나 비혼과 저출산이 계속되자 언젠가부터 결혼하고, 아이 낳은 게 업적이나 공로인 양 자랑하는 소리가 심심찮게 들려온다.

보통 우리는 당대의 시대 분위기나 문화, 일반상식에 따라 살아간다. 우리 부부는 1995년 30세 전후에 결혼해 두 아이를 낳았다. 본가와 처가 형제들도 1명과 3명의 자녀를 둔 가정이 하나씩이고, 나머지 일곱 쌍은 모두 2명씩의 자녀를 두었다. 그렇게 우리 때는 거의 하나둘셋이 대세였다. 그러나 우리 부모 세대는 보통 넷다섯여섯의 자녀를 두었기에 우리도 5남매다 우리 역시 어른들로부터는 '요즘 애들은 이기적이라 애를 한, 둘밖에 안 낳는다.'며 핀잔을 들었다. 그런데 30년이 지나 지금 우리도 자녀 세대에게 비슷한 소리를 하고 있다. '요즘 애들은 이기적이라 결혼도 안 하고, 애도 안 낳으려고 한다.'

주의하지 않으면 신앙인의 윤리적 주장은 금세 공로로 옮겨간다. 그러나 결혼도 공로가 아니고, 아이 낳은 것도 역사적, 신앙적 사명감으로 한 일이 아니다. 물론 나도 이제 20대 후반에 접어든 우리 자녀들이 결혼하고, 아이도 낳아 행복하게 살아주길 진심으로 바란다. 그러나 저출산 문제 차원이 아니다. 사람이 결혼해 아이 낳고 한 가족으로 살아간다는 것은 절대 만만한 일이 아니다. 가쁜 숨, 슬픈 눈물을 얼마나 많이 흘려야 하는지 모른다. '우리가 왜 결혼했을까'를 다반사로 생각하는 게 보통의 부부일 것이다. 인생의 목표가 서로 불편하지 않게 쿨하고 무난하게 사는 것이 전부라면 결혼도, 출산도 하지 않는 게 좋을지 모른다.

그러나 힘들고 아프지 않으면 절대 배울 수 없는 게 인생에는 너무 많은 것 같다. 특히 가족 사이에 말이다. "소가 없으면 구유는 깨끗하려니와 소의 힘으로 얻는 것이 많으니라."잠 14:4 가족의 삶은 창조주께서 겪고, 누리고, 느끼도록 하신 인생의 희로애락의 가장 일차적인 훈련소다. 성경은 하나님과 더불어 살며 경험할 희로애락의 풍성한 관계성을 부모와 자식, 부부, 형제 등 가족관계를 통해 우선 보여준다. 하나님과 함께해야 할 신앙 여정, 인생살이의 압축판이 가정에서 벌어진다.

그러나 이런 표현으로는 부족하다. 나는 언젠가부터 자식에게서 나를 보고, 하나님도 본다. '눈은 엄마 닮고, 코는 아빠 닮고' 차원의 말이 아니다. 실제로 자식은 부모로부터 오고, 그 부모는 또 그 부모로부터, 그리고 그 모든 근원은 하나님으로부터 왔다는 걸 자식을 보며 어느 날 돌연 깨닫는다.창 5:1, 3, 눅 3:23~38 하나님 나라로 연결되는 하나님의 그 풍성한 신비가 가족관계에서 가장 짙게 드러난다는 건 사실이다. 그래서 내게 그런 소중한 사람들을 자녀로 보내준 하나님과 아내에게 진심으로 감사한다. 그 놀라운 경험, 무엇과 바꿀 수 없는 신비한 비밀을 모두가 함께 맛보기 바라는 마음으로 나는 결혼과 출산을 권한다.

그러나 결혼하지 않거나 아이 낳지 않으면 그걸 경험할 수 없다는 말은 아니다. 더구나 비혼과 아이를 낳지 않는 것은 죄와는 상관없다. 나는 가정이 사라지고 교회가 없어지는 방식으로 인류의 종말이 올 것이라고 생각하지 않는다. 지금은 비혼과 출산하지 않음이 확산하며 큰 어려움을 겪고 있지만 이러한 추세가 얼마나 오래 계속될지도 모른다. 더구나 우리나라처럼 사회적 변화가 빠른 나라는 어느새 다시 결혼의 붐이 불고, 출산의 러시가 이어질지도 모른다. 그렇지 않다고 해도 너무 급한 마음에 설익은 대책들을 남발하는 것은 조심할 필요가 있다. 오히려 이제라도 남자와 여자가 서로의 성을 바로 이해하며 존중하고, 결혼의 바른 의미를 되찾고, 가족관계의 회복을 위해 지속적인 노력을 기울이는 게 더 필요하다.

누구도 남자나 여자로 선택해서 태어나지 않는다. 그러므로 우리가 창조주 하나님을 정말 믿는다면 그분의 놀라운 지혜로 서로에게 부여하신 다른 점을 끝까지 배워야 한다. 서로의 자리와 모습을 더 존중해야 한다. 그러나 거의 모든 영역과 자리에서 여전히 많이 기울어진 운동장이 있음을 남자가 더 인정해야 한다. 오직 그럴 때만 인류 존속의 위기로까지 대두된 심각한 저출산, 가족 붕괴의 위기를 극복할 길이 조금씩 열릴 것이다.

9장. 동성애와 차별금지법의 쟁점과 방향

한국 사회, 특히 한국교회에서 동성애 논란은 최고의 관심 주제다. 왜, 언제부터 그렇게 되었는지 모르지만, 이는 한국교회를 뒤흔든다. 심지어 이를 어떻게 보느냐에 따라 그의 기독교인 됨과 신앙의 진정성을 구분하는 잣대가 되기도 한다. 여간해서는 사회 이슈에 나서지 않던 목사들도 동성애 반대 시위를 위해 국회 앞으로 달려 나간다.

이 주제를 다루기에 앞서 우리는 하나님 앞에서 다시 정직해야 한다. 처음부터 한편의 입장을 정하고 자기에게 유리한 근거만 찾으려고 하면 안 된다. 성경도, 사회도 우리의 편향된 결정을 정당화시켜주는 도구는 아니다. 그러나 현재 한국교회는 이 문제에 관한 한 매우 정략적이고, 편향적이다. 복잡하고 어려울수록 개방된 마음이 필요하다. 이제 이 문제와 연결된 성경적, 의학적, 법적 쟁점들을 최대한 솔직하게 다루고 이 주제를 대하는 한국교회의 대응도 살펴보려고 한다.

9.1. 성경의 동성애

'성경 말씀대로!' 그러나 이는 그리 자명하지 않을 수도 있다. 우리는 그것을 3장에서 이미 확인한 바 있다. 그러므로 '말씀대로'는 말씀의 기록에 대한 바른 해석이 필수적이다. 놀라운 것은 오늘날 우리 사회의 큰 관심에 비해 성경은 동성애 문제를 그렇게 크고, 비중 있게 다루지 않는다. 실상을 확인해보자.

동성애 관련 본문과 해석들

• 우리가 그와 관계하리라(창 19장, 삿 19장)

창세기 18~19장에는 죄악이 만연한 땅의 실상을 파악하기 위해 나그네로 찾아온 천사의 이야기가 나온다. 아브라함은 그들로부터 실상을 확인 후 소돔과 고모라 땅을 심판하실 하나님의 계획을 전해 듣는다. 아브라함에게 그 땅이 중요했던 이유는 조카 롯이 살고 있었기 때문이다.18:16~33 마침내 천사들은 소돔을 방문했다. 마침 아브라함의 조카 롯이 그들을 발견하고 거리에서 노숙하면 안 된다며 자기 집으로 데려간다. 그 땅의 분위기를 잘 알고 있는 듯한 느낌이다.

아니나 다를까. 푸짐하고 떠들썩한 저녁 식사를 마치고 모두가 잠자리에 들려던 순간 문밖에서 큰 소란이 일어난다. 한 무리의 지역 불량배들이 롯의 집에 몰려와 그 나그네천사들을 당장 넘기라고 협박했다. "오늘 밤에 네게 온 사람들이 어디 있느냐? 이끌어 내라. 우리가 그들을 상관하리라."19:5 여기서 '상관하다'로 쓰인 히브리어 원어는 '야다'로 구약에서 '성관계하다'한글 성경에는 '동침하다'로 번역는 뜻으로 흔히 쓰인다. 천사들이 남자 모습으로 나타났음을 전제한다면 그 땅 주민들은 이미 남성끼리의 성관계가 익숙한 관행이었음을 알 수 있다. 소돔 땅의 이런 극심한 타락상은 결국 그 땅을 심판과 멸망에 이르게 만든다.19:13 그렇다면 하나님이 용납하실 수 없는 깊은 이 타락의 정체는 무엇인가? 전통적 기독교는 그게 주민들이 행하려 했던 동성애라고 보는 것이다.

그런데 사사기 19장에도 이와 아주 비슷한 기록이 나타난다. 에브라임 땅에 살던 한 레위인에게 첩이 하나 있었다. 그런데 어느 날 그 첩이 바람을 피우고 아예 친정 베들레헴으로 도망가 버렸다. 레위인은 처가로 가서 첩을 찾아 다시 집으로 돌아간다. 일행은 종일 걸어 나중에 예루살렘이 될 여부스에 도달했을 무렵 해가 지기 시작한다. 종은 여기서 하루를 묵자고 청한다. 그러나 레위인주인은 조금만 더 힘내어 이방 땅이 아닌 동포 이스라엘 베냐민 지파에 속한 기브아 땅까지 가자고 한다.11~12절 겨우겨우 기브아에 도달해 모두가 알아볼 만한 넓은 거리에 앉아 고대에서 일상적인 '나그네 환대'를 기대했지만, 아무도 관심이 없다.15절

그때 들녘에서 일하다가 저녁 무렵 귀가하던 한 노인이 레위인 일행을 발견했다. 그 노인 역시 기브아 원주민이 아니라 에브라임에서 이주해 온 거류민이었다.16절 거류민인 그는 또 다른 거류민 일행을 보며 한사코 거리에서 자지 말라고 청하여, 그들 일행은 노인 집에서 머물게 된다.20~21절 저녁 먹고 모두가 즐거운 시간을 보내던 때 앞선 창 19장 이야기와 비슷한 일이 일어난다. "네 집에 들어온 사람을 끌어내라. 우리가 그와 관계하리라."22절 여기서 '관계하다'의 본문 원어 역시 '야다'이다. 그곳은 같은 하나님을 믿는 이스라엘 공동체의 베냐민 지파 기브아 땅이었지만, 그곳도 폭력적인 성문화가 낯설지 않았다.

공포에 떨던 노인과 레위인은 대안으로 함께 있는 첩을 그 동네 불량배들에게 넘겨준다. 첩은 밤새 윤간을 당하고 결국 비명횡사한다. 레위인은 첩의 시체를 메고 혼자만 고향으로 돌아온다. 그리고 첩의 시체를 열두 토막으로 나눴다. 그리고 시신토막을 이스라엘 열두지파에 보내며 그간의 사연을 자세히 써 보냈다. 이 소식을 전해 들은 모든 이스라엘 공동체는 크게 분노했다. 그들은 사건 당사자 기브아가 속한 베냐민 지파를 공격해 결국 그 지파는 무참한 살육을 당하고 만다.20장 시기와 장소는 다르지만, 창 19장과 삿 19장은 배경과 분위기, 사건의 전개 과정과 표현까지 꽤 흡사하다. 일반적으로는 둘

다 이스라엘이 도무지 용납할 수 없는 동성애가 빚는 비극이라고 해석한다.

그러나 본문은 내용과 메시지는 그보다 훨씬 큰 이야기다. 성경의 히브리 전통에서 나그네 환대는 매우 중심적 메시지다. 그것은 조상 아브라함만큼이나 역사가 길다. 본토 친척 아비집을 떠나 가나안 땅에 첫발을 디딘 아브라함은 나그네로 떠도는 히브리인의 원조였다.창 11:30~12:1 이는 이삭, 야곱 등 족장 시대 전체로 이어졌고히 11:8~9, 요셉을 거치면서 이스라엘은 다시 강대한 고대 국가 이집트 아래서 나그네와 노예로 살았다.

다행히도 모세의 영도 아래 이집트를 탈출하여 가나안에 정착하였다. 그러나 나그네로 살았던 조상의 뿌리와 경험을 잊어서는 안 된다. 그러므로 그들도 찾아온 나그네들을 배척하지 말고 환대해야 하며, 그것이 자신들을 구원하신 하나님의 은혜를 기억하는 또 다른 방식이었다.출 22:21, 히 11:13~14 그래서 앞서 살펴본 두 본문에서도 나그네를 대하는 태도들이 대조적으로 나타났다.

창세기 18장에서 하나님은 낯선 나그네의 모습으로 아브라함을 찾아오셨다. 아브라함은 그가 하나님이라고는 꿈에도 생각하지 못했지만, 마치 자기가 빚진 사람처럼 온 마음과 정성을 다해 나그네하나님를 환대했다. 천사18들은 이제 소돔으로 건너갔다. 롯 역시 '하나님을 믿는 가문의 전통처럼' 천사인 줄 알지 못했지만, 온 마음과 정성을 다하여 영접했다.창 19:1~3 히브리서에서도 이를 빗대어 손님 대접이 하나님을 믿는 신앙에 얼마나 중요한지 다시 언급될 정도다.히 13:1~2

그러나 롯이 나그네로 살았던 주류사회 소돔은 전혀 분위기가 달랐다. 나그네를 환대하기는커녕 쾌락의 도구로 삼고자 무지막지한 폭력적 태도로 대한다.19:4~9 강자의 억압과 약자의 수탈, 폭력이 당연시되었고 그러한 불의와 약육강식의 세태를 확인할 천사가 파견될 정도였다. "여호와께서 또 이르시되 소돔과 고모라에 대한 부르짖음이 크고 그 죄악이 심히 무거우니 내가 이제 내려가서 그 모든 행한 것이 과연 내게 들린 부르짖음과 같은지 그렇지 않은지 내가 보고 알려 하노라."창 18:20~21 그러나 그렇게 나그네로 변신한 천사조차 강간하려 할 만큼 무지막지한 태도가 바로 당시 세태를 보여주는 확실한 증거가 된다.창 19:13

우리는 소돔과 고모라의 죄악에 대한 다른 본문들도 참고할 만하다. 예레미야 선지자는 소돔과 고모라 같은 죄악과 악행들이 벌어지고 있다고 몹시 탄식한다. "내가 예루살렘 선지자들 가운데도 가증한 일을 보았나니 그들은 간음을 행하며 거짓을 말하며 악을 행하는…그들은 다 내 앞에서 소돔과 다름이 없고 그 주민은 고모라와 다름이 없느니라."렘 23:14 여기서 가증한 일로 간음을 말하지만 그게 동성애를 지칭하는지는 불분명하나 아니라고 볼 수도 없다. 에스겔서에서도 소돔의 죄악을 말하지만, 동성애 언급보다 약자를 돌보지 않는 몰인정을 말한다. "네 아우 소돔의 죄악은 이러하니 그와 그의 딸들에게 교만함과 음식물의 풍족함과 태평함이 있음이며 또 그가 가난하고 궁핍한 자를 도와주지 아니하며 거만하여 가증한 일을 내 앞에서 행하였음이라. 그러므로 내가 보고 곧 그들을 없이 하였느니라."겔 16:49~50

예수님도 소돔과 고모라의 죄악을 언급하셨다. 그러나 그 죄악은 나그네를 영접하지 않은 완악함과 냉정함이지 동성애가 아니었다. 역시 환대 전통에 서 있다. "누구든지 너희를 영접하지도 아니하고 너희 말을 듣지도 아니하거든 그 집이나 성에서 나가 너희 발의 먼지를 떨어 버리라. …심판 날에 소돔과 고모라 땅이 그 성보다 견디기 쉬우리라."마 10:14~15 또 유다서에도 자기 분수를 넘어 심판받을 행동을 한 천사들과 같이 소돔과 고모라가 음란하게

행하였다고 기록하는데, 그게 무엇인지는 밝히지 않았다. 유 1:6~7

사사기 19장 사건에 나타난 하나님이 분노는 구원의 백성 이스라엘 이름에 어울리지 않는 심각한 영적 상태 전반에 향해 있는 것으로 보인다. 물론 거기에 동성애적 강간도 포함되어 있음은 물론이다. 사사기 전체는 이스라엘의 심각한 영적 상태에 대한 고발이다. 그들은 출애굽 이후 믿음의 공동체를 구성하기는 하였지만, 벌써 하나님보다 자신의 욕망과 이익을 좇아 제 소견에 좋을 대로 살았다. 삿 17:6, 21:25 19장도 막장에 이른 이스라엘의 영적, 도덕적 수준에 대한 전반적인 고발이다.

어찌 보면 사사기의 영적, 도덕적 상태는 소돔보다 더 참담하다. 소돔은 하나님을 몰라서 그랬다고 하겠지만, 사사기는 가나안 땅에 이미 정착한 이스라엘이다. 또, 19장 이야기의 주인공 레위인은 이스라엘이 선민답게 살도록 이끌어야 할 중요한 지도자다. 그런데 버젓이 첩을 두고 살았다. 더 황당한 것은 자기 목숨 건지겠다고 주인의 처녀 딸과 자기 첩을 희생양으로 내세운 것이다. 24절 그렇게 밤새도록 집단 강간당한 첩은 죽었다. 살아난 그는 첩의 시체를 열두 동강 내 각 지파에 보냄으로써 지파 간 집단살육사건이 일어나게 만든 장본인이다. 19:29~20:11

사사기를 단숨에 읽어봐도 이미 이스라엘의 영적 상황과 사회적 수준은 막장이다. 하나님을 부르지만 하나님이 없는 세상이 얼마나 막장까지 갈 수 있는지 보여주는 예들로 넘쳐난다. 동성애만 콕 집어서 그것 때문에 망했다고 말하는 본문이 아니다. 그렇다고 해서 동성애와 전혀 무관한 것도 아니다. 하나님이 없는 타락한 세상은 항상 권력남용, 약육강식과 극단적 쾌락, 성적 탐닉을 추구하는 사회가 된다. 힘의 우열이 전제되었던 당시 동성 간 성관계도 그 절정 현상 중 하나다. 당시 동성애는 분명히 강자 문화의 한 예였다.

• 여자와 동침하듯 남자와 동침하지 말라(레위기 18장, 20장)

위 창세기나 사사기의 모호한 기록과 다르게 레위기 본문은 남성 동성애에 대한 분명한 금지규정이 있다. "너는 여자와 동침함 같이 남자와 동침하지 말라 이는 가증한 일이니라."레 18:22 "누구든지 여인과 동침하듯 남자와 동침하면 둘 다 가증한 일을 행함인즉 반드시 죽일지니 자기의 피가 자기에게로 돌아가리라."레 20:13

이 말씀을 바로 이해하려면 새로 태어난 이스라엘이 어떤 존재인지를 알아야 한다. 그들은 애굽의 압제에서 해방된 구원의 백성이다. 그런데 구원받은 백성은 하나님으로 새로 태어난 자로서 세상에서 행할 사명이 있다. 우선 그들은 '제사장 나라'다. 제사장은 백성사람을 대표하여 하나님께 나가 죄를 고해 용서받으며, 소원을 구하는 자이다. 그리고 이스라엘은 온 세상을 대표해 하나님께 죄를 고백하고 구원으로 인도하는 통로가 된다.창 12:3 그러나 대표가 되려면 언제나 대표로서 자격과 역할이 갖추어져야 한다. 마찬가지로 이스라엘도 세상을 대신한 제사장이 되려면 하나님 백성다운 삶과 품격을 갖추어야 한다. 엉터리 같이 살면서 '하나님 믿으라'고 말한다고 해서 세상이 그 말을 믿는 게 아니기 때문이다. 곧, '거룩한 백성'이다.출 19:4~6

동성애 본문이 들어 있는 레위기는 '제사장 나라'와 '거룩한 백성'으로 산다는 게 무엇인지 크게 둘로 나눠 보여준다. 먼저 '제사장 나라'가 되려면?1~17장 당연히 제사장이 집례할 제사의 종류와 그 예법, 제사장의 규정, 부정을 회복할 정결법 등 제사 규례가 기록되어 있다. 그러면 '거룩한 백성'이 되려면?18~27장 일반 백성과 제사장이 성결을 유지하는 법, 각종 절기와 서원의 규정한 법 등 정결 예법이 제시되어 있다.

그러한 구분으로 볼 때 동성애 관련 규정들18, 20장은 거룩한 백성으로서 살아야 할 정결정결 예법에 속한다. 이게 왜 중요할까? 하나님을 따를지 버릴지를 결정하는 갈림길은 늘 목숨 걸고 순교를 각오하는 상황이 아니다. 오히려 주변의 익숙한 풍습과 문화, 분위기를 생각 없이 따라가다 보면 어느새 믿는지 안 믿는지 흐릿해지는 게 훨씬 많다. 지금 이스라엘은 무서운 애굽의 위협과 막막한 광야 생활도 벗고 꿈에 그리던 약속의 땅을 앞두고 있다.

그런데 가나안은 주변부나 떠돌던 나그네들로서는 경험해보지 못한 우수한 문명과 화려한 문화로 가득하다. 이스라엘이 그들과 함께 살아가다 보면 어느새 본받지 말아야 할 풍습과 태도까지 닮아갈까 염려된다. 발달된 문화의 매력적인 풍속의 첫째는 역시 성의 탐닉이 될 가능성이 높다. 그런데 가나안에는 성적 방종과 탐닉의 문화로 가득하다. 레위기 본문은 그 맥락에서 동성애가 언급되고 있다.

이에 대해 다른 해석도 있다. 요점은 해당 레위기 규정이 일반적인 동성애에 대한 금지 명령이 아니라 이교적 우상 제사와 관련된 특수한 탈선만을 언급한 것이라는 말이다. 그 말처럼 해당 법령은 가나안의 몰렉신을 섬기며 자녀를 제물로 바치는 행위를 금지하는 말씀을 뒤따라 나온다.18:21, 20:2~5 당시 가나안 종교는 농사의 풍요와 다산의 복을 비는 의식으로 신전의 남녀 사제들과 다양하게 성관계를 맺었다. 그때 동성애도 행해졌다. 그러므로 레위기 법령은 일반적인 동성애를 언급한 게 아니라 우상숭배 행위로의 동성애만 금지한 것이라는 말이다. 또 다른 해석도 있다. 남성 동성애의 경우 파트너 중 한 남자는 여성의 역할을 맡아야 한다. 그런데 당시 가부장 문화에서 남자가 여자 역할을 하는 것은 수치로 여겼기에, 레위기의 금지규정도 그걸 반영했다는 주장이다. 두 본문 모두 남성 간 성관계는 금지했지만, 여성의 관계는 언급도 하지 않는 것이 그 증거라고 한다.

과연 그럴까? 가나안 종교의 신전 성행위는 분명히 존재했다. 그러나 신전 성행위는 풍요를 비는 남녀 간의 성행위였지 동성 간 결합은 아니었다. 또, 해당 18장은 이스라엘에게 금지된 성적 탐닉으로서의 근친상간, 간음, 자녀 제사, 짐승과의 교합獸姦과 동성애도 함께 언급되고 있다. 이것은 우상숭배와 관련된 동성애만을 정죄한 것이라 보기에는 자연스럽지 않다. 이는 20장 금지 구절13절의 전후 문맥과도 일치하며, 그 규례 끝에 "너희는 내가 너희 앞에서 쫓아내는 족속의 풍속을 따르지 말라. 그들이 이 모든 일을 행하므로 내가 그들을 가증히 여기노라."23절고 경고한 것을 봐도 그렇다.

결론적으로 레위기 본문은 가나안과 주변 나라에 널리 퍼진 동성애를 포함한 성적 부분별과 탐닉의 행태들에 대한 포괄적인 고발이다. 레위기는 그것이 따르지 말아야 죄악들로 규정했음이 분명하다.

• 순리를 바꾸어 역으로 행하여(롬 1장)

로마서야말로 동성애 문제에 대한 가장 구체적이고 신랄한 언급으로 유명하다. 그러나 언제나 그렇듯이 전체적인 맥락을 이해해야 한다. 바울은 문안과 찬양, 기대 등으로 서두를 마무리하자마자 곧 하나님을 벗어난 세태에 강한 분노를 쏟아낸다. 왜 그럴까? 하나님은 세상 모든 사람에게 어떻게 살아야 할 최소한의 이치와 양심을 마음에 새겨주셨기 때문이다. 실제로 하나님을 믿든 믿지 않든, 사람은 대개 최소한 사람답게 살아야 할 도리와 금도를 의식하며 산다. 그런데 항상 그렇지는 않다.

작심하고 하나님을 떠나 무분별해진 사람은 전혀 아랑곳하지 않고 자기 부끄러운 욕망대로 살면서 하나님의 진노를 쌓고 있다.롬 1:18~23 이런 악한 욕망의 대표적인 죄의 예로 남자와 여자의 동성 성행위가 있다. "이 때문에 하나님께서 그들을 부끄러운 욕심에 내버려 두셨으니 곧 그들의 여자들도 순리대로 쓸 것을 바꾸어 역리로 쓰며, 그와 같이 남자들도 순리대로 여자 쓰기를 버리고 서로 향하여 음욕이 불 일듯 하매 남자가 남자와 더불어 부끄러운 일을 행하여 그들의 그릇됨에 상당한 보응을 그들 자신이 받았느니라."롬 1:26~27

'여자들이 역리로 쓰고' '남자가 남자와 부끄러운 일을 행'하는 동성애 행위는 하나님의 창조 질서의 순리를 벗어난 음욕이라는 것이다. 남자와 여자의 창조 질서에 따르는 '순리'자연스러운 이성간 결합와 그것에 반하는 '역리'자연스럽지 못한 동성 관계라는 표현에서 확인된다. 바울의 논지는 너무 분명하다.

그러나 이에 대한 다른 해석도 있다. 문제 본문 바로 앞에 하나님을 마음에서 버리면 하나님 자리에 사람과 각종 짐승을 앉혀놓고 대신 섬기는 우상숭배를 행하게 된다고 한다. "썩어지지 아니하는 하나님의 영광을 썩어질 사람과 새와 짐승과 기어다니는 동물 모양의 우상으로 바꾸었느니라."23절 "이는 그들이 하나님의 진리를 거짓 것으로 바꾸어 피조물을 조물주보다 더 경배하고 섬김이라."25절

그것과 연결지어보면 동성애에 대한 정죄도 동성애 자체에 대한 지적이 아니라 우상숭배 수준까지 이른 지나친 성적 몰입에 대한 분노라고 보아야 한다는 것이다. 또 당시 헬라 문화는 남자다운 남자라면 절제하지 못하고 불타는 욕정에서 성관계를 맺는 것을 부끄러운 것으로 여겼고 해당 본문도 서로 절제하지 못하는 과도한 정욕에 대한 지적이라고 해석한다.

그러나 본문 맥락에서 그건 억지 해석에 가깝다. 바울은 남성과 여성의 동성 성관계가 하나님이 주신 자연스러운 성을 역행하는 죄로 인식했음이 분명하다. 물론 마음에 하나님 두기를 싫어하여 행하게 되는 모든 합당하지 못한

일들을 고루 언급한 것을 보면28~31절, 동성애만 문제 삼는 것은 아니다. 그러나 해당 본문이 남자와 여자가 '순리대로'φύσις, 퓌시스: 자연스러운 행하지 않고, '순리에 역행하여'파라퓌신: 자연에 반하는, 자연스럽지 않은 행하였다는 언급을 볼 때 동성애를 정죄하는 뜻임은 의심하기 어렵다. "···곧 그들의 여자들도 순리대로 쓸 것을 바꾸어 역리로 쓰며 그와 같이 남자들도 순리대로 여자 쓰기를 버리고···."26~27절

바울은 필요하면 당시 헬라문화의 어법을 활용하였으나 기본적으로 구약에서 이어지는 히브리 전통에 우선하였다. 해당 본문의 순리와 역리의 표현이 동성애 문제가 아닌 남자답지 못한 절제 없는 욕정을 비판하는 것이라는 해석은 억지스럽다. 또 지나친 성도착에 이른 문란한 성윤리의 한 예로 동성애를 언급한 것도 분명하다. "서로 향하여 음욕이 불 일듯 하매···그들의 그릇됨에 상당한 보응을 그들 자신이 받았느니라."27절 결론적으로 로마서 1장 본문은 어떻게 봐도 동성애에 대한 정죄로 보는 것이 자연스럽다.

• 바울의 다른 두 서신(고전 6:9~10, 딤전 1:9~10)

로마서 외에도 바울은 하나님 나라를 유업으로 받지 못할 죄악 목록에 동성애와 관련된 듯한 것탐색하는 자, 남색하는 자을 포함하고 있다. "불의한 자가 하나님의 나라를 유업으로 받지 못할 줄을 알지 못하느냐. 미혹을 받지 말라 음행하는 자나 우상 숭배하는 자나 간음하는 자나 탐색하는 자나 남색하는 자나 도적이나 탐욕을 부리는 자나 술 취하는 자나 모욕하는 자나 속여 빼앗는 자들은 하나님의 나라를 유업으로 받지 못하리라."고전 6:9~10, "알 것은 이것이니 율법은 옳은 사람을 위하여 세운 것이 아니요 오직 불법한 자와 복종하지 아니하는 자와 ··· 살인하는 자며 음행하는 자와 남색하는 자와 인신매매

를 하는 자와 거짓말하는 자와 거짓 맹세하는 자와 기타 바른 교훈을 거스르는 자를 위함이니"딤전 1:9~10

바울은 이방 선교사로서 주류 그리이스, 로마 문화에 익숙한 사람들을 대상으로 편지를 썼다. 당시는 강력한 가부장제 사회였기 때문에, 자유인 이상의 남성은 성性에 자유로웠으며 미소년을 성적 탐닉대상으로 삼는 것도 어렵지 않았다. 그래서 바울이 서신에서 남색남성 동성애이 얼마나 창조 질서의 순리에 맞지 않는 것인지 설명 없이 말한 것은 자연스럽다.

물론 다른 해석도 있다. 두 서신 모두에 기록된 '남색하는 자'와 '탐색하는 자'라는 단어가 어떤 의미로 쓰였는지 그리 명확하지 않다고 한다. 남색하는 자로 번역된 '아르세노코이타이'는 당시 그리스, 로마 주류문화에서 미소년과 사랑을 나누는 성인 남자를 가리키는 단어에서 비롯된다. 반면, 탐색하는 자로 번역된 '말라코이'는 그냥 문자적으로는 '부드러운' '우유부단한'이라는 뜻이다. 그것을 남성 동성애 관계로 적용하면 여성 역할을 하는 미소년을 뜻한다. 이는 현대사회의 일반적인 동성연애라기보다는 당시 이방 사회 절대 강자인 성인 남자가 어린 미소년을 성적 노리개 삼아 즐기려는 문화에서 나온 단어로 보인다. 바울의 편지를 받는 당시 이방 문화권 독자들은 그걸 충분히 알았을 것이다. 그러므로 문맥상 음행, 우상숭배, 도적, 탐욕, 망령된 자, 부모를 죽이는 자 등과 함께 기록한 걸 봐도 이는 일반적인 동성애의 언급이 아니라 권력이나 강제를 동반한 특별한 강제추행에 해당한다는 주장이다. 그러나 본문의 전체적인 맥락에서 볼 때 그것은 지나친 추측에 근거하고 있다.

성경은 죄냐 아니냐만 따지는 법전이 아니다.

이미 살펴봤듯이 성경에 기록된 관련 구절들을 놓고 보면, 시대와 문화의 변화를 전제해도 동성애가 문제없다고 보기 어렵다. 찬반이 확연히 갈리는 양측 주장을 비교적 충실하게 전달하려고 애쓴 허호익 교수도 그 점에서는 분명하다. "성서 시대의 문화적 상황에 비추어 동성애 금지 관련 일부 구절의 비판적 재해석이 가능하다고 하여도 성서의 전체적인 흐름으로 보아 '성서의 가르침에 비추어 동성애를 죄로 규정하고 있는 것 자체'를 부정할 수 없다."

『동성애는 죄인가』, 허호익, 2019년, 동연, 69쪽

그러나 다시 말하지만, 성경은 인간의 눈높이와 당대의 상식에 맞춰 쓴 성 육신의 책이다. 당대 사람에게는 당연한 상식도 수 천 년이 지나면서 변하거나 그때는 몰랐지만 차차 밝혀진 것도 많다. 바울이 삼층천의 계시^{고후 12:2~4}를 말했을 때도 자신과 당시 유대인의 상식인 '일곱 하늘'^{칠층천}을 바탕으로 하고 있다. 이게 아주 중요하다. 로마서 1장에서 바울은 남자와 여자의 동성 관계는 하나님의 자연적 본성^{퓌시스, '순리'}을 거스르는 '역리'라고 표현했다.^{26~27절} 하나님은 이런 '자연스러운 본성'^{퓌시스}을 모든 사람의 마음과 양심에 심어두셨기 때문에, 설령 하나님을 믿지 않아도 그게 죄인 줄 알고 있다고 한다.^{롬 2:14} 자연적 본성은 모두가 인정하는 자명한 양심의 원리라는 뜻이다.

그런데 바울은 '남자가 머리를 기르는 것이 부끄러움이 된다는 것을 본성^{자연}이 가르친다'^{고전 11:14}며 다시 퓌시스^{φύσις, 자연적 본성}라는 단어를 쓴다. 로마서에서 남녀 동성애는 하나님의 자연적 순리^{퓌시스}를 거스리는 역리^{파라퓌신}라고 했던 것과 같은 단어다. 바울은 남자가 머리를 기르지 않는 게 하나님이 모든 사람의 마음에 심어주신 자연스러운 창조 원리라는 뜻으로 말하고 있다. 그러나 지금 우리는 장발 한 남자를 하나님의 자연스러운 창조 원리를 어긴 죄인으로 보고 있지 않다.

또, '여자와 동침하듯 남자와 동침하면 반드시 죽이라'^{13절}고 한 레위기 말

씀과 같은 20장에는 '월경 중의 여인과 동침하면 남자와 여자 모두 백성 중에서 내쳐야 한다.'18절는 규정도 있다. 그러나 지금 이를 문제 삼는 사람은 아무도 없다. 그러므로 우리가 성경을 현실에 적용할 때는 본문 해석을 넘어 살펴봐야 할 게 많다. 시대적 정서도 그 가운데 하나다. 더구나 사람을 정죄하는 문제에서는 더욱 그렇다.

성경의 법과 규정들은 크게 둘로 나눠볼 수 있다. 우선, 시대와 문화가 아무리 변해도 흔들림 없는 하나님의 성품과 거기서부터 흘러나오는 인륜의 뼈대다. 그 핵심은 모든 성경의 일관된 뼈대인 하나님 사랑과 이웃 사랑마 22:37~40, 그리고 그것을 집약한 열 가지 계명출 20:1~17과 주님이 말씀하신 여덟 개의 복마 5:3~12 등이다. 비유하자면 하나님 나라의 기원과 운영의 근본을 세우는 헌법정신 같은 것이다. 하나님의 나라는 이 근본 뼈대들 위에서 세워지고, 표현된다.

다른 모든 것들은 이 근본 기초를 실현하고 더 잘 세워가기 위한 시행세칙이다. 그런데 동성애는 이미 살펴본 근거 구절을 넘어 하나님 나라와 성경 전체의 흐름을 좌우할 중요과제로 다루어지지 않는다. 하나님 나라 법의 뼈대인 십계명에도 없다. 더구나 동성애는 실정법을 어기는 범죄도 아니다. 한국 사회나 교회의 다수가 관여되어 있는 일도 아니다. 그런데도 지금 한국교회는 동성애 문제가 마치 하나님 나라와 교회가 서거나 무너질 가장 중요한 원칙이나 되는 양 지나친 집착을 보이고 있다. 분명한 원칙과 근거도 없이 훨씬 많은 이들과 관계된 이혼이나 간음보다도 훨씬 중요하게 다뤄지고 있다. 분명히 동성애에 대한 성경의 규정은 여전히 죄의 의심을 피할 수 없다. 그러나 이는 하나님 나라의 본질이 아니다. 하나님의 본의도 아니고 효과도 없는 지나친 집착을 버리면 좋겠다. 과유불급過猶不及이다.

9.2. 에이즈와 동성애

'동성애가 에이즈의 주범'이라는 주장

• 에이즈AIDS, 후천성면역결핍증후군 발견의 기원은 이렇다. 1981년 미국 LA의 몇 개 병원에서 5명의 남성 동성애자게이들이 면역 결핍성 폐렴에 걸린 것이 처음 확인되었다. 이런 현상 자체가 생소했기에 당시에는 이름을 붙이지도 못했다. 남성 동성애자들이 유독 잘 걸리기에 '동성애 질환' '게이 암'이라는 표현을 썼고, 그때부터 이 질병과 동성애의 관련성이 주목받았다. 1983년 에이즈의 원인이 인간 면역결핍 바이러스HIV인데, 여기 감염되면 면역세포가 파괴되어 다른 질병으로 쉽게 이어진다는 것이 확인되었다.

• 에이즈가 특히 남성 동성애자게이에게 많이 일어난다는 것은, 유독 그들에게 에이즈 바이러스가 많다는 뜻이 아니다. 그들의 일반적이지 않은 성행위와 관련된다. 남자들이 성기가 아닌 항문에 삽입하고 자극하기에 상처가 나고 항문과 연결된 다른 신체와 기관 손상 가능성이 크다. 이게 에이즈 바이러스 감염의 통로가 된다. 물론 콘돔을 사용하면 되겠지만 콘돔 사용을 기피하는 이들이 많다. 그래서 게이가 우선적으로 에이즈에 감염된 게 사실이다.

• 그러한 사실은 남성 동성애자들 스스로 잘 알고 있다. 그들도 에이즈 감염에 대한 두려움을 갖고 있다. 이는 동성애자 권익향상을 위해 운동하는 '행동하는성소수자인권연대' 7대 사업 중 하나에 에이즈 문제가 있었다는 사실에서도 확인된다. 같은 단체가 2013년 작성한 〈40~60대 남성 동성애자 에이즈 감염인 생애사 보고서〉에는 이런 내용이 있다. "한국의 HIV/AIDS 감염인 중 다수는 남성 동성애자다. … 초기 성소수자 인권운동은 동성애에 대한 공격에 대응하기 위해 '에이즈가 동성애와 관계없다'는 식으로 분리시켜 놓았는데 이런 역사는 지금도 동성애자 커뮤니티 안에서 에이즈를 드러내놓

고 이야기하기 부담스러운 조건으로 작용한다."동성애자인권연대 HIV/AIDS인권팀, 〈40~60대 남성 동성애자 HIV/AIDS 감염인 보고서〉 64쪽, 2013년

• HIV는 감염되어도 8~10년의 잠복기가 있기 때문에 확산을 막고 제대로 통제하기 위해 보건당국이 좀 더 쉽게 접근할 수 있어야 한다.

'에이즈는 동성애로 생기는 질병이 아니'라는 주장

• 최초의 에이즈 환자들이 남성 동성애자들이었기 때문에 '동성애=에이즈'라는 인식이 강했다. 1980년대까지도 에이즈는 동성애자들만 걸리는 병으로 인식될 정도였다. 그러나 더 정확한 연구 진행되고 혈우병 환자들, 이성애 약물 중독자, 이민자에게서도 발견됨에 따라 동성애의 문제가 아님이 확인되었다. 의학적으로도 에이즈가 동성애 질환이 아님이 이미 입증되었다.

• 에이즈는 '인간면역결핍 바이러스HIV'가 원인으로 발병하는데, HIV는 동성애자가 아니라도 생길 수 있다. 동성애자 중에도 여성레즈비언의 감염률은 아주 낮다. 프랑스만 해도 1996년에는 에이즈에 걸린 이성애자의 수가 동성애자 감염자보다 많았다. 감염자 중 동성애자 비율이 1990년 49%에서 1998년 29%로 감소한 반면, 같은 기간 이성애자 비율은 14%에서 35%로 늘어났다. 1999년에도 이성애자 비율은 41%였지만, 동성애 및 양성애자 비율은 29%를 차지했다. 『동성애』, 공자그 드 라로크, 정재곤 옮김, 웅진지식하우스, 2007년, 104쪽 참고

• 그러므로 HIV는 이성애자냐 동성애자냐보다는 안전하지 않은 성관계, 위험한 수혈 등 무분별한 성관계 및 의료보건 상황과 관련이 깊다. 안전과 위생에 신경 쓰기 어려운 아프리카 등 가난한 사람들에게 더 확산되는 이유이다. "아프리카 지역에서 에이즈 환자가 급증한 것은 그 지역의 나라들이 막대

한 국가 부채에 시달리고 있는 가난한 나라이어서 에이즈 확산을 막을 수 있는 콘돔과 깨끗한 주사바늘을 국가가 제공하지 못했기 때문이라는 것도 확인되었다."허호익, 앞의 책, 188쪽

• 초기에는 에이즈가 '제2의 흑사병'으로 불리며 치료 불가능하고 걷잡을 수 없이 확산되는 공포의 질병으로 이해되었다. 실제로 1980년대까지만 해도 원인도, 특성도, 치료도 아직 발전하지 못했다. 그러나 그 이후 좋은 치료제가 꾸준히 개발되어 이제는 거의 완치 수준까지 이르렀다. 한국질병관리본부도 2015년 안전한 성관계와 국가의 혈액관리를 통해 예방하고, 치료하여 '에이즈는 더는 불치병이 아니고 단순 만성질환일 뿐'이라고 발표했다. 또 세계보건기구가 발표한 에이즈 6단계 기준에 따르면 한국은 아직 감염이 남성 동성애자에만 집중되어있는 1단계에 있다.

책임 있고 건강한 만남이 답이다.

에이즈는 배우자나 잘 아는 연인이 아닌 일시적인 만남의 무분별하고 안전하지 않은 성관계에 쉽게 노출된다. 또, 예방과 안전한 대처가 곤란한 가난한 사람들일수록 더 위험하다. 에이즈는 더는 불치병이 아니고, 개인과 사회, 국가의 의지와 노력으로 통제가 가능하다. 그러나 남성 동성애자들의 성적 접촉 방식이 에이즈 감염에 쉽게 노출되는 것도 사실이다. 이는 동성애를 우호적으로 기록한 책에서도 인정하는 것이다. "이렇게 동성애자들 사이에 에이즈가 급속도로 퍼져나가게 된 주된 원인은 … 항문성교로 인한 높은 감염률 때문이었다. 실제로 항문성교는 그 어떤 성 접촉보다도 에이즈 감염 위험성을 높인다."공자그드 라로크, 앞의 책, 102쪽

최근 우리의 에이즈 관련 상세보고서가 발표되었다. "2023년 7월 질병관

리청이 발표한 '2022년 HIV/AIDS 신고 현황 연보'에 따르면 HIV/AIDS가 처음 보고된 1985년부터 2022년 말까지 … 누적 내국인 HIV 감염인[사망자 포함]은 1만 9001명 … 남자 1만 7782명[93.6%], 여자 1219명[6.4%]이었다. … 생존 내국인 HIV 감염인을 연령별로 보면 ▲10~14세 2명 ▲5~19세 21명[0.1%] ▲20~24세 336명[2.1%] ▲25~29세 1488명[9.4%] ▲30~34세 2356명[14.8%] ▲35~39세 1807명[11.4%] ▲40~44세 1616명[10.2%] ▲45~49세 1940명[12.2%] ▲50~54세 1738명[10.9%] ▲55~59세 1649명[10.4%] ▲60~64세 1235명[7.8%] ▲65~69세 851명[5.4%] ▲70세 이상 841명[5.3%] 등이었다.

… 1985년부터 2018년까지만 해도 동성 간보다는 이성간 성 접촉으로 HIV에 걸린 경우가 더 많았지만, 2019년부터는 동성 간 성 접촉 감염이 이성 간 성 접촉 감염을 앞질렀다. 지난해 신규 내국인 HIV 감염인[825명] 중에서 … 577명[99.1%]이 성접촉으로 감염됐다고 답했다. 이 중 동성 간 성 접촉은 348명[59.8%]으로 이성간 성 접촉 229명[39.3%]보다 많았다. 수혈이나 혈액제제로 인한 감염사례는 2005년까지는 종종 발생했지만, 2006년 이후부터는 한 건도 없었다.

최근엔 마약을 하면서 공동으로 주사기를 쓰다가 HIV에 걸리는 경우가 늘고 있다. … 질병관리청은 '치료제 개발로 에이즈는 충분히 관리할 수 있는 만성 감염질환이 되었지만, 에이즈를 퇴치하려면 일상적으로 안전하지 않은 성 접촉을 피하고, 감염이 의심되면 신속하게 검사받는 것이 중요하다'고 강조했다. … HIV에 걸릴 경우, 올바른 치료와 건강관리를 한다면 30년 이상 건강하게 살 수 있다." "에이즈 HIV 감염경로…'동성끼리' 성 접촉, 이성 간 감염 추월", 서울신문, 김민지 기자, 2023. 7. 26.

그렇다면 에이즈 검사와 확산 방지를 위한 의료당국의 노력과 의심 가능자들의 적극적인 협조가 필요하다. 모든 질병은 항상 발병 후 힘든 치료보다 예방이 중요하기 때문이다. 이는 에이즈의 병력과 감염자로 인한 일반인 감염이 발생하지 않도록 보건당국의 면밀한 관리와 예방이 필요하다는 뜻이다. 그러므로 안전하고 책임 있는 정보교환과 관리, 성생활에 대한 개인적, 사회적 협력과 책임이 중요하다.

9.3. 동성애와 범죄, 동성애와 정신병

동성애에 대한 논란은 동서고금을 막론하고 오래되었다. 동성애는 보통 사람들에게 일반적으로 나타나는 성향이 아니기 때문이다. 오랜 논란의 과정을 조금 더 살펴보자.

동성애자를 범죄로 처벌하다.

기독교 전통의 서구사회만 아니다. 중동 및 이슬람 등 전통적인 종교 지역들도 동성애는 신의 섭리를 역행하는 죄로 받아들여졌다. 중세기 서구에서는 동성애자를 사형에 처하는 일도 적지 않았다. 영국 에드워드 1세1239~1307년는 동성애자들을 화형에 처했고, 헨리 8세는 항문성교를 사형에 처하도록 했다. 이 영향을 받아 스코틀랜드에서도 1885년까지 동성애자를 사형에 처했다. 근세에 들어와 사형은 폐지되었지만, 유럽에서 범죄로 처벌하는 일은 최근까지도 계속되었다.

영국에서는 1861년 항문성교에 대해 무기징역형을 가했다. 제2차 세계대전이 끝난 후에는 공산주의, 반역, 국가안보 위협 등 국가 범죄를 처벌하면서 여기에 동성애자들을 포함시켰다. 20세기 중반까지만 해도 미국, 영국 등 상당수 서구 국가들에 항문성교, 구강성교, 수간 등을 처벌하는 소도미법이 남아 있었다. 미국도 1993년까지 구강성교, 항문성교가 발각되면 처벌하는 주가 20여 곳이었고, 적발되면 주에 따라 10년~종신형의 처벌을 받았다.

독일 역시 1532년 신성로마제국 황제 카를5세가 소도미법을 제정해 동성애자를 처형하도록 했다. 이는 300년 가까이 지난 1813년에 와서야 폐지했다. 그러나 가장 강력한 박해는 역시 나치 시대다. 아리안족의 인구증가와 도덕성 회복을 높이 외친 히틀러는 반동성애 정책을 강력하게 집행하였다. 1933년 히틀러 집권 후 동성애자 5만 명을 생매장하고 점령국 동성애자 4만 명을 처형했다는 주장도 있다. 앞의 책, 허호익, 110~114, 118, 121, 127, 129쪽 그리고 나무위키 참조 이슬람권은 기독교권보다 훨씬 강경한 금지와 처벌을 지금까지 시행하는 곳이 많다.

범죄 아닌 질병 여부

이처럼 동성애는 최근까지도 범죄로 처벌되었다. 그러나 19세기 들어 새로운 전환이 일어났다. 유명한 정신 심리학자 프로이트1856~1939년의 등장이다. 그는 모든 사람에게 양성애적 성향이 있고 대다수는 자신의 성 정체성으로 살아가지만, 그중에서 오이디푸스 콤플렉스를 제대로 극복하지 못한 남자가 동성애 성향을 갖게 된다고 했다. 동성애는 정신적 질병이라는 말이다. 이를 칼 융1875~1961년이 더 발전시켰다. 그는 남성이나 여성이 타고난 자기 성에 제대로 정착하지 못하면 자신의 반대 性에 동화되며 그게 동성애를 낳게 된다고 하였다. 허호익, 168~170

이렇게 해서 동성애를 종교적, 사회적 죄가 아닌 치료를 받아야 할 정신적 장애, 질병으로 보는 시각이 확산되었다. 죄를 선택했다는 정죄에서는 벗어나지만 치료받아야 할 환자라는 인식이 생겨난 것이다. 이후 동성애의 치료 및 성향 전환을 위한 의학계와 정신상담학계의 노력은 끊임없이 이어져 왔다. 특히 1942년 미국정신의학협회APA는 동성애를 치료할 수 있는 정신질환이라고 공식 선언하였다. 그러나 이에 대한 지속적인 항의와 요구가 이어져 1973년 동성애를 정신장애 목록에서 삭제하였으나 논란은 그 이후에도 계속되었다.

9.4. 성 정체성은 타고나는가, 배우는 것인가?

이것도 쉽지 않은 논쟁이다. 많은 동성애자는 자신이 어려서부터 이미 동성애 성향을 느끼며 자랐고 아무리 숨기고 바꾸려 해도 타고난 성적 지향을 바꿀 수 없었다고 한다.선천성 이들은 오랜 세월 갈등 끝에 '커밍아웃'하게 되었다고 한다. 반대로 처음에는 이성애자로 살았지만, 어느 순간 같은 성을 좋아하고 동성 관계를 맺게 되었다는 사람도 있다.후천성 이 중에는 프로이트가 말했던 것처럼 타고난 자기 성 정체성이 부정당하거나 좌절된 경험이 쌓이면서 서서히 동성애자로 변해간 사람도 보인다.

그러나 동성애자가 아닌 사람이 동성애의 선천성후천성 여부를 말한다는 건 어렵다. 중요한 것은 동성애 성향을 타고난 사람이 분명히 있고, 그들이 많다는 사실이다. 사람이 자기 속에 있는 일관된 성향과 감정, 마음을 부정당하고 계속 숨기며 살아야 한다는 것은 매우 고통스러운 일이다. '니나, 내나'이동은 감독, 2019년 개봉라는 영화가 있다. 가족 간에 서로 오랫동안 안 보고 살아온 형제가 있었다. 그들은 어느 날 엄마를 만나러 가면서 게이였던 동생이 갑자기 형에게 숨겨왔던 자신의 비밀을 털어놓는다.

• 형: 난 그런 줄게이 알고 있었다. 굳이 왜 얘기했는데?

• 동생: 그냥 더는 속이고 살고 싶지 않았다. 나는 나라는 인간 자체가 거짓말 같았다. 언제부턴가 모든 게 속이는 것 같았다. 그거 아나? 가만히 있어도 거짓말하는 느낌. 숨기는 게 더 피곤하지. 진짜가 아니니까.』

사람이 있는 그대로의 자신의 존재 자체를 부정당할 때 사는 게 힘들다. 누군가의 죄를 말할 때 그 사람의 존재 자체를 부정하지 않도록 조심해야 한다. 세상에는 남자 또는 여자로 단순히 구분 지어 말하기 어려운 '제3의 성'間性이 존재한다. 동서고금을 막론하고 알고 있었다. 심지어 유엔은 이런 사람들이 전 세계 인구의 0.5~1.7%까지나 차지하는 것으로 추정한다.

우리나라에서도 조선 세조 시대 사방지라는 사람이 유명하다. 그는 남녀 성기를 함께 가지고 태어난 암수한몸으로 사대부 여인들과 많은 추문에 연루되어 처벌받은 기록이 세조실록에 남아 있다. 또 단정할 수는 없으나 성경에도 제3의 성을 추정할만한 구절도 있다. '고환이 상한 자'레 21:20 '음경이 잘린 자'신 23:1라는 표현이다. 이들은 태생적으로 제3의 성間性으로 태어난 자일 수도, 사고 등으로 후천적 성기 불구가 된 경우일 수도 있어 확신하기는 어렵다. 그런데 뜻밖에도 예수님도 제3의 성을 의심할만한 사람을 말씀하신다. 예수님은 결혼할 수 없는 남자의 두 경우로 '사람이 만든 고자' 외에 '어머니의 태로부터 된 고자'마 19:12를 언급한다. 이것이 간성으로 태어난 것에 대한 언급이 아닌지 연구해 볼 가치가 있다. 물론 이 정도의 언급만으로는 정확히 할 수 없다.

그러나 남녀 양성으로 구분 지을 수 없는 사람이 있다고 해서, 제3, 제4,… 등 제한 없이 불려야 하는 것은 아니다. 성뿐 아니라 모든 것에는 특이성 개체가 존재한다. 그렇다고, 그것이 발견될 때마다 새로운 분류기준을 만들 수는 없다. 무지개를 생각해도 그렇다. 우리는 무지개 색깔이 7가지가 넘는다는 것을 안다. 그렇다고 '무지개는 일곱 색깔'이라고 말한다고 문제 될 게 없다. 그것은 얼마든지 사회적 합의와 약속의 문제다. "인간이 동물과 공유하는 것은 성으로 구별되는 몸sexed body • 남성 혹은 여성에 속하는 지울 수 없는 표지를 가지고 있는 몸 • 이다. 사실, 그 표지가 섞여 있는 경우도 있다. 그러나 그런 모호성은 규칙을 증명하는 예외라고 말할 수 있을 뿐이다. 남성과 여성의 성 정체성은 성으로 구별되는 그들의 몸이 지닌 구체성을 근거로 삼는다."『배제와 포용』, 모르슬라브 볼프, 박세혁 옮김, 2012년, 274쪽

한 사람에 대한 가장 큰 멸시는 폭력, 괴롭힘 이전에 존재를 무시하는 것이다. '투명인간'이라는 말처럼 일본 사람 앞에서 일본 사람을 욕하거나 흑인이 있는데도 흑인을 비하하는 것은 존재 무시, 인격모독이다. 그러나 지금껏 동성애자는 사회에서 그런 취급을 받아왔다. 일단 존재 자체를 인정하면 문제 해결은 그만큼 수월해진다. 인간의 지식은 여전히 부족하기 한이 없으며 시간이 지남에 따라 새롭게 밝혀지는 것이 많다. 물론 성경에 대한 이해까지 포함해서 말이다. 그동안 우리에게 필요한 것은 사랑과 겸손, 이해를 위한 노력이다. "… 지식은 교만하게 하며 사랑은 덕을 세우나니 만일 누구든지 무엇을 아는 줄로 생각하면 아직도 마땅히 알 것을 알지 못하는 것이요"고전 8:1~2 그러므로 마땅히 존재에 대한 인정으로부터 시작해야 한다.

9.5. 동성애와 차별금지법

차별금지법의 의미와 내용

차별금지법은 아직 확정되지 않은 입법 준비 단계다. 오랫동안 제안되고 여러 해에 걸쳐 입법 예고되었지만, 반대에 부딪혀 번번이 문턱을 넘지 못했

다. 2016년 2월 국가인권위원회는 인권위원회법 제2조항을 개정하면서 27개 차별금지대상을 제시했다. 『평등권 침해행위란 '합리적인 이유 없이' 성별, 종교, 장애, 나이, 사회적 신분, 출신 지역, 출신 국가, 출신 민족, 용모 등 신체조건, 혼인 여부, 임신 또는 출산, 가족 형태 또는 가족 상황, 인종, 피부색, 사상 또는 정치적 의견, 형의 효력이 실효된 전과, 성적性的 지향, 학력, 병력 등을 이유로 한 다음 각 목의 어느 하나에 해당하는 행위를 말한다.』

우선 기억할 것은 차별금지법이 성적 차별만을 대상으로 하는 것이 아니다. 사회 전반에 걸쳐 일어날 수 있는 다양한 차별 문제를 다루고 있다. 그래서 본명은 포괄적 차별금지법이다. 논란의 핵심은 위의 항목들 가운데 '성별'…'성적 지향'이라는 두 표현이 동성애를 죄라고 믿는 정당한 신념마저 침해하는 것 아니냐는 것이다. 어떤 부분에서는 맞고, 어떤 부분에서는 틀리다. 법에서 차별이라 말할 때 그것은 모호한 기분이나 감정, 느낌 같은 것으로 차별 여부를 다투는 게 아니다. 구체적 차별행위 기준이 명시되어 있다.국가인권위원회법 제2조 3항

① 고용과 관련하여 특정한 사람을 우대, 배제, 구별하거나 불리하게 대우하는 행위

② 재화, 용역, 교통수단, 상업시설, 토지, 주거시설의 공급이나 이용에 관련하여 특정한 사람을 우대, 배제, 구별하거나 불리하게 대우하는 행위

③ 교육 시설이나 직업훈련기관에서의 교육, 훈련이나 그 이용과 관련하여 특정한 사람을 우대, 배제, 구별하거나 불리하게 대우하는 행위

④ 성희롱 행위

법안 내용을 따지기 전에 차별금지법이 있다는 사실만으로 기독교의 자유

로운 소신을 움츠리게 만들지 않겠냐는 우려가 있다. 그것은 맞다. 세속사회에서 우리의 신앙적 소신은 사회제도 및 상식의 제한을 받기 때문이다. 가령 우리는 소신껏 거리와 대중교통에서 큰 목소리로 전도하기 원해도 이를 허용하지 않는 법의 제한을 받는다. 차별금지법의 제정 취지도 그와 같다. 그러나 반면 헌법은 종교와 양심의 자유를 엄격히 존중한다. 차별금지법만으로 우리나라에서 가장 영향력이 큰 개신교의 신앙 양심이 일방적으로 침해받지는 않을 것이다.

억측과 왜곡을 조심하라.

위의 27개 차별금지대상과 차별행위 기준에 이의를 달기는 어려울 것이다. 단순한 예를 하나 들어보자. A는 B를 여러 가지 이유로 '저놈은 상종할 수 없는 인간말종'이라고 믿고 있다 하자. 그런데 하필 A가 인사권자인 회사에 B가 응시했고 모든 면에서 합격점을 받았음에도 A가 인간말종이라고 믿는다는 이유로 B를 불합격처리 했다. 그렇다면 B는 당연히 위에 적은 인권위법 차별금지 ①번 항에 저촉 여부를 제소할 수 있다. 그때 A가 B를 거부한 '상종할 수 없는 인간말종'이라는 판단이 과연 사회적으로 용인 가능한 '합리적 이유'인지를 다투게 된다. 억지스러운 예이지만, 원리는 이렇다.

그러나 우리 현실은 이런 엉터리 같은 개인 판단이 아니다. 많은 교회, 다수 그리스도인은 동성애는 죄라고 믿으며, 이를 설교나 교육을 통해 가르치고 배울 수 있다. 신자가 자신의 교리나 양심에 따라 동성애를 죄로 설교하고, 믿고 배우는 것은 종교기관의 존립 목적이기 때문이다. 이는 차별금지법에 절대 저촉받지 않는 '합리적인 이유'다. 심지어 동성애 합법화와 차별금지법 제정을 위해 일하는 한채윤 한국성적소수자문화인권센터 활동가도 이를

확인했다. '목사님은 경찰에 안 잡혀가요', 한겨레신문 2021년 4월 22일자

　그러나 같은 종교적 신념이라 해도 거리나 공공장소에서 드러내 놓고 욕하거나, 물건을 팔지 않거나, 버스에 못타게 했다면, 그건 누구도 '합리적 사유'로 보기 어려울 것이다. 세속사회에서 우리 믿음의 신념과 고백은 공공질서 및 일반상식에 분명히 제한받게 되어 있다. 그것에 저촉되어 처벌을 받는다면 종교를 탄압한다고 말해서는 안 된다.

　그러나 사람은 일단 반대하기로 마음을 먹으면, 현실 상황에서 거의 벌어지지 않는 극단적이고, 엉터리 같은 가정을 만들어 공포심을 자극한다. 마치 부활이 없다는 것을 주장하기 위해 칠 형제와 빠짐없이 결혼하게 된 어떤 여자의 이야기를 창작해 낸 사두개인들처럼 말이다.[막 12:18~23] 차별금지법이 통과되면 엄연한 남자인데도 자신의 정체성이 여자라고 우기며 여탕에 들어가도 막을 수 없다는 말도 떠돈다. 정말로 그런 일이 일어날 수 있다고 믿고 만든 것인지 묻고 싶다. 그런 일은 생기지도 않겠지만, 혹시라도 그럴 가능성을 막기 위해서라도 차별금지법을 '잘' 만들면 된다.

　오죽하면 반동성애 운동에 앞장선 이정훈 교수엘 정책연구원 원장조차 기본적 사실조차 확인하지 않고 만들어 낸 가짜뉴스로 인해 운동 전체가 폄하된다고 답답해한다. "예를 들면, 첫째로 영상 속에서 사회를 보시는 목사님이 우리 쪽 전문가에게 '이 법이 통과되면 게이 커플이 와서 주례해 달라고 부탁했을 때 거절하면 처벌받느냐' 이렇게 질문했는데, 우리 쪽 패널이 '처벌된다'고 답했다. 그런데 처벌되지 않는다. … 그리고 해외 사례와 국내 사례를 구분하지 않고 막 던지듯이 이야기하면 큰일 난다. … '나는 동성애 반대야' 이런 식으로 표현하면 처벌된다는 그런 말이 막 난무한다. … '처벌'이라는 말을 함부로 쓰면 안 된다." 이정훈 교수가 말하는, 차별금지법의 진짜 문제와 가짜뉴스, 크리스천투

데이, 송경호 기자, 2020.07.22.

또 차별금지법은 형법이 아니라 국가인권위원회법이다. 이것을 위반했다고 바로 경찰에 체포되거나 교도소에 들어가는 게 아니다. 위반의 진정을 받으면 인권위의 조사를 거쳐 사실이라면 시정을 권고받게 된다. 물론 그래도 불복할 경우는 고발될 수 있다. 자기 믿음과 양심에 따라 동성애도, 차별금지법도 반대할 수 있다. 그러나 사실과 원칙에 따라 바로 해야 한다.

차별금지와 우려를 함께 담은 법을 먼저 제안하라.

이분법의 위험은 동성애 문제에도 그대로 드러난다. 동성애 문제는 '말씀이냐, 인권이냐' 중 하나를 선택해야 하는 일이 아니다. 형무소에도 인권이 있듯이 죄에 대한 책망에도 정도가 있다. "사십까지는 때리려니와 그것을 넘겨지는 못할지니 만일 그것을 넘겨 매를 지나치게 때리면 네가 네 형제를 경히 여기는 것이 될까 하노라."신 25:3 자식 사랑의 이름으로 자행되던 무자비한 가정폭력이 엄격히 제한되는 것도 그런 까닭이다. 하나님의 말씀을 담은 성경이 인권을 반대한다는 것은 상상할 수도 없다. 사람 존중인권은 하나님의 가장 큰 계명 중 하나이기 때문이다. 반대로 인권과 차별의 중요성이 말씀의 확인을 건너뛰어도 좋게 만드는 건 아니다. 말씀과 인권은 서로 배제하는 적이 아니다.

포괄적 차별금지법은 필요하다.

우선, 우리 사회 자체가 예전과 비교할 수 없을 만큼 다문화, 다원화되었다. 엄청나게 다른 생각, 신념, 풍습을 가진 사람과 집단 사이에서 발생하는 몰이해와 반감은 쉽게 배제, 차별, 증오의 말과 행동, 제도를 만들어낸다. 그것은 보통 다수^{강자}가 소수^{약자}를 향해 일어난다.

내가 진리를 확신한다고 해서 다원화된 세속사회에서 내 신념대로만 행해도 좋은 것은 아니다. 그리스도인의 신념과 표현도 다원화된 사회에서는 제한받는 게 옳다. 그래도 자신의 신앙적 신념이 더 중요하다면 그로 인한 사회제재와 공적 처벌을 달게 여기면 된다. 예전에 나는 나의 신앙과 사회적 양심에 따라 집회에 참여하여 여러 번 처벌을 받았다. 그때 밝힌 소신은 여전히 정당하다고 생각한다. 그러나 실정법 위반으로 처벌을 받은 것도 부당하다고 생각하지 않는다. 공권력은 그런 것이다. 동성애자에 대한 신앙과 표현의 자유도 공적 제한이 있어야 한다.

충돌하는 지점을 파악하여 잘 만들어야 한다.

차별금지법을 우려하는 부분이 있다. 역시 법의 과도함에 대한 우려다. 그동안 소수와 약자가 받아온 차별, 피해를 없애기 위해 이 법이 필요하지만, 그게 다수의 일반적인 상식과 판단을 지나치게 속박하지 않도록 조심해야 한다. 어떤 것들이 논란이 될 수 있을까?

우선 교리와 신조를 설립과 운영의 목적으로 삼는 종교기관이나 신학교에서의 채용과 입학 등에는 그에 합당한 선별기준을 존중해야 한다. 기독교인이 스님 될 수 없는 건 차별이 아니다. 그러나 사찰에 딸린 매점에 알바가 기독교인이라고 해고를 당한다면 차별 여부를 따질 수 있다. 이처럼 사안에 따라 분별과 조절이 필요하다. 또 군대나 교도소 등 일반사회와 다른 규범이 존재하는 곳에서의 운용은 더 조심할 게 많다. 그런 곳은 엄격한 상하 관계나 명령, 규율이 크게 작용하고 같은 성이 함께 생활하기 때문에 합법적인 강간에 쉽게 노출될 수 있다. 위력에 의한 강간이 일어나기 가장 쉬운 곳이 군대와 형무소다.

그러므로 이런 사항을 잘 참작하여 법을 '잘' 만들어야 한다. '잘'의 기준이 무엇일까? 법 제정의 취지가 부당한 차별의 금지이니 그 취지가 우선이다. 그러나 명백한 사실 왜곡이나 비난, 증오와 차별이 아닌, 사실에 근거한 객관적이고, 일반적인 우려나 의견표명은 존중해야 한다. 무엇보다 법은 만능이 아니다. 그리고 법은 절대 허용할 수 없는 하한선을 기준으로 만들어져야지, 생각나는 모든 상황과 가능성까지 다 담은 최대치여서는 안 된다. 부족한 것은 제도와 의식으로 계속 보완하고, 우선 제정, 시행 후 다시 개정하는 방식이 바람직하다.

최근 붉어진 교권 침해에 대한 사례가 좋은 참고가 될 것 같다. 불과 몇십년 전만 해도 '교권 침해'라는 말은 마치 '둥근 네모'처럼 있을 수 없는 말이었다. 이유가 있든 없든, 무조건 그것도 많이 때리고 혼내고 벌세울 수 있던 교사에게 교권 침해사례 같은 건 있을 수 없었다. 그러나 우리 사회의 민주화와 인권 의식 상승에 따라 드디어 학생 인권의 개념이 도입되었다. 너무 정당하다. 그러나 부당한 교권에 대한 반발로 법과 제도가 만들어지다 보니 반대로 교사의 재량이 침해되고 교육 '공무원' 이전에 '스승선생님'으로서의 자리가 사라진 것이다. 교과목의 반복 이외에 아무것도 할 수 없다면 그는 선생님이기 힘들다. 이처럼 교권과 학생 인권은 선택의 문제가 아니라 조화와 개선의 과제다. 종교신앙와 사회상식도 어느 하나는 옳고 다른 것은 틀린, 선택의 문제가 아니라 상호 이해를 통해 제도를 만들고, 꾸준히 개선해 나가야 할 파트너다.

그렇다면 한국교회는 이제 동성애를 비난하고 차별금지법을 매도하기보다 더 공정하고, 객관적인 기준을 담은 좋은 법을 만드는 데 힘써야 한다. 기준은 두 가지다. 소수자약자의 보호 우선, 다수와 교계의 우려 존중이다. 그러나 지금 주류 기독교계의 태도는 어리석고 안타깝다.

차별금지법 어떻게 될까? 그리 멀지 않은 장래에 결국 제정될 것이다. 그렇게 되면 한국교회는 어떤 생산적 도움도 주지 못한 채 대세에 밀려 슬그머니 물러나든지, 위헌소송 등 미련을 남기겠지만 냉소만 커질 것이다.

앞서도 종교신앙와 사회상식가 충돌하는 지점마다 한국교회는 거듭 어리석은 선택을 해왔다. 국민 대부분이 당연한 상식으로 여기던 종교인에 대한 과세를 두고 다수 한국교회는 오랫동안 반발해 왔다. '목회자는 노동자가 아니다.' '목회는 영리 행위가 아니다.' '목회자 소득을 신고하면 종교의 자유가 침해받을 수 있다.' 이런 이유들을 내세웠지만, 사회적으로는 납득이 되지 않았다. 결국 과세는 정착되었고, 몇 년이 지난 지금 한국교회도 잘 받아들이고 있다. 낯섦과 거부감만으로 논의 자체를 거부하는 게 얼마나 어리석은 일인지를 보여주는 좋은 사례다.

기독교인 중에는 믿음과 지성, 법적 전문성을 두루 갖춘 전문가들이 많다. 한국교회는 이들을 통해 '무엇이 차별과 혐오인지, 어떤 것이 자유며 구속인지, 함께 책임져야 할 과제는 무엇인지'와 같은 기본 이해를 바탕으로 좋은 규범을 만드는 데 참여해야 한다. 한국교회가 동성애뿐 아니라 우리 사회 전반에 뿌리내린 다양한 차별과 혐오를 개선하는 일에 기여한다면 얼마나 좋을까? 침묵하는 많은 기독교인이 바라는 바로 이와 다르지 않을 것이다.

차별금지법이 제정되면 동성애자가 늘어날 것이라는 우려도 있다. 과연 그럴까? 우리 자신만 들여다봐도 성적 정체성과 성적 지향이 기분에 따라 이리, 저리 옮겨가는 게 아님을 알 수 있다. 물론 당장은 그동안 숨었던 이들의 커밍아웃이 늘어나 갑자기 증가하는 것처럼 보일 수도 있다. 또, 일시적으로 동성애적 행동을 하는 사람이 늘어날 가능성도 있다. 그러나 비난받지 않는다고 해서 자기 성적 정체성과 다른 삶을 오래 살기란 불가능한 것이다.

이것도 비슷한 예가 있다. 양심적 병역거부자의 처벌과 양심적 병역거부 논란이다. 기독교계는 대체복무를 허용하면 군대 안 가려고 여호와의 증인으로 개종할 사람이 많을 것이라고 주장했다. 그러나 2021년부터 대체복무가 허용된 지금 여호와의 증인 신도가 증가했다는 추세는 전혀 확인되지 않는다. 양심적 병역거부라고 말만 한다고 덜컥 믿어 대체복무를 허용하는 게 아니기 때문이다. 결론적으로 한국교회는 차별금지법을 깊이 연구하여 좋은 의견을 만들고, 이를 바탕으로 법과 제도 마련에 참여하기를 바란다.

9.6. 동성애 논란, 무엇이 정말 중요한가?

동성애가 간음, 가정폭력, 사회정의보다 더 큰 죄일까?

처음에 밝혔듯이 나는 동성애가 아무 문제 없다고 생각하지 않는다. 그러나 조금만 다른 생각을 가져도 신앙을 버리는 것같이 여기는 지금 분위기는 참 의아하다. 성경에는 동성애보다 더 분명하게, 또 일관되게 지적하는 사회적 죄들이 있다. 가장 우선적인 것은 힘 가진 권력의 압제와 횡포다. 부유한 자들의 자비 없는 독점과 냉담, 사치에 선지자들은 항상 하나님의 분노를 표출한다. "여호와께서 이와 같이 말씀하시되 이스라엘의 서너 가지 죄로 말미암아 내가 그 벌을 돌이키지 아니하리니 이는 그들이 은을 받고 의인을 팔며 신 한 켤레를 받고 가난한 자를 팔며 힘 없는 자의 머리를 티끌 먼지 속에 발로 밟고 연약한 자의 길을 굽게 하며 아버지와 아들이 한 젊은 여인에게 다녀서 내 거룩한 이름을 더럽히며 모든 제단 옆에서 전당 잡은 옷 위에 누우며 그들의 신전에서 벌금으로 얻은 포도주를 마심이니라." 암 2:6~8

지금으로 보자면 부동산 투기와 불로소득의 특혜 또한 자주 지적된다. "가옥에 가옥을 이으며 전토에 전토를 더하여 빈 틈이 없도록 하고 이 땅 가운데에서 홀로 거주하려 하는 자들은 화 있을진저."사 5:8 이미 살펴봤듯이, 이주자와 거류민 같은 나그네를 돌보지 않는 냉담함도 늘 성경의 비판대상이었다.

　구약의 일관된 말씀에 따라 예수님도 권력자들로마, 헤롯 왕국, 위선적 종교지도자들사두개인, 바리새인과 서기관, 약자를 돌보지 않던 부자들에 대해서 심한 분노를 드러내셨다. 반면 고단한 생활고에 찌들어 하루하루 연명하다가 때로 율법을 못 지킨 땅의 백성들은 불쌍히 여기셨다. "예수께서 모든 도시와 마을에 두루 다니사 그들의 회당에서 가르치시며 천국 복음을 전파하시며 모든 병과 모든 약한 것을 고치시니라. 무리를 보시고 불쌍히 여기시니 이는 그들이 목자 없는 양과 같이 고생하며 기진함이라."마 9:35~36 "예수께서 성전에 들어가 가르치실새 대제사장들과 백성의 장로들이 나아와 … 내가 진실로 너희에게 이르노니 세리들과 창녀들이 너희보다 먼저 하나님의 나라에 들어가리라."마 21:23, 31

　미국의 복음주의 운동가 짐 월리스는 성경의 주된 관심과 너무 다른 우리 관심을 이렇게 꼬집었다. "먼저 우리는 부와 빈곤이라는 주제에 관한 성경의 가르침이 상당히 많다는 것에 큰 인상을 받았다. … 심지어 이 주제가 구약에서 우상숭배에 이어 둘째로 가장 빈번하게 발견된다고 주장한다. … 우리는 신약에서 이 주제에 관한 직접적인 가르침을 담은 절을 500개 이상 발견했다. 열여섯 절마다 한개 꼴로 있는 셈이다. … 예수께서는 다른 대부분의 주제, 즉 천국과 지옥, 성적 도덕, 율법, 폭력 같은 것들보다 부와 빈곤에 대해 많이 말씀하셨다. … 우리는 왜 우리가 교회에서 자라날 때 이러한 주제들이

거의 완벽하게 무시될 수 있었는지를 의아해하기 시작했다." 『회심』, 짐 월리스, 정
모세 옮김, IVP, 2008년, 100쪽

또 동성애가 창조 질서와 가정의 건강성을 무너뜨리는 주범이라고도 한다.
과연 그럴까? 한국 사회에서 외도나 간통은 동성애와 비교할 수 없을 만큼 많
다. 그리스도인도 크게 다르지 않다. 그러나 한국교회가 이에 대한 깊은 참회
와 개선의 노력을 기울인다는 말을 들어본 적이 없다. 그저 불미스러운 가정
사로 쉬쉬할 뿐이다. 2015년 간통죄를 폐지했을 때도 한국교회는 동성애 문
제처럼 심각하게 여기지 않았다. 또, 이혼의 많은 원인인 가정폭력을 없애고,
힘겨운 결혼의 파경을 극복하기 위해 한국교회는 얼마나 애끓는 노력을 기울
여 보았나?

왜 그럴까? 목회자, 성도 가릴 것 없이 우리 자신과 관계된 것이기 때문일
것이다. 약함에 빠진 성도를 배려하는 목회적 태도라고 말한다. 좋다. 그런데
이보다 성경의 언급도 적고, 훨씬 제한적인 동성애에 대해서만은 왜 이렇게
집요한 관심을 쏟을까? 혹시 만만해서 그러는 건 아닐까? 직접 만나보기도
힘든 동성애자가 정말 한국 사회를 타락시키고, 한국 가정을 깨는 주범인가?
혹시 예수님 말씀처럼 하루살이는 걸러 내고 낙타는 삼키는 모습은 아닌가?
마 23:24

동성 결혼보다 이혼이 가정과 자녀들에게 더 큰 위협이 된다면 왜 많은 종교적
보수주의자들에게 동성 결혼보다 이혼이 더 용납하기 쉬운 것이 되고 있는가?
아마도 그 이유는 대부분의 종교인들이 이혼한 사람들과 친밀한 관계를 갖고
있지만 동성애자들에 대해서는 잘 모른다고 생각하기 때문일 것이다. 하지만
우리 모두는 예수께서 동성애보다 이혼에 대해 훨씬 더 많이 말씀하셨다는 사

실을 잘 알고 있다. … 결혼과 가족의 건강과 안정을 위한 싸움에서 동성 결혼
이 일차적 싸움터가 되어선 안 된다. 『그리스도인이 세상을 바꾸는 7가지 방법』, 짐 월리스,
배덕만 옮김, 살림, 2009년, 342, 343쪽

동성애의 문제를 말할 수 있다. 그러나 그것이 가장 중요한 사회 현안이거
나 시급한 복음 사역은 아니다. 유명 목사들마저 달려 나가 피켓을 들어야 할
만큼 중대하고, 시급한 사역이 결코 아니다. 우리는 지금 어느 죄가 더 크냐,
무슨 죄가 가장 나쁘냐를 찾으려는 게 아니다. 죄는 확인되어야 하고 때로 처
벌되어야 한다. 그러나 죄의 해결은 반드시 정죄와 처벌 그 이상이어야 한다.
우리는 지금 그걸 잊고 있다.

사랑이 죽음을 몰고 온다면 그게 사랑일까?

동성애 반대의 피켓을 높이 든 이들은 말한다. '미워하는 게 아니라, 사랑
해서 그렇다.' 그 말을 믿고 싶다. 그러나 사랑을 통한 변화는 상대가 그것을
사랑이라고 믿을 때 효과가 있다. 부모는 자녀를 훈계할 때 매를 대기도 한
다. 그런데 참으로 부모 자식 관계를 맺어왔다면 야단 받고 회초리 맞았다고
집을 나가는 자식은 없다. 그러나 거리에서 만난 낯선 아저씨가 너 잘되라고
그런다며 뺨을 때린다면 바로 신고할 것이다. 교회는 동성애자를 집 나간 자
식처럼 여길지 모르지만, 동성애자는 한국교회를 사랑하는 부모로 느끼지
않는 것 같다.

죄를 죄로 지적하는 것과 특정 부류의 사람을 지정하여 집요하고 반복적
으로 몰아세우는 것은 다른 일이다. '변태' '정신병자' '더러운 놈' '에이즈 유
포자' 같은 말들을 수십 년 반복적으로 듣고 살아간다면 강한 정신력을 갖고

있던 사람도 죽음의 충동을 느끼기 쉽다. 이것은 표현의 자유가 아니다. 유독 자신이 약한 부분만 반복적으로 지적되고, 환멸의 소리를 듣는다면 자존감은 땅에 떨어지고, 삶의 의욕은 점점 떨어질 것이다.

그러나 더 두려운 것이 있다. 한국 사회는 평시인 지금도 이념과 생각, 생활 방식의 차이만으로 미움과 갈등이 커지고 있다. 그런데 만약 내전이나 전쟁과 같은 극단적인 상황이 닥치면 평범한 사람의 이해와 관용도 쉽게 바닥나고, 힘든 현실에 대한 희생양을 찾게 된다. 평소에 쌓여왔던 차별과 배제의 습관은 살인과 학살로 표출되는 경우가 많다. 마음에 들지 않던 소수자는 손쉬운 먹잇감이 된다.

어찌 보면 히틀러는 도덕적이고 건강한 사회를 만들기 위한 청교도처럼 보였다. "우리들의 온갖 사회적 생활은 오늘날 성적 관념과 성에 대한 자극의 온실을 닮아 있다. … 이러한 관능을 자극하는 환경은 그와 같은 사물에 아직 아무런 이해도 가질 필요가 없는 나이 또래의 아이들에게 상상과 자극을 준다. … 연극·예술·문학…광고·쇼 윈도는 부패하고 있는 세상의 제 현상에 의한 더러움이 씻겨지고 윤리적이고 정치 및 문화의 이념에 봉사하는 것이 되어야만 한다." 『나의 투쟁』 상, 아돌프 히틀러, 서석연 옮김, 범우사, 2001년, 364, 365쪽 그러나 그에게 유대인, 집시, 장애인, 동성애자, 공산주의자는 사람이 아니라 쓰레기였다. '개인적으로는 겸손하고 소탈하고 검소했던 그를 만난 많은 사람들의 증언이다 그는 주님을 죽인 유대인, 무신론적 공산주의자, 더러운 동성애자와 집시까지 없앰으로써 순수하고 깨끗한 세상을 만들려고 했다. 본회퍼나 칼 바르트 같은 별종들을 제외한 독일교회와 많은 독일인은 그에게 환호했다.

1936년 10월에는…'동성애 및 낙태 퇴치 본부'가 설치되었다. 독일 경찰총감

하인리히 히믈러는 모든 형태의 동성애, 복장전환, 낙태, 낙태 의료인, 낙태 및 피임 도구의 제조와 판매, 인구증가에 대한 반대를 업무영역에 포함시켰다. … 독일의 사회학자 뤼디거 라우트만은 … 나치수용소 7개 문서철을 분석하여 나치 수용소에 수감된 동성애자가 대략 1만 명에서 1만 5,000명 사이었다는 결론에 도달했다. 그들 대부분은 그곳에서 죽음을 맞이했다.앞의 책, 허호익, 127 쪽, 128쪽 참조

그러나 멀리 독일까지 갈 것도 없다. 한국전쟁 때 전선의 군인 희생자들보다 후방의 마을, 집, 상점, 거리에서 미제의 앞잡이나 반동 그리고 빨갱이의 의심만으로도 가족 몰살, 집단학살이 얼마든지 가능했다. 결코 과장이 아니다. 지금도 약자와 소수자, 이방인이 외면받고 생전 본 적도 없는 무고한 사람이 여자라는 이유로 맞아 죽는 일들이 21세기 대한민국에서 버젓이 벌어지고 있다. 하나님의 말씀은 단지 텍스트가 아니라 분명히 삶으로 표시된다. 하나님을 향한 그 어떤 뜨거운 열망도 다른 사람을, 민족을, 종교를 원수 삼아 없애라는 주장으로 이어진다면 그것은 최고의 이단이다.

기성세대에 비해 젊은 세대는 동성애와 차별금지법에 더 관대하다. 그것은 젊은 세대가 동성애를 지지해서가 아니다. 젊은 세대는 언제나 권위와 전통을 앞세워 일방적인 결론으로 몰아가는 태도에 거부감이 크다. 그런데 동성애자와 약자를 대하는 한국교회와 기성세대의 태도에서 기성세대에게 외면된 자신을 보고 있기 때문이다. 이러다가 동성애자도, 젊은 세대도 잃어버리게 되지 않을까 염려스럽다. 예수님은 세리와 죄인을 죄 없다 하신 적이 없었다. 그러나 그들은 항상 주님을 따르기 좋아했고, 그분 곁에 있고 싶어 했다. 그렇다면, 이제라도 생각과 믿음이 다를지라도, 엄연한 하나님의 작품이요

존엄한 한 인격으로서 더 성숙한 공존의 길을 찾지 못할 이유가 없지 않을까?

그러나, 금욕이 이상이 아니듯, 욕망의 자유가 목표는 아니다.

모든 욕망을 죄악시하고 금지하였던 시대가 있었다. 국가와 민족, 이념이데올로기, 종교 이름의 커다란 깃발 아래 모든 국민신자을 오직 한 가지 방향으로 몰아댔다. 개인의 생활과 행복, 자유는 사소하거나 불필요하고 때론 죄악시되기도 했다. 21세기는 포스트모더니즘과 함께 이를 뒤집었다. 이제는 '누구 눈치 볼 필요도 없이 무엇을 해도 좋다.' '내가 좋으면 옳은 것이다.'가 시대정신처럼 되었다. 대의를 빌미로 지나친 속박과 희생을 강요한 데 대한 반발로 개인의 자유와 권리, 욕망을 긍정하게 된 것은 자연스럽다.

그런데 자본주의는 세상 무엇이든 상품으로 만들어 팔아야 작동되는 시스템이다. 그리고 상품을 만들어내려면 잠재된 사람의 욕망을 끊임없이 자극하는 게 최고다. 그중에 성性적 욕망은 모든 사람에게 있기에 보편적이고, 사랑의 이름으로 미화될 수 있어서 불황이 없는 최고의 상품이다. 온갖 성 관련 사업은 항상 번창하고, 새롭게 발전한다. 현대 사회에서 성性, sex은 서로 좋으면 어떻게 해도 좋은 아름다운 일로 미화되곤 한다.

그러나 성에 인격이 빠지고 금도를 넘어설 때, 그것만큼 한 인격을 훼손하며 권력과 자본의 탐욕에 휘둘리기 쉬운 것도 없다. 성은 모두에게, 언제나 좋은 게 아니라 남용될수록 약자에게 일방적으로 더 큰 피해를 주는 기울어진 운동장이다. 그래서 사회와 가정 붕괴는 많은 경우 성적 무절제와 욕망의 탐닉과 관련된다. 가나안, 소돔을 따르지 말라고 엄히 경고한 것도 성적 방종과 무절제를 배경으로 하고 있다. 성sex과 그로 인한 즐거움은 분명히 하나님이 주신 복된 만족이며 참된 사랑을 더욱 깊게 만든다. 성이 오직 출산에만 관계

된다는 이해는 하나님의 창조 질서를 크게 왜곡한 것이다.

그러나 사랑과 절제가 빠져 버리면 성은 사람을 무분별하고, 맹목적이게 만든다. 육체에 대한 지배와 탐닉, 폭력과 숭배로 이어져 극단에 치닫게 된다. 상대가 내 쾌락과 만족을 위한 대상으로 전락할 때 폭력과 성적 집착은 아주 자연스럽다. 자신의 성적 욕망을 위해 거리나 공원에서 사람을 납치해 강간하려는 사건이 거듭 일어나는 것도 그 때문이다. 그것이 사사기의 교훈이며 소돔의 몰락이 주는 경고이기도 하다. 동성애냐 아니냐는 그 뒤의 문제다. 동성애에 대한 옹호가 성적 집착과 탐닉을 정당화하는 열린문이 되지 않도록 주의할 필요가 있다. 차별금지법은 욕망하는 모든 것을 얻을 수 있는 창구이면 안 된다.

미셸 푸코는 체제와 제도가 주는 억압과 광기를 폭로하고 바로 잡는 노력에 힘쓴 프랑스의 대표적 철학자다. 그는 자신도 동성애자임을 밝혔고 동성애에 대한 사회의 다양한 판단들이 광기의 한 형태임을 주장했다. 그런데 동료 철학자 기 소르망은 2021년 더 선데이 타임스와의 인터뷰에서 1960년대 푸코가 10살 미만 소년들과 성매매를 했다고 밝혔다. 실제 푸코는 1977년 13세 이상 아동과 성관계 합법화 운동을 벌였고, 1984년에는 에이즈로 사망했다. 한국일보 2021. 3월 31일 자

차별금지와 함께 벌써부터 동성 결혼 합법화와 기존 가정 제도의 철폐도 제기된다. 그러나 혐오와 차별을 없애려는 것과 양성을 기본으로 하는 결혼의 성격을 아예 바꾸는 것은 다른 문제다. 건강사회단체전국협의회가 한국갤럽조사연구소에 의뢰한 설문 조사에 따르면 동성애자 사이의 동거를 법적 가족으로 인정하는 것에 대해 찬성은 29.2%, 반대 의견은 2배가 넘는 62.8%였다. "동성결합 법적 가족 인정" 국민 63% 반대, 백상현 기자, 국민일보, 2021년 8월 23일 자 참조

그렇다면 결혼이 아니어도 커플로서 차별 없이 혜택을 공유하도록 노력하는 방안을 찾아보자. 이성애에 기초한 결혼 개념을 지키는 게 그토록 중요한가? 물론이다. 한번 결혼의 의미를 넓히면 결혼으로 해석하고 싶은 범위까지 무한으로 넓어질 가능성이 있기 때문이다. 원하는 대로 결혼을 넓힌다면, 여러 사람과 결혼하는 다부다처제多夫多妻制나 10대와도 서로 사랑한다면 결혼할 수 있지 않을까?

9.7. 동성애 논란의 결론, 로마서에 다 있다.

앞서 성경에서 다루는 동성애를 살펴보았고, 그중 로마서 1장이 매우 중요한 본문임을 확인했다. 그러나 동성애 관련 구절이 나타나는 것은 1장뿐이지만, 1장의 바른 해석을 위해서는 더 넓은 범위의 이해가 필요하다. 왜 그런가? 지금 우리에게 필요한 과제는 단지 동성애자를 어떻게 볼 것인가만이 아니다. 그들을 어떻게 대할 것이며, 또 누군가를 판단하고 평가하는 우리는 과연 누구인가를 함께 살펴야 하기 때문이다.

하나님이 없다면 우리는 무엇이든 가능하다.(1장)

하나님을 인정하지 않는다면 사람은 두 가지 방향으로 탈선하게 된다. 우선, 하나님의 자리에 하나님 대신 온갖 피조물을 놓고 섬긴다.21~25절 다른 종교만 아니라 돈, 권력, 명예 등 무엇이든 가능하다. 그러나 하나님 없는 세계는 거기서 멈추지 않는다. 사람이 하나님을 두려워하지 않으면 세상에 두려울 게 없기 때문에 비인간적 범죄들로 넘쳐나게 된다.29~31절 성적 탐닉도 거기 포함하는데 바울은 동성애를 한 예로 들고 있다.26~27절 그 끝은 그게 죄인 줄 알면서도 인정하지 않을 뿐 아니라, 오히려 두둔하고 다른 이에게도 권하는 것이다.32절 하나님이 없는 게 모든 세계와 인생 실패의 근원이다.

그러나 너희는 동성애자가 아니라서 의로운가?(2~3장)

그러나 로마서의 교훈은 1장을 넘어선다. 바울은 이미 하나님을 두려워하지 않으면 사람이 얼마나 무분별할 수 있을지 고발했다.1:18~32 이 말을 들을 때 할례와 율법을 붙들고 지금껏 의롭다고 자부하던 유대인도덕주의자은 틀림없이 씩 웃었을 것이다. '그럼, 그렇지. 하나님도 모르고, 말씀도 율법도 없이 본능대로 살아온 것들이 오죽하겠어?' 혹시 동성애자를 보며 깔보고 정죄하던 우리 그리스도인의 모습은 아닌가?

이렇게 우쭐대며 비웃는 소리를 듣기라도 한 것처럼 바울은 이번에는 유대인과 도덕주의자를 향한 고발을 쏟아놓는다.2:1~3:8 그들은 말씀과 선행을 다 독점한 듯이 자랑스러워했다. 그러나 어느새 구원이 자기 의로움에 있지 않고 부단히 자기를 죽여 주님의 뜻대로 살아가는 은혜의 삶에 있음을 망각했다. 그런 제 모습이 안 보이니 남들을 지적한 그 잘못이 자신에게도 똑같이 있는 것도 깨닫지 못한다. 차이가 있다면 한편은 죄를 죄인 줄 몰라 노골적으로 행하는 사람이고이방인, 다른 편은 은밀하게 숨겨서 몰래 하는 사람이다.유대인 "유대인이라 불리는 네가 율법을 의지하며 하나님을 자랑하며…지극히 선한 것을 분간하며 맹인의 길을 인도하는 자요, 어둠에 있는 자의 빛이요…어리석은 자의 교사요, 어린아이의 선생이라고 스스로 믿으니, 그러면 다른 사람을 가르치는 네가…도둑질하지 말라 선포하는 네가…간음하지 말라 말하는 네가…우상을 가증히 여기는 네가…율법을 자랑하는 네가…하나님을 욕되게 하느냐"2:17~23 그런 면에서 유대인이든 헬라인이든, 아무런 차이가 없다.3:9~12

그리스도인은 말씀을 근거로 동성애에 대한 비판과 우려를 표현할 수 있다. 그러나 정당한 비판을 넘어 너무 지나치다. 더구나 자신이 동성애자가 아니라는 것만으로 의로운 것 같다. 마치 '동성애 • 지옥, 이성애 • 천당', '오직 의인은 이성애로 말미암아 살리라.'를 믿는 것 같은 착각도 일으킨다. 술, 담배를 하는지로 '독실한 기독교인인지'를 평가하는 잣대처럼 삼았던 예전 기억이 떠오른다. 그러나 우리의 구원과 의로움은 그것이 술, 담배이든 동성애든, 무엇을 하거나 하지 않는 규칙을 지킴으로 획득하는 게 아니다.

사람은 일단 자기 구원을 자신하다 보면 어느새 남다른 자격과 괜찮은 공로로 스스로 구원을 얻은 것처럼 착각한다. 나아가 자신만 못한 다른 사람들과 끊임없이 비교하며 정죄하고 '자기의 더 나음'을 확신하기 쉽다. 물론 먼저 믿은 사람그리스도인의 중요한 역할은 분명 있다. "그런즉 유대인의 나음이 무엇이며 할례의 유익이 무엇이냐? 범사에 많으니 우선은 그들이 하나님의 말씀을 맡았음이니라."롬 3:1~2 만인에게 전해야 할 하나님의 말씀을 먼저 받았다는 사실은 큰 은혜다.

그러나 그리스도인이든 아니든, 벌거벗은 한 인간으로서의 모습은 모두 같다. "그러면 어떠하냐 우리는 나으냐 결코 아니라 유대인이나 헬라인이나 다 죄 아래에 있다고 우리가 이미 선언하였느니라."롬 3:9 그래서 길은 오직 하나뿐이다. "곧 예수 그리스도를 믿음으로 말미암아 모든 믿는 자에게 미치는 하나님의 의니 차별이 없느니라. 모든 사람이 죄를 범하였으매 하나님의 영광에 이르지 못하더니 그리스도 예수 안에 있는 속량으로 말미암아 하나님의 은혜로 값없이 의롭다 하심을 얻은 자 되었느니라."롬 3:22~24

나는 동성애 반대자를 위선자이고, 율법주의자라고 말하려는 게 결코 아니다. 그럴 리가 없다. 다만, 우리가 진심으로 죄의 본질을 함께 괴로워한다면 지금처럼 유독 동성애자를 따로 가려내어 지나치게 공격하고 몰아세우지는 못할 것이다. 소중한 우리 한국교회에 한 가지 제안을 하고 싶다. 동성애를 바라보는 우리의 시선과 입장을 바꿔보자. '동성애'를 사회적 쟁점이나 뉴스거리로 보기 전에 '사랑하는 내 가족형제, 자녀이 동성애자인데, 나는 어떻게 도울 수 있을까?' 하는 마음 말이다. 같은 내용이라도 동성애를 얼마든지 있을 수 있는 우리 일로 여긴다면 객관적 결론이 어떻든 훨씬 신중하고, 애정을 담아 함께 풀어보려고 할 것이다.

동성애에 대한 글을 로마서 이야기로 마무리하게 된 계기가 있었다. 30여 년 전 모 교회 청년부에서 함께 자랐던 후배들과의 단톡방에서 어쩌다가 동성애 얘기가 나왔다. 평소 우리가 이 문제를 가지고 생각해 왔던 모든 생각과 시선을 여과 없이 보여주는 기회가 되었다.

[A 집사] 하지만 정말 궁금한것은 술, 담배중독 등을 포함한 동성애자들의 구원 문제입니다. 물론 구원은 하나님의 절대적인 주권적이신 권한이라 우리가 뭐라 판단할 수 없는 영역이지만 여러분들의 생각은 어떠신지 정말 진지하게 묻고 싶습니다.

[B 집사] 동성애자는 절대 구원 안 된다고 어디 나와 있나요? 담배에 중독되었건, 끊었던, 구원은 하나님의 은혜요, 선물이므로 당연히 가능한 것 아닌가 합니다. 동성애자도 마찬가지구요..다른 죄나, 동성애죄나, 다 같은 죄 아닌가요? 그것을 특별히 갈라서 구원과 따로 엮어야할 이유는?

〈우리 중 누구도 입으로는 '동성애자는 구원 못 받는다.'는 말은 안 한다. 그러나 죄 중에서도 회개함으로 쉽게 용서받을만한 것과 결코 용서받지 못할 죄가 있다고 생각하는 것 같다. '독실한 신앙인'일수록 자신과 달라 도무지 용서받지 못할 죄인가 있다고 생각하는 경향이 많다. 한국교회와 신학계는 이에 대해 대답해야 한다. 대화는 자연스레 차별금지법으로 이어졌다.〉

[A 집사] 근데 미국은 차별금지법이 통과 되었잖아 현재 미국 상황은 어떤지 그곳에 살고 있는 사람의 입장에서는 어떤지 설명해 주었으면 좋겠는데, C야!

[C: 미국 거주 후배] 솔직히 저는 미국에 있는 기독교인 땜에 생활이 힘들지… 차별금지법 때문에 힘든 거 전혀 없습니다. 저는 차별금지법 찬성이에요. 저같은 마이너리티도 오히려 무시 안 당하고 보호를 받거든요.

죄의 문제를 말하려면 heterosexual이성애 문제가 homosexual호모 동성애문제보다 훨씬더 심각하지요. 교회가 그것에는 관심 안 갖고 소수자인 호모섹슈얼 문제에만 난리 치는 것도 오히려 의심스러워요. … 종교별 자살률 1위는 압도적으로 기독교가 제일 많아요. 숫자가 아니라 비율이 그니까 정말 심각한 문제는 다 간과하고 교회들이 이상한 문제만 자꾸 다루려는 게 저는 더 이상해요. 종교인구별 자살률은 정말 심각한 문제에요. 자살하면 지옥 간다 가르치는데 왜 더 많은 비율의 사람들이 자살을 할까요? 교회는 이것부터 다루어야 하지 않을까 싶은데… 교인들과 목사들은 우울증이나 정신적 어려움에 대해 너무나 무지하니 제가 아플 때 가장 고통을 더 해주는 집단이었어요.

그래서 동성애 모든 논란다른 모든 문제도의 결론을 다시 로마서에서 찾는다.

* 동성애는 죄 맞다.롬 1:26~27 특히 성경은 모든 성적 방종을 용납하지 않는다.

* 그러나 그건 동성애자 아닌 사람도 똑같다. 이성 부부, 그리스도인 가정도 성적 방종과 탐욕에 찌들어 있다. 오직 차별 없는 회개와 하나님의 구원이

필요하다.롬 2:1~3, 17~23

＊ 그러므로 하나님의 영광을 위하고 세상을 구하려면 교회와 그리스도인이 먼저 달라져야 한다.롬 2:24 제발 겸손과 긍휼을 잊지 말자.

〈참고한 도서 및 자료〉

• 동성애는 유전자 때문인가(공자그 드 라토크/웅진): 사회적 시각으로 동성애 옹호
• 예수·성경·동성애(잭 로저스/한국기독교연구소): 기독교적 시각으로 동성애 옹호
• 네 이웃을 네 몸과 같이(김근주/느헤미야): 동성애에 대한 신학적 분석
• 동성애는 죄인가(허호익/동연): 최대한 객관적으로 신학적, 사회적, 역사적 종합 서술
• 동성애 is(백상현/미래사): 기독교 시각으로 동성애 비판
• 레인보우 리턴즈(반동성애운동 유튜브 채널): 반동성애 주요논객들을 다수 참여
• 그 외 관련 성경주석, 논문, 기고문, 기사 등 다수 참조

10장. 결론: 십자가 사랑으로 소통하는 한국교회

제도에 대한 불신은 종교에도 분명히 존재한다. 인구센서스에 의하면 종교인 인구는 2004년 57%^{비종교인 43%}로 정점을 찍은 후 지속적으로 줄어들어 2017년 46.6%로 비종교인 인구^{53.4%}에 역전된 뒤 2023년에는 36.6%^{종교인} 대 63.4%^{비종교인}으로 격차가 더 벌어졌다. 게다가 신앙 여부와 상관없이 현대인들에게 교회에 대한 불신은 갈수록 커진다. 오죽하면 신자이지만 교회에는 출석하지 않는 '가나안 성도'가 웬만한 기독교 교단보다 클 정도가 되었다. 실제로 하나님을 진정으로 사랑하는 사람이라면 이제는 교회와 결별해야 한다는 말이 진지하게 나올 정도다.

나도 30년째 교회개혁운동에 몸담고 있는 사람으로서 자주 공감한다. 그러나 우리 주님이 교회를 포기하고, 버렸다는 말씀을 들은 적이 없다. 우리는 초대교회를 존중하지만 이상화하지는 말아야 한다. 우상숭배자, 맘몬주의자, 배교자는 어느 시대든 다 있었고, 앞으로도 있을 것이다. 그러나 그들의 존재가 주님이 세우신 하나님의 교회 자체를 없애거나 폐하지 못한다.^{마 16:18}

그래도 하나님 나라 복음 사역을 위해 하필 교회라는 방식을 선택하신 것에는 의문이 들 때가 있다. 하나님의 위대한 사역에 쓰기에 사람이 얼마나 믿을 수 없는 존재인지는 우리 자신만 봐도 알 수 있다. 그리스도인의 공동체라는 이름의 허울을 우리는 너무 많이 보지 않았는가? 사람보다 차라리 천사 같은 영적 존재나 번개나 폭풍 같은 자연현상을 통해 말씀하시는 게 낫지 않을까? 굳이 사람을 쓰시려면 교회라는 위험하고 실패할 확률이 높은 방식이 아니라 베드로나 바울 같은 뛰어난 인물을 선발해 특공대로 쓰시는 게 낫지 않을까?

그러나 하나님의 어리석음이 사람의 지혜보다 낫다.고전 1:25 그렇다면 우리에게 필요한 것은 교회가 본래 목적대로 하나님 나라를 드러내는 공동체로 기능하도록 더 사랑하고 부단히 변해가는 것이리라. 실제로도 그렇다. 훌륭한 성도와 불의한 교인, 성자 같은 목사와 비난받는 목사를 보아도 세상은 그들을 교회로 기억한다. 그리고 그 시대의 교회를 보며 하나님을 평가한다. "이같이 너희 빛이 사람 앞에 비치게 하여 그들로 너희 착한 행실을 보고 하늘에 계신 너희 아버지께 영광을 돌리게 하라."마 5:16 "하나님의 이름이 너희 때문에 이방인 중에서 모독을 받는도다."롬 2:24

코로나가 한창일 때 신천지와 JMS정명석의 탈선 행동이 한국 사회에 큰 파문을 몰고 왔다. 한국교회는 당연하게 그들이 우리와 다른 이단이라고 관련성을 부인했다. 그러나 세상은 기독교의 한 종파쯤으로 기억한다. 우리는 하나님의 이름에 묶여 하나님과 세상 앞에 선 운명공동체다. 그러므로 세상 앞에 선 교회의 수준과 평점을 높이는 것은 전도와 선교의 일이다. 그러려면 한국교회가 반드시 극복해야 할 중요한 과제가 있다.

10.1. 지나친 이념성을 극복하라.

레드 콤플렉스

'레드 콤플렉스red complex는 공산주의에 대한 반감이 극대화되어, 진보주의 자체에 대한 혐오감이나, 빨간색에 대한 반감을 가지는 극단적인 반공주의를 가리킨다.'다음 백과 이것은 냉전 시대가 진행되던 시기 전 세계를 휩쓴 광풍이었다. 그러나 세계 냉전이 끝난 지 30여 년이 지났지만 분단 대결이 계속되

고 있는 우리는 이 광풍이 여전하다. 그중에서도 우리 기독교인들의 거부감
은 유난히 심하다. 도대체 왜 그럴까?

우선, 대한민국사의 비극에서 비롯되었다.

해방 전 일제 강점기에도 사회주의 소련이 있었지만, 우리에게는 그들의
이념보다 우리의 독립이 중요했다. 1945년 미국과 소련의 진주와 더불어 38
선이 그어져 서로 다른 체제를 강요받았지만, 대다수 국민은 좋아서 선택한
게 아니었다. 그러나 3년 동안 온 나라를 쑥대밭으로 만든 전쟁의 기억은 '어
떤 경우에도 빨갱이와는 함께 살 수 없다'는 인식을 온몸에 새기게 만들었다.
또 북한 체제의 부정적 인식을 갖고 건너온 월남인과 탈북인의 증언은 그 믿
음을 더욱 강화시켰다. 전쟁은 끝났지만 30년 군부정권은 북한과 사회주의
에 대한 국민적 반감을 정권 유지에 활용했기에 레드 콤플렉스는 사라지지
않았다. 세계 냉전이 끝난 지 30년이 지나고, 전쟁이 끝난 지 70년이 넘었지
만, 북한 적대감을 통한 정권 유지책은 여전히 작동 중이다. 전쟁 1세대가 세
상을 떠나가지만 아픔과 공포의 기억은 세대에서 세대로 이어져 쉽게 사라지
지 않고 있다.

그러나 한국교회의 사회주의와 북한에 대한 적대감은 더 유별나다. '공산
주의는 기독교를 없애려는 무신론 체제이므로 둘은 서로 원수'라는 생각이
있기 때문이다. 물론 이것 역시 역사적이고 사실적 근거가 있다. 19세기 말 현
대 공산주의 사상을 창시한 마르크스와 엥겔스는 당시 자본가의 탐욕과 수
탈에 편들어주던 종교의 역기능들을 주목하여 종교는 자본주의와 함께 없어
져야 할 낡은 유산으로 정의했다. '종교는 인민의 아편'헤겔 법철학비판, 칼 마르크
스이라는 유명한 표현이 이를 잘 대변한다. 실제로 러시아 혁명 후 소련, 사회
주의 중국, 북한 체제 등 모든 사회주의 국가는 기독교를 비롯한 모든 종교에

크고, 작은 탄압을 가해왔다.

그러나 원칙적으로 본다면 사회^{공산주}의 이념과 종교^{기독교}는 아무 상관이 없다. 마르크스 이전에도 사회주의 이념이 있었고 그때는 종교나 신의 존재와 상관없이 사회주의가 모색되었다. 그래서 유럽에는 지금도 기독교사회주의가 서구 자본주의 체제를 구성하는 아주 중요한 이념토대 중의 하나이다. 현실 사회주의 체제의 성립과 진행 과정에서 기독교에 대한 적대와 탄압이 역사적 사실인 만큼 미움과 경계심은 우선 이해할만하다. 그러나 사회주의적 공포와 불안을 한없이 증폭시키고 조금만 자유로운 사고를 보여도 마녀사냥처럼 몰아붙이는 태도는 정당하지 않고, 복음적 사고도 아니다.

지금 한국교회 안에서 사실 여부와 상관없이 좌파 빨갱이^{좌빨}라는 낙인이 얼마나 부분별하게 유포되는지 어렵지 않게 확인할 수 있다. 심지어 아주 보수적인 사람조차 자신의 마음에 들지 않는 부분이 발견되면 느닷없이 '좌빨,' '종북^{북한 추종자}'로 호칭하는 일이 적지 않다. 당시 주류 종교인들도 예수님의 마음에 들지 않는 모습을 보고서 '먹기를 탐하고 포도주를 즐기는 불경건한 사람'^{마 11:19}이라는 낙인이 찍었던 사실을 기억하면, 깊은 경각심이 필요하다.

자본주의를 향한 눈먼 사랑

한국교회의 사회^{공산주}의에 대한 지나친 배타성은 자본주의를 향한 불타는 사랑으로 이어졌다. 단순화하면 사회주의와 자본주의는 모두 근대 시민혁명 이후 사람의 보편적인 권리로서 자유^{특히 소유}와 평등에 대한 정당한 욕구에서 출발한 맞수다. 둘 다 사람이 사람답게 살아가는데, 매우 중요한 욕구요, 권리를 강조한다. 문제는 둘을 함께 조화시키기가 그리 쉽지 않다는 데 있다.

자신의 소유를 침해받지 않고 자유롭게 사용하고 누리려는 욕구는 사회 공공성 및 평등권과 마찰을 빚기 쉽다. 현실 자본주의의 숙제다. 반대로, 모두에게 골고루 유익을 주려는 평등의 이상은 결국 개인이 타인에게 속박되지 않고 맘대로 결정하고, 행동할 자유의 욕구를 침해할 가능성이 많다. 그러다 보니 자꾸 강제와 폭력을 사용하게 된다. 현실 사회주의의 문제다. 그러나 지금 우리나라가 이미 자본주의 체제요, 사회주의와의 비극적 역사까지 경험한 결과 자본주의에 지나치게 기운 편향과 그것만 진리인 듯 신앙하고 있다.

여기에 더해 역시 우리 기독교인의 자본주의 사랑을 키운 요인이 있다. 자본주의를 길러낸 정신이 바로 기독교 신앙이라는 것이다. 그것은 막스 베버 1864~1920라는 독일의 특출난 사회학자가 쓴 『프로테스탄트 윤리와 자본주의 정신』박문재 옮김, 현대지성, 2022년이라는 책의 기본논지다. 이 책은 너무 중요한 책이기에 그 요점을 정리해 본다. 〈초기 자본가들은 흔히 오해하듯 돈벌레, 착취자, 놀고먹고 사치나 좋아하는 한량들이 전혀 아니었다. 오히려 정반대였다. 그들은 자기 직업에 최선을 다해 일하는 것을 하나님으로부터 받은 소명천직으로 알아 온 힘을 다해 일했다. 심지어, 번 돈을 흥청망청 써대기는커녕 금욕과 절제로 욕망을 제어하고 도덕과 윤리에도 온 힘을 기울였다.

그렇다면 그런 독특한 정신은 어디서 비롯된 것인가? 실제적 통계와 근거를 살펴보니 그들은 프로테스탄트 신앙, 그중에서도 예정론의 기반이 되는 칼뱅주의와 그 영향을 받은 감리교, 침례교 계통의 하나님 절대 신앙을 강하게 믿고 실천하려 했다는 공통점이 발견된다. 16세기~18세기까지 근대 자본주의가 발달한 지역독일, 네덜란드, 스위스, 영국과 미국을 살펴보면 위에 말한 프로테스탄트 개혁신앙과 그 운동이 활발했던 지역과 시기가 정확히 일치한다. 그리고 당시 그 신앙에 충만했던 청교도 또는 개혁파 인물들리처드 백스터, 조나

단 에드워드, 슈페너, 친첸도르프 등의 설교나 기록, 그리고 당시 그들의 공동 신앙고백 문서를 봐도 그 사실이 입증된다. 또, 베버가 살던 당시인 1900년대 초 독일을 살펴봐도 비 프로테스탄트 지역보다 프로테스탄트 신앙 지역이 자본주의 경제가 훨씬 발전하고 높은 수입, 학력, 지식을 갖고 있었음을 알 수 있다. 그러므로 프로테스탄트 윤리와 자본주의 정신은 깊은 인과관계가 있고, 개신교 신앙이 정신적 토대가 되어 자본주의를 일으켰다고 말할 수 있다.)

이 책은 학자 막스 베버의 대표작일 뿐 아니라 인문사회분야의 대단한 고전이다. 그런데 이 책은 학계나 사회 분야보다 기독교계에서 더욱 인기가 많다. 기독교가 싫어하는 마르크스의 유물론을 대적해 정신의 승리를 증명해냈으니 어찌 고맙지 않을까? 게다가 풍요로운 자본주의의 발전 동력이 기독교 정신에서 나왔다는데 어찌 감격하지 않을까? 그래서인지 평소에는 강단에서 성경 외에는 전하면 안 된다던 목회자들도 서구 선진국과 대한민국의 부흥을 이끈 위대한 자본주의 정신을 자랑한다. 김진홍 목사가 대표적이다. 베버는 안 그래도 마르크스를 비판하고 싶었지만 마땅한 대응 수단이 없던 사람들에게 자본주의의 모든 오해를 벗어버릴 수 있는 전능의 해법처럼 여겨졌다.

그러나 베버는 엄청나게 오도되고 있다. 베버는 실제 그렇게 말하지 않았다.

① 베버는 마르크스를 폐기하려는 뜻이 전혀 없었다.

베버보다 50년 가까이 먼저 태어난 마르크스는 베버를 몰랐지만, 베버는 마르크스를 잘 알았다. 베버는 마르크스의 흔적을 없애려 하기는커녕 그의 학문적 업적을 높이 평가했다. "이는 베버가 마르크스를 전적으로 비판만 했었던 것이 아니라 도리어 마르크스가 자본주의와 근대 세계 및 근대성에 대해 근본적인 문제를 제기했으며 그가 탁월한 분석과 해석을 제공했다는 사실을 기꺼이 인정하고 있다. … 베버는 동시대의 그 어떤 지식인보다도 아주 일찍부터 마르크스을 깊이 연구했던 사람이다. 베버는 그 때까지 출간했던 마르크스의 책을 모두 읽었었고, 다른 사회주의 철학자들의 책들도 그의 중요 관심사였다. 이러한 사실은 2020년에 완간된 『막스 베버 전집』에서 실증적으로 입증된 사실이다."막스 베버, 나무위키, 2023 • 06 • 20

② 베버는 자본주의 형성의 기독교 단일 기원론이나 정신 우위론을 주장한 적이 없다.

베버는 자신의 분석이 자본주의를 평가하는 유일한 관점도, 해석도 아님을 전제하고 있었다. 다만, 자신은 마르크스가 너무 과도하게 보여온 경제 결정론적 시각을 바로잡고, 그가 무시했던 정신적 요인이 얼마나 큰 영향을 주었는지 보여주려 했다고 밝혔다. "오늘날의 사람들은 한편으로는 … 개신교가 형성되던 시기에 살았던 사람들의 종교적이고, 신앙적인 인식 내용이 그들의 생활양식과 문화와 국민성에 실제로 어마어마한 의미를 가졌고 너무나 엄청난 영향을 미쳤다는 사실을 올바르게 인식하는 것은 거의 불가능하고, 다른 한편으로는 … 유물론적인 해석을 완전히 배제하고서 일방적으로 관념론적인 해석을 관철시키고자 하는 것도 불가능하기 때문이다."막스 베버, 379쪽

전자가 경제결정론으로 기울 우려라면 후자는 마르크스를 전혀 배제한 정신 우위론의 오류로 이끌 가능성을 그는 미리 내다보았다. 어느 한쪽만 옳다고 주장하게 되면 진리가 아니라고 분명히 못 박았다. "하지만 어느 해석방법경제적 분석 또는 정신적 분석:주으로 연구를 했든, … 최종적인 결론으로 받아들

이게 되는 경우에는, 그 연구는 둘 다 똑같이 역사적 진리와는 거리가 멀게 될 것이다."막스 베버, 379쪽

③ 베버는 초기 청교도 정신이 변질되고 있음을 벌써 보고 있었다.

그는 분명히 마르크스와 달랐다. 마르크스는 사람을 자기 이윤획득을 위한 도구로 삼는 자본가의 탐욕, 그리고 그것으로 작동되는 자본주의의 무자비한 시스템에 분노했다. 그러나 베버는 오히려 이윤이나 탐욕, 사치와 향락을 배격하고 자신에게 주어진 직업적 사명을 하나님이 주신 구원의 확증으로 믿는 칼뱅주의적, 청교도적 신앙에서 자본주의가 일어날 수 있었다고 주장했다.

그러나 베버 자신은 자본주의에 목숨을 거는 자본가도, 복음 전파의 사명에 불타는 종교인도 아니었다. 그는 자기 조국이 더 부강해지기를 바랐던 독일인이었고, 새로운 시대의 동력을 제대로 파헤치고 싶었던 학자였다. 그러므로 기독교 윤리에 영향받은 성실 근면한 자본가들이 일으킨 초기 자본주의 정신이 자신의 당대에도 벌써 사라져가고 있음을 안타까워했다. "이제 역사 속에서 승리해서 하나의 강력한 틀과 기제로 굳건하게 자리를 잡은 자본주의는 금욕주의라는 지지대가 필요하지 않다. … '소명으로서의 직업' 사상도 옛 종교와 신앙의 망령이 되어 우리의 삶 속에서 서성이고 있을 뿐 실질적인 힘을 발휘하지는 못하고 있다."막스 베버, 375쪽

베버의 분석은 탁월하다. 종교개혁 이후 '하나님 존전 의식'코람데오에 충만했던 개신교인들은 교회 울타리를 넘어 자기 삶의 자리에 하나님 나라의 가치를 드러내려고 온 힘을 쏟았다. 그중에서도 신흥상공인과 그들과 더불어 교회갱신과 부흥을 이끌었던 청교도들은 자본주의에 혼을 불어넣었던 게 틀림없다. 그러나 베버도 지적했듯이, 정직, 근면, 성실, 검소와 절제, 신앙 양심

은 아직 순진한 시절의 자본주의를 불러일으킨 씨앗일 뿐이다. 자본주의가 일단 체제로 굳어지면 그런 덕목들은 오히려 거추장스러워진다. 탐욕과 사치, 투기심은 피해야 할 악덕이 아니라 현대 자본주의를 움직이는 주동력이 된다. 자본주의는 불가사리처럼 무한성장을 동력으로 만들어진 체제이므로 그것을 멈추는 순간 생명을 상실한다. 베버도 고민했듯이, 청교도 정신을 살리자니 자본주의가 죽고, 자본주의를 살리자니 비인간적 괴물이 된다.

이는 개인적으로도 마찬가지다. 신앙인도 비교적 순진하던 시절에는 돈을 갈망하면서도 하나님 사이를 오가며 갈등한다. 그러나 돈이 돈을 부르는 현실에 깊이 참여하며 실제 성공의 대열에 합류하게 되면, 하나님이 자신의 돈 욕망을 위한 수단처럼 전락하는 경우가 허다하다. 그때 베버의 책은 이미 통제 불능의 자본주의, 욕망우위의 신앙에 정당성을 부여해 주며 성경을 대신한 진짜 '바이블'로 활용된다. 자본주의 사회에서는 교회도 설교는 칼뱅적이지만오직 하나님 주권과 그의 영광!, 운영은 매우 자본주의적이다.부귀영화는 구원과 축복의 증거다. 부자 되어 하나님께 영광을!

베버는 마르크스가 보지 못했던 놀라운 자본주의 정신을 제시했다. 그러나 본뜻과는 다르게 신앙으로 탐욕을 정당화할 여지를 남겼다. 그러므로 오늘 우리는 베버의 책을 읽으며 자본주의를 일으킨 칼뱅주의 정신을 무조건 칭송보다 '믿음으로 시작해서 탐욕을 향해 가는' 경고로 들어야 한다. 사람이 떡으로경제적 동기만 사는 것은 분명 아니지만, 떡은 온 세상과 한 개인을 움직이는 가장 막강한 힘이 될 수 있다.

이데올로기는 개인이나 집단을 이끄는 강력한 이념과 사상 체계다. 지구촌은 한 세기 가까이 자본주의와 사회공산주의라는 양분된 가치체계를 절대 이념으로 삼아 각각 다른 세계로 살아왔다. 그중 현실 사회주의는 독재와 가난이라는 많은 문제를 남기고 역사에서 사라져가고 있다. 그 비극을 가장 가까이에서 목격하고 지금도 양분된 한반도에 사는 우리가 사회주의적 경직성에 다시 빠지지 않도록 주의하는 것은 중요하다. 그러나 또 다른 반대 극단으로서의 자본주의를 맹목적으로 사랑하는 위험에 빠지지 않도록 노력해야 한다. 한국교회는 걸핏하면 종북좌파로 몰아대거나 베버를 내세워 자본주의가 성경적이라는 이데올로기적 신앙행태를 이제는 벗어버려야 한다. 예수님도, 칼뱅도, 베버도 이러한 왜곡을 원한 것은 아니다.

10.2. 근거 없는 약자 콤플렉스

한국교회가 약자 콤플렉스를 갖고 있다고? 참으로 어울리지 않아 보인다. 그러나 사실이 그렇다. 한국교회는 세계에 유례없이 빠르게 성장해왔고, 세계 최대교회들이 즐비하며, 지금도 한국 최대의 종교인구를 자랑하고 있다. 그러나 한국교회는 놀랍게도 국가와 사회로부터 부당한 탄압을 받고 있다는 피해의식을 감추지 않는다. 이런 생각은 이상하게도 목사 사회에서 더 많이 보게 된다.

약자가 약자라서 느끼는 피해의식은 당연하다. 성경 시대 하나님의 백성들은 실제 약자요, 소수자였다. 서쪽으로는 그리스와 로마 같은 전성기 고대문명, 동쪽으로는 발전된 메소포타미아 문명과 페르시아, 남쪽으로는 애굽과 구스 등 사방이 최고 선진문명, 최강대국에 둘러싸여 있었다. 그들은 끊임없이 침략과 약탈을 당했고, 민족 말살의 위협에 시달렸다. 그러다 보니 그들은 이방인에게 방어적, 수세적, 적대적인 경우가 많았다. 우리나라 기독교인도 물리적 탄압을 받던 구한말과 공산 치하에서 꼭 그랬다. 자연스럽다.

해방 후 한국기독교의 상황은 급변했다. 월남한 이들을 포함한 한국교회는 대통령과 부통령을 포함한 주요 인사들이 포진된 이승만 정부의 든든한 버팀목이 되면서 밀월관계를 가졌다. 박정희 정부에서도 다수 한국교회는 정부 정책에 충실히 협조했고, 정부도 유신의 삼엄한 통제 속에서 여의도 100만 집회를 후원해 주는 등 많은 도움을 아끼지 않았다. 이러한 협력적 분위기가 변하기 시작한 것은 역설적이게도 민간정부가 들어서부터다.

대중적 지지로 집권했다는 자부심과 개방된 시대 상황에 맞춰 민간정부들은 종교와의 부당한 거래를 없애려는 추세였다. 특히 민주당으로 정권교체는 반공과 보수의 버팀목 의식을 가졌던 주류 한국교회의 거부감과 반발을 일으켰다. 김대중 정부에서는 단군성전 및 동상 건립 문제로 대대적인 반정부 시위가 일어나기도 했다. 노무현 정부에서도 사립학교법 개정 문제로 또 한차례 큰 격돌이 있었다. 민간정부는 민주화 시대 분위기에 맞게 초대형교회 목사의 세무 비리도 수사하고 때론 구속하기도 했다. 예전 권위주의 정부 때는 없던 일이다.

이때부터 '한국교회는 늘 한국을 지켜왔는데, 좌파 정권에서 일부 교회와 목회자의 잘못된 점을 일반화시켜 종교의 자유를 침해하고 교회를 없애려고 한다.'는 피해의식을 자주 표출했다. 코로나 시대에 적지 않은 교회와 목회자가 공공연히 그런 생각을 표출해 반발을 샀다. 예전에는 정교분리를 내세워 세속 일 참여 금지를 주장하던 보수교회, 목회자들도 부쩍 정치적 발언을 많이 하기 시작했다. 기독 정치인 당선 운동장로 대통령 만들기 운동을 거쳐 2000년 대부터는 기독교 정당운동에 힘을 쏟기 시작했고, 보수정권 창출 운동과 기독교 입장?을 정치와 제도에 관철하려는 노력반동성애, 반이슬람, 반이민도 활발하게 전개하고 있다.

기독교회가 이제라도 한국 사회와 정치에서 왕성한 활동을 한다는 게 무슨 문제인가? 물론이다. 기독교 울타리를 넘어 교회는 매우 중요한 사회의 공익기구다.㊂㉿ 그러므로 사회적 발언의 내용만 아니라 방식과 태도가 매우 중요하다. 첫째, 한국 기독교회는 이미 초대교회나 구한말 약자나 소수의 종교가 아니다. 오히려 전 인구에서 차지하는 비율보다 훨씬 강한 영향력을 적극적으로 행사하는 주류요, 강자다. 주류와 강자에게 필요한 것은 오히려 절제와 균형이다. 그런데도 기독교회가 스스로 약자요, 일방적 피해자 의식까지 갖는다면 우리의 절제되지 않은 거친 발언들은 건강하지 못한 압력이 될 것이다.

둘째, 기독교회의 현실적 이해관계와 복음의 가치를 자주 혼동한다. 종교인이라고 소득세를 내지 않겠다고 주장하던 것이나 공권력으로 이단이나 타종교인를 막으려는 것은 현실 기독교회의 이해관계이지만, 복음의 가치가 아니다. 아무리 현실 기독교회에 필요해도 뜻을 이루려면 사회적 설득력과 정당한 사회의 절차를 따라야 한다. 사회가 기독교회의 말을 잘 듣지 않는 게 기독교 탄압은 아니다.

10.3. '반대하는 기독교'에서 '사랑하는 기독교'로 다시 태어나자.

언제부터인가 한국기독교는 세상에서 무엇인가를 끊임없이 '반대하는 종교'로 기억되고 있다. 슬픈 일이다. 20세기 한국기독교는 공산주의와 사회주의를 반대하고, 북한을 반대하고, 진보를 반대하는 종교였다. 21세기 들어 한국기독교는 동성애를 반대하고, 낙태를 반대하고, 페미니즘을 반대하고, 무슬림을 반대하는 종교가 되었다.

복음의 본질을 지키고, 진리를 말하다 보면 '때로' 무엇인가를 반대할 수 있다. 성경도 비판하고, 반대하는 것 자체를 금한 적은 없다. 한국기독교가 내세우는 반대의 주장에는 귀담아들어야 할 무엇이 있다. 그러나 반대는 일시적, 제한적이다. 사람은 완벽과는 거리가 멀어서 작심하고 살펴보면 반대할 일은 차고 넘친다. 그러나 보다 본질적인 것은 우리의 복음이 세상을 향해 적극적으로 내놓는 가치다.

왜 반대에만 힘을 쏟는가? 우리가 정말 드러내고, 보여줄 복음의 가치가 없어서 그런 것은 아닐까? 만약 기독교가 세상에 보여줄 수 있는 가치가 있다면 사랑 외에 다른 게 있을까? 실제로 성경은 모든 곳에서 하나님 사랑과 이웃 사랑을 뛰어넘은 그 어떤 가치도, 준칙도 없다고 했다.마 22:37~40 진리도, 정의도 모두 사랑에서 비롯되는 것이며 사랑을 향해 있다. 그러나 안타깝게도 세상은 지금 기독교인를 '사랑하는 사람들'이 아니라 '반대하는 사람들'로 느끼는 것 같다.

물론 교회는 사랑해서 잘되라고 반대한다고 말하지만, 사랑의 진심은 느껴지지 않고 반대의 미움만 전달된다. 사랑은 마음 좋은 할아버지가 수염을 뽑는 버릇 없는 손자에게 허허 웃는 것과는 다르다. 주님은 좋은 게 좋다는 식으로 불의와 타협하거나 죄를 가볍게 보신 적이 없다. 그러나 죄와 불의가 한 개인과 사회에 드러나는 방식과 상황은 그리 간단한 것이 아니다. 그래서 항상 그 상황과 행간을 따져가며 대응하셨다. 간음하다 현장에서 잡혀 온 여자에게도 즉결 처형을 선고하지 않았고요 8:3~7, 너무 뻔한 공식적 죄인들인 세리와 윤락여성들을 환대하다가 동류 취급을 당했다.마 11:19 반대로 하나님의 율법에 진심이었던 바리새인, 서기관들에게는 자주 분노를 감추지 않았다.마 23장

'반대하는 기독교'는 '뺄셈 신앙'을 신봉한다. 생각도, 판단도, 행동도 자신과 같아야만 하고, 같은 편끼리만 살아갈 수 있으며, 그렇지 않으면 다 적이

된다. "바리새인들이 보고 그의 제자들에게 이르되 어찌하여 너희 선생은 세리와 죄인들과 함께 잡수시느냐?"마 9:11 반면 주님이 택하신 제자공동체는 이질성과 다양성에 혀를 내두르게 한다. 가장 유명한 수제자 베드로와 안드레, 야고보와 요한은 갈릴리 어부들로 서로 형제지간이다. 시몬과 가룟 유다는 아마 혁명당원일 가능성이 높다. 반면 마태는 민족 반역자로 손가락질받는 세리였다. 게다가 주님 공동체의 중심에는 다른 공동체에서는 상상도 할 수 없던 여성 제자들이 늘 뒤따랐다.막 15:40~41

이런 사람들이 같은 선생님 아래서 3년이나 함께 동고동락했다는 게 지금 우리로서는 상상하기도 힘들다. 그래서 같은 복음을 믿는 바울은 민족도, 신분도, 성별도 예수 그리스도 안에서 어떠한 장벽이 될 수 없다고 선언할 수 있었다. "너희는 유대인이나 헬라인이나 종이나 자유인이나 남자나 여자나 다 그리스도 예수 안에서 하나이니라."갈 3:28

그러나 지금 한국기독교는 조금만 달라도 의심받고, 함부로 정죄한다. 좀 더 넓은 배경과 대안적 가치를 보지 못한 채 당장 동의할 수 없는 부분만 찾아내 반대로 일관한다면 복음은 능력을 상실한다. '반대하는 기독교'로는 세상을 구원할 수 없다. 반면 사랑은 상대에 대한 진정성 있는 관심에서 나온다. 결국 사랑을 이길 장사가 세상에 없다. 기독교가 예수를 그리스도로 믿는 믿음에서 출발했다면 마땅히 사랑의 힘을 믿는 데서 다시 시작해야 한다.

미주

1. 이 부분을 더 이해하려면 '청년설교 4, 김회권, 복 있는 사람, 2019년, 144~146쪽' 을 참조

2. 『(개혁주의 신앙과 여성안수』, 이광우, 예영커뮤니케이션, 2022년, 29~38쪽 참조하 여 요약. 주: 이 책은 남자와 여자, 남편과 아내의 성경적 바른 관계성을 복음주의 관점에서 명쾌하게 집약한 책이다)

3. 역사 이래 '666'의 사탄 세력이 누구냐를 갖고 긴 논쟁을 벌인 것을 반성하자. 성경 은 점치는 책이 아니므로 때와 기한, 특정인을 정확하게 찾아낼 게 아니라, 그 경향 성을 주목해야 한다

4. 그러므로 어떤 경우에도 더는 십자가와 예수 이름으로 다른 개인, 종족, 민족, 종교 를 잡아 없애려는 선전에 속지 말자

5. '〈문: 예수는 누구신가? 답: 삼위일체 2위 되시며, ~~~〉' '〈문: 예배란 무엇인가? 답: 하나님을 사랑하며 경배하고, ~~~〉' 이런 식의 성경이 될 것이다. 그러나 사전은 쉽 지만, 인생과 세계를 구원하지 못한다. 정답은 답이 아니다.

6. 한국장로교회 성서관 칼빈적인가, 박유신, 한들출판사, 2008년, 22쪽, 26쪽 참조

7. 알라를 찾다가 예수를 만나다, 나빌 쿠레쉬, 새물결플러스, 480~486쪽 참조

8. (NIV적용주석 '창세기', 존 월튼, 김일우 번역, 성서유니온선교회, 110쪽)

9. 갈릴레오 사건, 찰스 험멜, 황영철 옮김, IVP, 1991년, 247쪽

10. 성경적 세계관, 프란시스 쉐퍼, 문석호 옮김, 크리스찬 다이제스트, 1994년, 57쪽

11. 칼빈 생애와 사상, 이양호, 한국신학연구소, 2005년, 111쪽

12. 코스모스, 칼 세이건, 사이언스북스, 277, 278쪽)

13. (세상이 묻고 진리가 답하다, 알리스터 맥그래스, IVP, 2011년, 134~139쪽 참조

14. 나의 투쟁, 히틀러, 서석연 옮김, 범우사, 2001년, 407, 408, 409쪽

15. 성경적 세계관, 이정훈, PLI, 2022년, 235~240쪽 참조

16. 게르하르트 로핑크, 정한교 옮김, 분도출판사

17. 고백하자면, 남 얘기가 아니다. 나 역시 아내가 두 아이를 낳아 기르도록 집안일에 크게 신경 쓰지 않았고, 당연히 아내 일로 여겼다

18. 하나님이냐, 천사냐는 신학적 논쟁은 이 글의 주제가 아니다)